CEO 출신 코치들의
경영자 코칭

CEO 출신 코치들의

경영자 코칭

김대희 김병헌 박명길 윤동준 조남성 지음

EXECUTIVE COACHING

추천의 글

공부하는 경영자들, 코치가 되다
고현숙, 국민대학교 경영대학 교수·코칭경영원 대표코치

　이 책의 저자들에게는 특별한 점이 있다. 바로 공부하는 경영자들이라는 점이다. 나는 저자들이 대기업의 최고경영자로서 한창 바쁠 때 세리CEO 조찬 공부 모임에서 자주 만났다. 본인들 기업의 리더십 교육 현장에서도 만났고 코칭으로도 만났다. 저자들은 아무리 바빠도 자신의 학습 기회를 갖고자 노력했고 임직원들을 교육하려는 열정도 강했다. 그 후 현직에서 물러나 코치가 되고 나서는 더 말할 나위가 없다. 이 분야 전문가들도 어렵게 여기는 장기 코칭 전문가 과정에 등록해 몰입해서 공부했고 국내 코치 자격과 국제 코치 자격을 순차적으로 취득해나갔다. 저자들 중 한 분은 대학원에서도 만났다.
　나는 그 과정을 옆에서 지켜보면서 저자들의 몰입 에너지와 향상심에 감탄했다. '진짜, 일하듯이 공부하는구나. 회사 경영하듯이 자신을 개발해나가는구나!' 이들은 이런 집중과 헌신으로 코칭 입문

단 몇 년 만에 임원과 최고경영자들이 코칭받고 싶어 하는 인기 있는 경영자 코치로 변신했다. 지금도 이분들에게 코칭을 받고자 하는 요청을 코칭경영원을 통해 계속 접하고 있다.

코칭 세계에 '진짜들이 나타났다!'

2020년 대한민국 코칭컨페스티벌에서 나는 김병헌, 윤동준, 조남성 저자들과 함께 'CEO 코칭'을 주제로 세션 발표를 했다. 대한민국을 대표하는 코칭 콘퍼런스이지만 거의 20년 가까이 전문 코치들이 하는 주제 발표가 대다수였다. 그런 장에서 최고경영자 출신 코치들이 그것도 메인 주제 발표를 하는 것을 사람들은 신선하게 받아들였다. 경영자 코칭 세계에 '진짜들이 나타났다!' 이들의 독특한 포지션과 활약은 앞으로 전체 코칭계에도 좋은 자극을 줄 것이다.

이 책도 그렇다고 생각한다. 이 책을 통해 독자들이 프리랜서 전문 코치들과는 결이 다른 코칭에 대한 관점과 경영학자들이 말하는 이론보다 현장의 치열함을 담은 체험담을 흡수하시기 바란다. 책에 어떤 내용을 담았는가도 중요하지만 누가 발언하는가, 어떤 맥락의 얘기인가도 그 못지않게 중요하다. 같은 명제라 해도 그걸 어떻게 해석해서 전달하는가가 다르다. 저자들의 말에 귀를 기울여보기 바란다.

세상에 존경할 만한 분들은 많다. 대단한 업적을 이룬 분들도 많다. 그러나 나는 과거의 영광과 그때 배운 지식에 안주하면서 늘 같은 교훈을 들려주는 분들을 그렇게까지 존경하지 않는다. 지속적으로 공부하는 사람, 성장하는 사람에게 동질감을 느끼고 찬탄을 한다.

김대희 저자는 삼성 멀티캠퍼스의 사장이었다. 아마 멀티캠퍼스와 세리CEO가 만들어내는 수많은 학습 콘텐츠의 가장 왕성한 소비자가 그였을 것이다. 그만큼 배우는 것을 좋아한다. 다빈치 스쿨, 세리CEO 조찬모임은 말할 것도 없다. 재임 시절 매월 나를 포함한 전문가들을 회사에 초청해 사업 아이템에 대한 토론을 개최하고 현업에 반영했는데 좋은 성과가 뒤따랐다. 그야말로 공부와 토론과 실무 적용이 완벽하게 조화를 이룬 과정이었다. 지금은 강점코칭의 연구자로서 누구보다 엣지 있는 적용 방법을 연구개발해 코치들과 공유하고 있다.

김병헌 저자는 KB손해보험 사장이었다. 영업 본부장들을 대상으로 매월 코칭 교육을 했고 단기성과 위주의 조직문화를 혁신한 장본인이다. 그가 사장 재임 시절 꾸준히 본부장들을 교육하면서 조직문화의 중요성을 설파하고 좋은 책을 읽도록 권유하던 장면을 보았다. 일하는 수준을 한 단계 끌어올린 장면으로 아직도 생생하게 기억한다. 이제 그가 코칭한 타사의 많은 신임 임원들, 신임 대표들은 코치이자 멘토로 그를 존경한다. 그는 코치들의 커뮤니티에서도 리더십을 발휘한다. 코칭경영원 에이스 코치진의 공저 『코칭하는 조직만 살아남는다』가 탄생한 것도 그의 리더십 덕분이다.

박명길 저자는 수많은 협력업체를 거느린 포스코의 상생 전문가 사장이었다. 그가 현업에서 추진한 상생 프로젝트들은 한국 산업에 표준이 될 정도로 칭찬을 받았다. 그가 갤럽의 강점 코치가 됐을 때 강점 코칭을 받은 그의 가족은 '지난 30여 년의 모든 대화 중 최고의 대화'였다고 했다. 감동이었다. 코칭경영원의 SMART 코칭 강사로서 시범 강의를 했을 때 받은 강렬한 인상도 잊혀지지 않는다. 확신을 가지고 실천해나가는 그는 설득가이자 실행가다.

윤동준 저자는 포스코의 HR전문가에서 CFO와 CEO로 성장한 분이다. 나는 그를 처음 만났을 때부터 범상치 않은 내공을 알아보았다. 여러 분야에서 전문가 수준의 지식을 갖추어 박학다식했다. 얼마나 많이 읽고 교육을 받았고 현장에 적용해봤는지 알 것 같았다. 유머와 위트 넘치는 그의 설명을 들으면 프로 강사보다 더 귀에 쏙쏙 들어왔다. 한마디로 한 기업에만 있기가 아까운 분이라는 생각이 들었다. 코치가 된 후에는 겸손한 친화력으로 동료 코치들에게도 인기가 많다.

조남성 저자는 삼성전자 부사장일 때 코칭 고객으로 만났다. 그가 삼성SDI 사장으로 일하고 퇴직한 후 코치로 거듭나는 전 과정을 함께해 왔다. 경영자로서 인사이트가 뛰어나고 본질적인 질문을 잘하는 분이었다. 그는 얼마전『그로쓰GROWTH: 경영자로 성장한다는 것』이라는 좋은 책을 썼다. 경영자의 커리어 패스라는 면에서 그는 내가 생각하는 최고의 모델이다. 경영자로 헌신하면서 업적을 남기고, 인재 양성에 힘쓰고, 더 나은 회사로 만들어 후배에게 바톤을 넘겨준 다음, 경영자 코치로 활동한다. 거기에 더해 책을 써서 지혜와 공부한 내용을 나눈다. 그 이상 뭐가 더 필요하겠는가.

대기업 CEO에서 퇴직하면 여행이나 골프로 쉬는 삶을 택하는 분들도 많다. 말은 안 해도 상실감의 표현이라고 나는 생각한다. 진실을 보면, 퇴직 시점에 이들은 지적으로 왕성하고 경험과 지혜가 최고조에 달하고 신체적으로 건강하다. 이 자원을 생산적인 뭔가에 쓰지 않는 것은 재능의 낭비가 아닐까. 그래서 이 책이 한국의 많은 경영자들에게 새로운 커리어 패스를 꿈꾸게 하기를 바란다.

경영의 관점 그리고 리더십과 코칭을 담다

이 책은 경영자가 가져야 할 경영의 관점을 다룬다. 코칭, 리더십, 조직 개발, 인재육성, 전략적 리더십에 대해 순차적으로 설명한다. 특히 주목하고 싶은 것은 이 책이 결국 사람들의 개발에 관한 것이라는 점이다. 경영자가 자기성찰과 시간관리를 어떻게 해야 하는지, 코칭 리더십을 어떻게 발휘해야 하는지, 신임 임원이 되었을 때 어떻게 적응하고 성과를 내야 하는지, 인재를 어떻게 채용하고 육성해야 하는지, 조직문화를 바꾸고자 할 때 어떤 접근법을 써야 하는지, 전략적 사고를 하는 데 무엇이 중요한지 하나하나가 아주 중요한 주제들이다. 각각 책을 한 권씩 써도 될 정도의 무게를 지닌다. 여기서는 저자들의 관점에서 의미 있는 내용을 집중 조명해 소개하고 있다.

이 책에는 이런 중요 주제들에 대해 현재까지 저자들이 공부한 결과가 잘 정리돼 있다. 또한 각 기업에서 실행하면서 얻은 지혜가 담겨 있다. 그런 면에서 이 책은 경영자들과 전체 직장인들이 생각하는 관점을 갖는 데 크게 도움이 될 것이다. 또한 코치나 경영 교육자들에게도 도움이 될 것이라고 생각한다. 경영자들이 겪은 경험과 그들의 눈에 의해 재해석된 이론들이 어떤 의미로 다가가는지를 알게 되기 때문이다.

저자들이 제2의 커리어인 경영자 코치로서 기업 경영과 리더십에 대한 정보와 경험을 왕성하게 흡수하고 공부하고 성찰하면서 쓴 책인 만큼 성장의 기운을 독자들에게 듬뿍 전달해줄 것으로 기대한다.

프롤로그

경영자에게 코치가 필요하다!

포스트 코로나 시대 모든 분야에서 더욱 변화의 폭이 커지고 속도가 빨라지고 있다. 기업의 리더들은 기존의 방식으로는 이러한 변화를 극복할 수 없다는 것을 깨닫고 있다. 이제 새로운 시각과 영감이 필요한 시점이다. 이러한 환경에서 경영자가 가장 필요로 하는 것은 무엇일까? 바로 새로운 관점의 성찰이라고 생각한다. 경영자의 위치에 올라 초기의 미션을 성공적으로 수행했다고 하더라도 성찰하지 않는다면 실패의 확률이 그만큼 높아진다. 리더가 되면 여러 의사결정을 하게 된다. 때로는 회사의 명운을 좌우하는 중대한 의사결정에 직면하기도 한다. 리더의 고뇌와 책임감이 그만큼 큰 것이다. 그래서 『포춘』 선정 500대 기업의 다수 최고경영자가 경영자 코치를 두고 생각 파트너로 활용하고 있다.

구글의 전 회장 에릭 슈미트Eric Schmidt는 이렇게 말했다. "내가 들은 인생 최고의 조언은 '코치를 고용하라'였다." 그는 『포춘』과의 인터뷰에서 "처음에는 콧방귀를 뀌었다. 하지만 코칭을 받으면서 나도 몰랐던 내 모습을 발견하게 됐고 시야를 넓힐 수 있었다."라고 했다. 우리의 현실도 대동소이하다. 최고경영자 대부분이 '내가 이 분야의 최고인데 누가 나를 코칭한다는 말이냐?'라는 인식을 갖고 있다. 코칭을 받는다는 것은 가르침을 받는 게 아니라 새로운 관점을 얻을 생각 파트너를 두는 것이다.

우리나라는 아직 이러한 관행이 보편적이지 않다. 그래서 CEO 출신 코치 다섯 명이 모여 후배 경영자들이 시행착오를 줄이고 잘못된 전철을 밟지 않게 해주자는 의미에서 책을 쓰기로 했다. 이 책은 최고경영자를 비롯한 기업의 리더들이 경영과 자기성찰을 위해 꼭 알아야 하는 내용을 전반적으로 다루었다. 경영자들이 경영의 문제에 부딪히거나 경영에 대한 성찰이 필요할 때 체크리스트나 가이드로 활용함으로써 경영의 효과성을 높이기를 바라는 마음이다.

이제 과거와는 다른 전략, 조직구조, 리더십 혁신이 필요하다. 오늘날 기업이 성공하기 위해서는 환경 변화에 걸맞은 전략 변화는 물론이고 조직구조를 보다 수평적으로 바꾸고 구성원 모두가 팔로어인 동시에 리더가 되도록 육성해야 한다. 민첩한 조직이 되기 위해서는 소규모의 애자일Agile 조직과 분산된 리더십이 필요하다. 여전히 CEO 리더십의 중요성과 영향력이 강조된다. 바로 이러한 전략, 조직문화, 리더십의 변화를 이끄는 사람이기 때문이다.

최고경영자를 비롯한 조직의 리더들은 어려움에 부닥친 기업을 변화시키기 위해 어떤 성찰과 리더십을 발휘해야 할까? 기업의 상황에 따라 선후가 바뀔 수는 있겠지만 전략적 리더십과 코칭 리더십이 함께 발휘돼야 한다.

전략적 리더십이란 전략, 시스템, 구조, 그리고 성과 관리와 관련된 것이다. 코칭 리더십은 사람과 조직문화에 관한 것이다. 코칭 리더십을 발휘해 구성원들 간의 신뢰관계를 구축하고 구성원들의 잠재력과 몰입을 끌어내야 한다. 그와 동시에 비전을 제시하고 조직의 전략과 구조를 개혁해야 한다. 전략적 리더십을 생략한 채 조직 활성화에만 집중하면 단기적으로 조직의 분위기는 좋아질 수 있다. 하지만 근본적인 혁신과 지속가능한 성장을 달성할 수 없게 된다. 기본과 원칙이 제대로 정비되지 않은 상태에서 조직을 활성화하면 내재된 문제점도 함께 활성화돼 다시 문제에 봉착하게 되는 것이다.

우리나라 조선 산업이나 해외건설의 경우도 안일한 낙관론과 수주 경쟁에 몰두한 나머지 외형과 조직은 큰 성장을 이루었지만 결국 사업의 부실화로 엄청난 손실과 구조조정을 감수할 수밖에 없었다. 환경 변화에 걸맞은 전략과 체질 개선을 위한 혁신이 부족했기 때문이다. 또한 정도경영이 정립되지 못하고 과당경쟁과 편법이 판을 칠 때 단기적으로는 성과가 날 수 있지만 결국은 사상누각과 같이 무너지고 만다. 그래서 어려울수록 "기본으로 돌아가라."라는 말을 하는 것이다. 남들과 같은 방식의 경쟁에 몰두하는 것이 아니라 자신의 가치관을 정립하고 그걸 바탕으로 차별화된 핵심 역량을 갖추는 노력이 절대적으로 필요하다. 성공한 조직이 되기 위해서는 조직 내의 신뢰 구축이 무엇보다 중요하다. 이러한 신뢰를 기반으로 올바른 방향 설정, 미래지향적 사업구조와 비즈니스 모델, 프로세스를 혁신하는 전략적 리더십이 확립돼야 한다. 그 위에 코칭 리더십의 발휘를 더함으로써 조직의 한 방향 정렬, 인정과 칭찬 문화, 경청과 질문, 피드백이 살아 숨쉬는 조직문화를 구축해야 한다. 그래야 조직이 제대로 방향을 잡고 속력을 높일 수 있다는 것을 간과해서는 안 된다.

성공하는 경영자가 되기 위해서는 끊임없는 자기 점검과 성찰을 하는 셀프 리더십이 필수적이다. 자기 점검과 성찰이 부족한 경영자는 리더십의 실패를 겪게 된다. 경영자가 가장 경계해야 할 점이 바로 자만심이기 때문이다. 그리고 경영 환경이나 기업이 처한 여건에 따라 리더십이 달라져야 한다. 상황적 리더십이 요구되는 것이다. 물론 회사 차원에서는 기업의 상황에 따라 다른 성향의 최고경영자나 리더를 선정할 수 있다. 하지만 리더 스스로도 상황과 여건에 따라 차별화된 리더십을 발휘하는 노력이 필요하다.

필자들이 최고경영자에서 은퇴하고 나서 가장 크게 다가온 문제가 앞으로의 삶을 어떻게 보람 있게 보낼까였다. 그래서 선택한 길이 경영자 코치의 길이었다. 현역으로서의 현장감을 유지할 수 있고 나름 산업 발전에 이바지할 수 있다는 생각에서였다. 특히 코칭의 매력은 많은 것을 함께 배우는 과정이라는 것이다. 코칭의 핵심적인 기능이 생각 파트너로서 고객과의 협력적 성찰이기 때문이다. 코칭에서 가장 중요한 것이 고객의 존재에 관한 성찰과 잠재력의 개발이다. 특히 최고경영자나 최고경영자 후보자에 대한 코칭은 개인과 조직 그리고 리더십과 비즈니스의 통합적 접근이 중요하다. 그래서 보다 효과적인 기업 경영 또는 경영자 코칭을 하기 위해서는 사람과 사업의 이해와 균형감각이 중요하다고 생각한다.

이 책은 3부로 구성되었다.

1부는 도입부로서 경영과 코칭에 대한 주요 성찰 내용을 다루었다. 조직의 변화를 추진하기 위해서는 최고경영자를 비롯한 경영진의 코칭에 대한 이해가 필수적이다. 또한 경영자 코칭을 할 때 출발점이라고 할 수 있는 경영자의 자기관리를 다루고 있다. 2부에서는 코칭 리더십과 직접적인 관련이 있는 리더십, 조직문화, 인재육성에 대한 성찰을 다루었다. 리더십은 리더 혼자 변한다고 되는 것이 아니라 조직 전체가 함께 변해야 효과적이기 때문이다. 3부에서는 전략적 리더십과 관련된 주제를 다룸으로써 사람과 사업의 균형점을 찾고자 했다. 사업과 관련한 핵심 주제인 전략, 실행, 혁신에 대한 새로운 시각을 보여주려 했다. 경영자들이 흔히 잘 안다고 생각하는 주제들이다. 하지만 실제 코칭을 해보면 제대로 아는 경영자들이 많지 않았다.

필자들은 경영자 시절의 통찰과 함께 비즈니스 코치의 시각으로 기업의 최고경영자나 경영자가 되고자 하는 사람과 경영자 코치들이 꼭 알았으면 하는 내용을 정리했다. 여러 명의 필자가 함께 책을 쓰는 것은 하나의 학습 프로세스였고 많은 성찰과 토론 과정을 거쳐야 했다. 그런 과정에서 심리적 안정감의 중요성과 집단지성의 힘을 느낄 수 있었다. 우리의 노력이 한국의 산업발전과 비즈니스 코칭의 발전에 조금이나마 도움이 되기를 기대한다.

2021년 6월
저자 일동

차례

추천의 글 공부하는 경영자들, 코치가 되다   4
(고현숙, 국민대학교 경영대학 교수·코칭경영원 대표코치)

프롤로그 경영자에게 코치가 필요하다!   10

1부 코칭 경영의 본질

1장 경영자의 자기성찰

1 리더부터 코칭을 받아야 한다   27
    리더는 코칭을 받아야 하고 또한 코치가 돼야 한다   29
    리더에게 생각 파트너가 필요하다   31

2 위대한 리더에게는 코치가 있다   33
    리더가 코칭의 파워를 이해할 때 조직이 바뀐다   34
    최고경영자 코칭은 임원 코칭과는 다르다   37

3 전문가에서 리더로 성장해야 한다   39
    리더가 되면 새로운 역량이 필요하다   40
    리더는 관리만 잘해서는 성과를 낼 수 없다   42

4 수평적 리더십이 필요하다   44
    통제가 아니라 자율과 책임의 문화를 만들어라   47
    상호작용의 코칭 리더십으로 자기 결정력을 키워라   49

2장 경영자의 자기관리

1 리더의 태도와 자세가 중요하다   55
    리더에게는 자기만의 철학과 가치관이 있어야 한다   57
    리더에게 가장 중요한 것은 솔선수범과 정직이다   61

2 리더는 시간관리를 해야 한다   65
    리더에게 시간관리는 곧 자기관리이다   67
    리더에게는 딥워크와 리프레쉬가 필요하다   71

3 리더는 네트워크 관리를 해야 한다   74
    훌륭한 리더는 공동체로부터 자양분을 얻는다   75
    일보다 더 중요한 것이 사람이다   79

4 리더는 스스로에게 질문하는 사람이다   82
    리더는 자기성찰을 통해 결단을 한다   84
    리더는 삶의 균형을 추구해야 한다   87

2부 코칭 경영의 원칙

1장 리더십

1 리더십은 가장 중요한 변수이다   93
    나쁜 팀은 없고 나쁜 리더만 있을 뿐이다   94

리더는 분신술을 발휘할 줄 알아야 한다	95
리더는 비전을 생생하게 보여주어야 한다	98
리더는 상황에 따라 유연하게 대처해야 한다	102

2 보스가 아니라 코치가 돼야 한다 · 106

뷰카 시대 핵심은 문제해결 능력이다	107
리더는 인정과 칭찬에 인색해선 안 된다	110
리더의 질문과 피드백은 부하직원을 성장시킨다	113

3 리더는 의사결정을 하는 사람이다 · 117

리더의 의사결정은 기업의 생사를 가른다	118
리더의 의사결정을 시스템화하라	120
의사결정을 잘못했다면 바로잡아야 한다	123

4 리더는 임파워먼트를 해야 한다 · 126

리더의 임파워먼트는 선택이 아니라 필수 덕목이다	128
리더는 시간과 에너지를 확보해야 한다	130

2장 조직문화

1 조직문화 구축이 전략보다 먼저다 · 135

조직문화는 경영의 승부처 그 자체다	136
수평적 리더십을 근간으로 자율성과 민첩성이 필요하다	140

2 고성과 조직의 비결은 무엇인가 · 145

심리적 안정감을 높여 두려움 없는 조직을 구축하라	147
민첩성으로 승부하고 애자일 조직을 만들어라	149

3 퍼스트 무버로 가야 한다 · 155

체질을 창의와 축적 지향으로 바꿔야 한다	156
똑똑한 실패를 적극적으로 축하하고 자산화하라	159
축적 지향을 조직문화로 발전시켜라	162

4 조직문화는 중요 경쟁력이다 ... 165
   조직문화에 문제가 생기면 재구축해야 한다 ... 167
   팀 문화는 팀 코칭을 통해 재구축해야 한다 ... 171

3장 인재육성

1 HR은 무엇을 해야 하는가 ... 177
   자본주의 시대가 가고 인재주의 시대가 온다 ... 179
   HR과 경영 성과 간의 상관관계가 높다 ... 180
   HR에도 디지털 변혁이 필요하다 ... 184

2 채용은 엄격하게 육성은 정성 들여 하라 ... 187
   인재 채용이 전부다 ... 189
   핵심인재 육성에 심혈을 기울여라 ... 193
   평가보상제도는 육성과 협업을 목표로 한다 ... 195

3 학습 민첩성과 감성지능을 갖춰라 ... 201
   학습 민첩성이 인재의 공통 역량이다 ... 203
   디지털 학습 플랫폼을 활용하라 ... 205
   감성지능 개발에는 오랜 시간이 걸린다 ... 207

4 강점에 집중하고 약점은 관리하라 ... 211
   강점을 활용하지 못하는 게 비극이다 ... 214
   강점에 집중해야 탁월해진다 ... 217
   강점을 기반으로 팀워크를 구축하라 ... 221

3부
코칭 경영의 혁신

1장 전략과 실행

1 전략적 사고로 신의 한 수를 만들어라 — 227
- 상식의 틀을 깨는 질문을 하라 — 230
- 줌 인과 줌 아웃에 능숙해져라 — 231
- 전략적 자유도를 넓혀라 — 232
- 가장 중요한 것을 정하고 힘을 집중하라 — 235

2 전략은 승패를 좌우하는 결정적 요소다 — 239
- 경영자는 스스로 전략가가 돼야 한다 — 241
- 스타트업 육성과 스케일업 전략을 세워라 — 246
- 나쁜 전략과 좋은 전략을 구분해야 한다 — 247
- 기업의 영속성을 결정하는 것은 가치관 경영이다 — 249

3 리스크 관리 역량이 중요하다 — 252
- 리스크의 본질을 제대로 파악하라 — 254
- 체계적인 리스크 관리가 중요하다 — 257
- 리스크 관리는 이렇게 하라 — 261

4 실행에 집중하라 — 266
- 실행력 없는 비전과 전략은 허구이다 — 268
- 전략을 일상 업무의 일부로 만들어라 — 270
- 협력을 촉진하고 시너지를 추구하라 — 272

2장 혁신과 창조

1 왜 많은 기업이 혁신에 실패하는가 277
    혁신을 위한 혁신에서 벗어나라 279
    개선과 창조는 비상을 위한 양 날개이다 281

2 강한 현장이 강한 기업을 만든다 284
    자발적 참여와 혁신이 강한 현장을 만든다 285
    꾸준한 자발적 역량 강화로 현장 혁신을 이룬다 290

3 디지털 변혁은 미래 생존의 필수이다 294
    데이터가 새로운 경쟁력이다 295
    디지털 변혁은 총체적 혁신이어야 한다 298
    디지털 통찰력으로 디지털 변혁을 꾀하라 301

4 창조적 혁신 없이 미래는 없다 304
    통찰력과 조직관리로 창조적 혁신을 이끌어 내라 306
    최고경영자는 실용적 창조에 집중해야 한다 309
    스스로 죽이지 않으면 남이 죽인다 315

에필로그 먼 훗날 어떤 리더로 기억되고 싶은가 316
참고문헌 320

1부
코칭 경영의 본질

1장
경영자의 자기성찰

EXECUTIVE
COACHING

많은 기업에서 리더십 개발의 수단으로 코칭을 도입 활용하고 있다. 하지만 진정한 코칭의 파워를 제대로 활용하고 있는 기업은 아직 많지 않은 실정이다. 코칭이 진정한 파워를 발휘하기 위해서는 최고경영진이 코칭의 본질과 파워를 이해하고, 스스로 코칭을 받는 것이 필요하다. 최고경영자부터 코칭을 받아야 기업과 경영이 진정으로 바뀔 수 있게 된다. 21세기 경영에서 가장 효과적이고 강력한 무기는 코칭이라는 점을 이해하고 이를 십분 활용하는 지혜와 용기가 필요하다.

| 1 |

리더부터 코칭을
받아야 한다

| 핵심 질문 |

- 당신은 코칭을 받아본 적이 있습니까?
- 당신은 코칭에 대해 어떻게 평가를 하고 있습니까?
- 코칭이 당신과 당신의 조직에 어떤 영향을 끼쳤습니까?
- 경영에서 코칭을 어떻게 효과적으로 활용할 수 있을까요?

C코치가 코칭과 인연을 맺은 것은 S사의 부사장으로 승진했을 때다. 당시 그가 맡게 된 사업이 적자를 내고 있어서 흑자 전환과 미래 설계로 고민이 깊었고 불면증까지 앓고 있었다. 그런데 부하들은 잘 따라오지 않는 것 같아 불만이 컸다. 그때 회사에서 최고경영자 후보군에게 제공하는 교육과정으로 코칭을 받게 됐다. 코칭경영원의 고

현숙 대표코치가 그의 코치였다. 그는 코칭 세션 때 코치에게 회사 상황을 설명하면서 "부하직원들의 일하는 수준이 불만족스럽습니다. 최선을 다하지 않아요." 하고 불만을 토로했다.

고현숙 코치는 그의 얘기를 경청하고 난 후 진지하게 물었다. "과연 부하직원들이 최선을 다하지 않았을까요?" 그는 그 질문을 듣는 순간 망치로 머리를 얻어맞은 것 같았다. '아, 내가 뭔가 잘못 알았구나.' 그는 다음 코칭 세션 때까지 곰곰이 생각해보고는 사랑이 부족했다는 깨달음을 얻었다. 그리고 이렇게 털어놓았다.

"부하직원들은 나보다 경험이 적고 직급도 낮습니다. 따라서 일에 대해 나보다 크고 넓고 깊게 보는 것이 약한 것은 당연합니다. 부하직원들의 나이를 보면 임원은 내 동생이고 주니어는 내 아들딸 연배입니다. 그들이 내 친동생이나 자식들이었다면 어땠을까요? 나는 아직 나이가 어리고 사회 경험이 적어서 그렇다고 당연히 이해했을 것입니다. 그러나 부하직원들에게는 그런 것을 고려치 않고 내 기준과 눈높이로 판단했습니다. 입으로만 '조직을 사랑한다,' '부하직원을 사랑한다.'라고 했고 실제로는 그렇지 못했던 것입니다. 사랑이 부족했습니다."

당시 고현숙 코치는 저서 『유쾌하게 자극하라』를 선물로 줬다. 그는 그 책을 읽으면서 얼굴이 화끈거렸고 부끄러웠다고 한다. 그 책이 마치 자신의 리더십을 옆에서 보면서 쓴 책 같았기 때문이다. 그는 자신이 소위 말하는 '똑똑한 리더의 전형적인 문제 유형'이라는 것을 알게 됐다. 그는 변해야겠다는 결심을 했고 행동으로 옮겼다.

리더는 코칭을 받아야 하고 또한 코치가 돼야 한다

그 후 C사업부장은 회의를 하거나 부하직원들을 대할 때 달라지려고 노력했다. 그의 일에 대한 열정이나 부하들에 대한 기대치가 달라졌던 것은 아니다. 다만 부하직원들이 한 일이 그의 기대에 미치지 못했을 때 '일의 수준'에 대해 야단은 쳐도 '사람'에 대해 야단을 치지 않았다. 즉 일과 사람을 분리한 것이다. 그렇게 하자 부하직원들은 야단을 맞아도 상처를 받지 않았다. 아마도 상처를 받지 않았다고 생각하는 것은 착각일 수도 있다. 하지만 적어도 상처를 훨씬 덜 받은 것은 확실한 것 같았다. C사업부장의 피드백을 자신들의 육성을 위한 채찍으로 받아들이고 배운다고 생각하게 된 것이다. 그렇게 하니 조직의 분위기나 회의 분위기에도 긍정적인 변화가 느껴졌다.

C사업부장은 그 후 사장이 돼 그룹 내 다른 계열사의 대표이사로 재직했다. S사를 떠나 다른 사업을 맡게 되니 사업도 새롭게 파악해야 했고 사람들도 새로 사귀어야 했다. 이때 경청과 코칭 방식의 질문이 큰 효과를 발휘했다. 사장으로 부임해서 새로운 사업과 업무를 파악하기 위해 보고받을 때, 회의할 때, 대화할 때 우선 적극적으로 듣고자 노력했다. 경영자가 적극적으로 경청하는 것만으로도 직원들은 큰 반응을 보였다. "새로 온 사장은 우리 의견을 들어준다."라는 소문이 은근히 돌았다. 경청만으로도 직원들은 좋아하는 수준을 넘어 고마워하기까지 했다. 조직 간 상하 간의 소통이 좋아지고 사내 분위기에 활력이 생겼다.

그리고 C사장은 질문을 많이 했다. 새로운 사업을 맡아 상황을 파악하려 하니 궁금한 것이 많아 질문한 것도 있지만 주로 거시적이고 본질적인 질문을 많이 했다. 예를 들면 지금 맡은 조직이 추구해야 하는 핵심 업무는 무엇인가? 조직의 3년, 5년 후 모습은 어떻게 그리고 있는가? 그를 위해 무엇을 하고 있는가? 등등 아주 기본적인 질문들이다. 하지만 조직장들은 사장에게 이러한 질문을 받고 매우 당혹스러워했다. 그때까지는 눈앞의 현안 이슈를 처리하기에 급급했기 때문이다. 이러한 코칭 방식의 질문들은 조직장들에게 많은 깨달음과 성장의 기회를 제공했고 업무를 제대로 정립하고 추진할 수 있게 했다.

조직을 운영하다 보면 조직 내 상하 간 그리고 관계부서와 갈등을 겪는 리더들이 있다. 사람들은 그런 리더를 문제 리더라고 낙인찍는다. 인사 부서는 주변의 평판을 듣고 그 리더를 문제 리더라고 평가한다. C사장이 현직에 있을 때도 이러한 리더들이 몇몇 있었다. C사장이 그들을 자세히 관찰해보니 대부분은 일에 대한 열정과 책임감이 투철했다. C사장은 그런 임원들을 자기 방으로 불러 일대일 대화를 많이 했다. 그 임원의 일에 대한 열정과 책임감 등에 대해 진심을 담아 얘기해줬다. 말하자면 '인정'을 해준 것이다. 그러면 그 임원은 사장이 자기의 진심을 알아주는 것을 느끼면서 마음을 열었다. 대화를 이어가면서 C사장은 그 임원의 강점과 잠재력을 살려 성장해나갈 미래에 관해 이야기했다. 그러다 보면 그 임원은 그 미래로 가기 위해 스스로 변화했다. 자신이 처한 현재 조직 내 상하 간 갈등과 관계부서와의 갈등을 어떻게 원만하게 해결해야 할 것인가에 대해서도 좀 더 너그러운 입장에서 생각해보고 개선 방안을 찾았다. 그 후에도 가끔 불러 이러한 대화를 나누면서 임원들의 성장을 격려하곤 했다.

사실 현직 때는 C사장 자신이 코칭 리더십을 발휘한다는 명시적인 생각을 하면서 경영을 한 것은 아니었다. 하지만 지금 와서 생각해보면 '코칭 리더십을 발휘했구나.' 하는 생각을 하게 됐다.

리더에게 생각 파트너가 필요하다

'누군가 상의할 파트너가 있었으면……'

C코치가 사업부장과 사장으로 재직할 때 가장 아쉬웠던 부분이다. 이런저런 상황에서 어떻게 해야 할지 머리를 싸맬 때마다 의사결정에 대한 조언과 상의가 절실히 필요했다. 또 그의 경영 방식과 리더십에 대해 객관적으로 제3자의 눈으로 보고 조언해주는 사람이 있었으면 좋겠다는 생각을 많이 했다. 하지만 조직 내부에서는 조언이나 피드백을 받기가 어렵다. 위계질서 때문에 최고경영자에게 피드백한다는 게 쉽지 않다. 또 부하직원들은 본인이 당사자로 속해 있어서 객관적이고 중립적인 입장을 지키기가 어렵다. 이러한 환경을 볼 때 최고경영자에게는 코치가 반드시 필요하다.

C코치는 현직 때 느꼈던 아쉬움이 너무나 컸다. 그래서 후배들은

그런 아쉬움이 없었으면 하는 마음에 경영자 코치의 길을 걷게 됐다. 지금은 경영자 코치로서 활동하고 있다. C코치는 코칭 후 "중요한 것을 깨달았습니다." "인생의 전환점이 됐습니다." "코칭 효과가 좋으니 하부 조직에 확대해야겠습니다."라는 피드백을 받으면 보람을 느낀다.

미국의 많은 기업의 최고경영자가 코치를 파트너로 두고 있다. 사업구상에서부터 경영과 조직관리까지 많은 것을 코치와 상의를 한다. 코치가 상시로 기업의 회의와 활동에 참여하면서 코칭하고 있다. 우리나라의 코칭 현실을 보면 대기업을 중심으로 확산되고 있지만 임원과 신규 보직자 중심으로만 이루어지고 있다. 임원들은 최고경영자의 지시에 따라 코칭을 받는다. 하지만 정작 최고경영자 자신은 코칭을 받지 않는다.

리더부터 코칭을 받아야 한다. 그래야 기업과 경영이 진정으로 바뀔 수 있게 된다. 앞으로 우리나라의 최고경영자들이 코칭을 통해 자신의 경영 리더십을 한 단계 업그레이드함으로써 훌륭한 리더가 되기를 기대해본다.

| 2 |
위대한 리더에게는 코치가 있다

| 핵심 질문 |

- CEO 코칭이 필요하다고 생각하십니까?
- CEO 코칭을 통해 무엇을 기대하십니까?
- CEO 코치는 어떤 역할을 할까요?
- CEO 코칭의 차별점은 무엇일까요?

"당신을 위한 코치를 두십시오."

구글의 에릭 슈미트 회장은 그런 조언을 받았을 때 화가 났다고 한다. '내가 세상에서 이 일을 제일 잘하는데 코치가 무슨 조언을 할 수 있겠어.'라고 생각했기 때문이다. 그러나 코칭을 받고 난 뒤에는 생각이 바뀌었다. 코치가 자신의 모습을 보게 하고 문제에 접근하는 방법을 함께 고민해주는 존재임을 깨달았던 것이다. 그는 덕분에 시야를 더 넓힐 수 있었다고 말했다.

경영자 코칭은 아직 우리나라에서 익숙하지 않다. 하지만 미국에서는 『포춘』 선정 500대 기업의 경영자 중 50퍼센트 이상이 코칭을 받을 정도로 활성화돼 있다. 경영자 코칭이 어떤 역할을 하는지는 2020년에 국내에 번역 출간된 책 『빌 캠벨, 실리콘밸리의 위대한 코치』에 잘 소개돼 있다. 에릭 슈미트가 빌 캠벨Bill Campbell이라는 전설적인 코치를 기념하기 위해 집필한 책이다.

빌 캠벨은 애플, 구글, 인튜이트 등 실리콘밸리의 쟁쟁한 기업들의 성공에 결정적인 역할을 했다. 스티브 잡스, 래리 페이지, 에릭 슈미트의 경영 스승으로 유명하며 제프 베이조스, 셰릴 샌드버그, 앨 고어 등의 리더들을 코칭했다. 그는 전직 풋볼 코치이자 경영자 출신으로 팀 스포츠의 성공 공식을 비즈니스에 이식해 '팀플레이'의 기업 문화를 만들었다. 그가 심어놓은 공동체 정신, 존중, 협력의 문화는 지금도 실리콘밸리 혁신의 원동력이라고 평가받고 있다.

리더가 코칭의 파워를 이해할 때 조직이 바뀐다

전반적으로 비즈니스 코칭은 HR의 주도로 임원들이나 팀장들의 리더십 개발을 위해 의뢰하는 경우가 늘고 있다. 그러나 우리나라의 경영자 코칭은 현재 일부 기업에서만 활용하고 있다. 아직 경영자 코칭은 흔하지 않고 초기 단계라고 할 수 있다.

포스코는 그룹 차원에서 계열사의 신임 최고경영자에 대해 코칭 프로그램을 모범적으로 운영하고 있다. 신임 최고경영자는 그 능력을 인정받아 임명됐다. 하지만 그간 수행해온 임원으로서의 역할과 책임은 최고경영자의 것과 매우 큰 차이가 난다. 그만큼 최고경영자의 역할이 중요하다. 신임 최고경영자는 빠른 시간 내 회사의 현황을 파악하고 방향과 핵심 과제를 선정해 실행해야 한다. 임원들과 팀워크를 구축해서 시너지를 발휘하고 조직 구성원들에게 명확한 메시지를 전달해야 한다. 그러한 일들을 100일 안에 정리하고 실행하기 위한 시스템을 구축해야 한다. 신임 최고경영자에게는 쉽지 않은 작업이다. 그때 경영자 코치와의 협력적 성찰을 통해 자신의 가치관, 강점, 약점을 점검하고 경영과제를 정리해 실행체제를 구축한다면 매우 효과적일 것이다.

기존 최고경영자들도 코칭을 활용해볼 것을 적극적으로 권유한다. 최고경영자가 코칭을 받는 것은 역량이 부족해서가 아니다. 자신에 대해 객관적으로 피드백을 받고 여러 가지 이슈에 대해 코치를 생각 파트너로서 활용하는 것이다. 특히 직급이 올라갈수록 정직한 피드백을 받는 것이 매우 어렵다. 경영자 코치는 좀 더 객관적인 관점에서 피드백을 하고 생각을 정리하고 실행을 촉진하도록 지원하는 최상의 파트너라고 할 수 있다.

코칭을 통해 경영자 자신과 리더십의 효과성에 대해 객관적이고 진심 어린 피드백을 받을 기회를 얻는 것은 매우 중요한 일이다. 경영의 제반 요소에 대해 성찰하고 효과적인 부분과 효과적이지 못한 부분을 개선할 수 있다. 더군다나 한 산업에서만 오래 근무하며 성장한 최고경영자에게 큰 도움이 된다. 한 우물을 판 최고경영자는 다른 산업의 성공 사례나 동향 등에 어두운 경우가 많다. 훌륭한 코치는 다양한 산업 분야에 대한 코칭 경험과 학습을 통해 상당한 통찰력을 촉진할 수 있다.

최고경영자가 조직문화의 변화를 추진할 때도 매우 유익하다. 최고경영자가 코칭의 파워를 이해할 때 조직문화의 변화가 제대로 시작될 수 있다. 현재 경영자 코치로 활동하는 많은 코치가 경영자 시절 받은 코칭에 매료돼 전문 코치의 길을 걷고 있다. A코치도 부사장 시절 코칭을 받고 그 철학과 방법론에 크게 공감했다. 본인이 최고경영자가 된 다음에는 전사적으로 코칭 문화를 확산하기 위해 많은 심혈을 기울였다. 현장에서 여러 리더를 발탁하고 기본, 원칙, 그리고 코칭을 통해 일과 구성원의 성장을 촉진함으로써 구성원들의 업무 몰입도를 획기적으로 향상했다. 그러나 후임 최고경영자는 코칭에 대한 이해와 관심이 낮았다. 공들여 조성한 코칭 문화가 대부분 사라지게 됐다고 안타까워했다. 우연히 만난 직원들이 사장님 계실 때가 좋았다고 말할 때 보람과 함께 안타까운 마음이 들었다고 한다.

경영자 코칭은 기업문화 확산에 결정적인 역할을 한다. 하지만 최고경영자가 아무리 임원들과 리더들에게 코칭을 받게 하더라도 정작 자신이 코칭을 받지 않으면 코칭 문화의 확산과 지속에는 한계가 있다. 최고경영자들이 코칭을 확신하게 되면 지속적인 코칭 문화 확산을 위해 관리자 교육, 경영자 코칭, 사내 코치 양성에 투자하게 된다. 그리고 조직문화와 리더십 개발의 로드맵에 따라 장기적인 관점에서 단계적 활동이 가능해진다. 조직이 바뀌는 변화의 동력이 마련되는 것이다.

최고경영자 코칭은 임원 코칭과는 다르다

최고경영자 코칭은 경영자 코칭의 범주에 들어가지만 일반 임원을 대상으로 하는 코칭과는 접근 방법이 달라야 한다. 임원 코칭은 임원의 리더십 향상과 특정 이슈 해결에 초점을 맞춘다. 반면 최고경영자 코칭은 최고경영자, 최고경영자 후보자, 사업본부장과 같은 사업총괄 책임자를 대상으로 이루어진다. 최고경영자 코칭은 개인과 조직, 리더십과 비즈니스, 내부와 외부의 통합적인 접근이 필요하다. 따라서 경영자 코치는 코칭에 대한 전문역량뿐만 아니라 통합적인 주제를 다룰 수 있는 역량을 갖춰야 한다.

최고경영자 코칭의 통합적인 접근법으로는 인사이드 아웃Inside-out, 아웃사이드 인Outside-in, 리더십 효과성Leadership Effectiveness 등을 다루게 된다. 인사이드 아웃 관점에서는 가치, 신념, 철학, 강점 등 개인 기초에서 출발해서 성공의 정의와 최고경영자의 기여 등 조직과의 일체화된 정체성을 성찰하게 된다. 최고경영자가 자신의 철학과 경영원칙을 명확하게 정립하지 못하면 일관된 의사결정과 소통이 곤란해진다. 결국에는 구성원들과의 신뢰 구축이 어렵게 되고 조직의 움직임이 둔해진다. 따라서 최고경영자가 자신에 대한 점검과 성찰을 통해 가치관을 명확히 정리하는 것이 매우 중요하다.

아웃사이드 인의 관점에서는 외부의 시각으로 비즈니스와 조직을 살펴보는 관점의 확대를 요구한다. 산업의 융복합화가 진행됨에 따라 고객과 경쟁자의 범위가 크게 확대됐다. 보다 넓은 시각에서 시장의 변화와 경쟁자를 살펴볼 필요가 있다. 고객과 경쟁사를 포함한 다양한 이해관계자의 관점에서 사업을 조망하고 내부적인 컨센서스를 만들어가야 한다. 이런 관점에서 코치는 성찰적 질문을 통해 최고경영자의 생각을 확장하고 유연성을 갖도록 코칭하게 된다.

리더십의 효과성 관점에서는 조직의 목표, 방향 설정, 한 방향 정렬, 임파워먼트, 신뢰 구축 등을 함께 점검할 수 있겠다. 특히 최고경영진팀Top Management Team의 운영, 임파워먼트, 전략적 사고, 시간관리에 대한 점검과 개선을 통해 리더십의 효과성을 높이게 된다. 아울러 조직문화의 수호자인 동시에 변화 추진자로서의 역할과 리더십의 실패 요인을 분석하는 등 최고경영자의 리더십 확립과 전략 실행을 지원하게 된다. 이러한 내용들은 최고경영자 코칭 시에 활용할 주요 코칭 주제 리스트에 포함된다.

최고경영자 코칭 시에는 고객과의 충분한 협의를 통해 어떤 주제를 다루는 것이 필요한지를 합의하는 것이 바람직하다. "아는 만큼 보인다."라는 말이 있다. 최고경영자가 코칭을 받는 것 자체가 조직의 문화와 리더십 변혁에 큰 모멘텀이 될 수 있다.

|3|
전문가에서 리더로 성장해야 한다

| 핵심 질문 |

- 임원과 관리자의 직무는 어떻게 달라야 될까요?
- 신임 임원으로서 어떠한 리더십 전환이 필요할까요?
- 신임 임원의 성공을 좌우하는 핵심 요소는 무엇입니까?

기업마다 연말에 가장 큰 이슈는 두말할 것 없이 승진일 것이다. 특히 임원 승진은 군대에서 별을 다는 것에 비교할 만큼 특별한 의미가 있다. 그만큼 성과와 역량을 인정받았다는 증거이며 업무의 범위와 권한이 대폭 넓어지고 대우 면에서도 파격적이라고 할 수 있다. 그래서 많은 직장인의 꿈이 임원으로 성공하는 것이다.

그러나 다른 관점에서 보면 직원의 신분에서 임원으로 승진하는 것은 큰 변화의 시기이다. 업무의 범위, 권한, 책임의 크기가 달라지고 관장하는 조직이나 직원의 수도 훨씬 많아져서 과거와는 다른 리더십을 필요로 한다. 당연한 말이겠지만 임원 평가는 직원 시절보다 훨씬 엄격하다. 기대한 만큼의 성과를 내지 못하거나 리더십에 문제가 생기면 연말에 바로 아웃이 된다. 그것이 임원 직책의 특징이다.

리더가 되면 새로운 역량이 필요하다

리더의 커리어에서 가장 힘든 시기는 중요 직책으로의 전환기이다. 임원이 된 첫날부터 상황을 판단하고 전략을 세우고 의사소통을 함에 있어 자신의 역량을 시험받게 된다. 이러한 전환기의 성패가 향후 전반적인 업무 성패를 좌우한다. 전환기의 리더들은 과거의 성공적인 기술이나 전략에 의존하는 경향이 있다. 그러나 이러한 접근법이 새로운 환경에 통하리라는 보장이 없다.

특히 신임 임원의 경우 그동안 '전문가'로 성공해서 그 자리까지 오게 됐다. 하지만 새롭고 더 커진 조직을 맡아 '리더'로 성공하기에는 역부족일 수 있다. 따라서 신임 임원의 코칭도 최고경영자 코칭만큼 중요하다. 얼마 전 코칭을 마친 한 신임 임원이 있었다. 그는 잘해야 한다는 의욕이 넘쳐났다. 그러나 상사나 부하 그리고 동료들과의 관계 정립이 그다지 순탄치 않았다. 그는 주변 이해관계자와의 소통과 협업에서 아주 미숙하다고 토로했다. 또 조직관리도 쉽지 않다고 고민을 털어놓았다. "부하들은 당신에게 무엇을 바라고 있을까요?"라는 단순한 질문에 쉽게 답을 하지 못했다. 부하들과 소통을 잘하고 싶은데 어떻게 하면 잘하고 쉽게 할 수 있는지가 가장 큰 고민이었다. 이제 리더로서 살아가기 위해 어떤 깨달음이 필요한지 스스로에게 물어야 하는 중요한 순간을 맞이한 것이다. 어떤 리더십으로 부하들을 임파워링하면서 조직의 몰입도를 높이고 성과를 높여야 하는지를 성찰하기 위해서는 코칭이 필요하다.

필자의 경험을 돌아보면 신임 임원으로서 리더십 전환을 성공적으로 하는 데 세 가지가 크게 도움이 됐다. 첫 번째는 한두 단계 위의 포스트에 대한 '역할 훈련'이다. 부장 시절에는 상사인 임원이라면 어떻게 해 나갈 것인가를 끊임없이 생각하며 일을 했다. 즉 부장으로서의 일만 하지 않았다. 임원의 맥락에서 상황을 보고 나의 일을 어떻게 하는 것이 더 전략적이고 바람직한가를 생각하며 일하는 것이다. 그 덕택에 막상 임원이 됐을 때도 새로운 미션이 낯설지 않았다. 임원이 되고 나서는 최고경영자의 시각과 전사적 관점에서 업무를 보고 추진함으로써 자연스럽게 리더십 전환을 성공적으로 추진할 수 있었다.

두 번째는 주도적으로 일을 했다. 어려운 과제를 맡더라도 주눅 들지 않고 피하지 않고 기회로 삼아 성장할 수 있었다. 기회는 위기라는 가면을 쓰고 찾아온다고 한다. 필자는 위기를 어렵게만 생각하지 않고 그 속에 숨어 있는 기회가 무엇인지 생각하며 기회를 살려 나갔다. 그러자 오히려 반전의 기회를 잡을 수 있었다.

세 번째는 훌륭한 인재를 발굴하고 육성하기 위해 노력했다. 비전을 공유하고 승리 전략과 실행 시스템을 구축하고 직원들과 함께 몰입함으로써 성과를 창출했다. 함께한 부하직원들과 같이 성장한 것이다. 훌륭한 전략과 그것을 실행하는 인재야말로 승리를 위한 핵심 요소라고 생각했다. 그 두 가지를 갖추기 위해 항상 힘을 집중해왔다. 그럼으로써 필자가 맡은 조직은 구성원들의 몰입이 가능했고 지속가능한 성장을 할 수 있었다.

리더는 관리만 잘해서는 성과를 낼 수 없다

많은 리더가 관리만 잘하면 자기 몫을 한 것으로 생각한다. 그러나 시간이 지나면 관리만으로는 결코 승리가 보장되지 않는다는 것을 깨닫게 된다. 제대로 성과를 내기 위해서는 비즈니스 이슈와 리더십 이슈를 균형 있게 잘 다루어야 한다.

먼저 비전 실현이나 목표 달성을 위해 그 시점에서 가장 중요한 전략적 이슈가 무엇인지를 발굴해야 한다. 경쟁사보다 중요한 전략적 이슈를 먼저 발굴하고 추진할 때 비로소 시장을 주도할 수 있다. 바이오시밀러Biosimilar 시장을 선점한 셀트리온, 온라인 상거래의 선도자인 아마존, 온라인 동영상 스트리밍을 주도하는 넷플릭스가 대표적이다. 그다음은 발굴된 이슈를 해결할 전략을 수립하고 실행체제를 잘 구축해야 한다. 아무리 훌륭한 전략도 시스템이 미비하면 지속

가능한 비즈니스 모델로 발전할 수 없다.

리더십 이슈는 지속적인 성과 창출을 위해서 구성원들의 동참과 몰입을 유도할 수 있어야 한다. 구성원들의 동참과 몰입을 확보하기 위해서는 코칭 리더십이 필요하다. 즉 리더는 구성원들이 가진 잠재력을 발휘할 수 있도록 하는 코치이자 멘토가 돼야 한다. 코치가 되기 위해서는 진정성 있는 소통과 코칭 스킬이 필요하다. 구성원들의 잠재력을 인정하고 의견을 경청하는 것이 코칭 리더십의 출발이다. 지시하기보다는 구성원들이 자발적으로 일할 수 있도록 질문함으로써 자기 결정력을 키워야 한다. 리더가 비전을 제시하고 구성원들이 자기 일의 의미를 찾고 자발적으로 몰입하도록 동기를 부여해야 한다. 이것의 핵심은 모범 보이기와 임파워링이다.

코칭 리더십이 힘을 발휘하기 위해서는 다른 부문과의 협력을 통한 시너지 발휘가 중요하다. 연구개발 부문은 생산과 영업의 입장을 고려하고 생산은 연구개발과 영업의 의견을 존중해야 한다. 그렇게 협력함으로써 함께 과제를 해결하고 시너지를 발휘하는 전사적 관점과 역량 발휘가 중요하다. 신임 리더는 새로운 조직을 맡았을 때 철저한 점검을 통해 조직의 문제점을 찾아내야 한다. 만약 그렇지 않고 조직 활성화만 추진하면 시간이 지나면서 숨겨져 있던 구조적인 문제가 드러나 발목을 잡는 일이 생긴다. 그리고 이러한 문제점 점검의 목적은 적폐를 청산 하기 위한 것이 아니라 제도와 시스템을 개선하는 데 두어야 한다. 과거의 청산이 아니라 새로운 미래의 창조를 위한 포용의 리더십은 신임 리더에게 반드시 필요한 덕목이다.

|4|
수평적 리더십이 필요하다

| 핵심 질문 |

- 미래의 조직문화는 어떻게 변화해야 할까요?
- 미래의 조직문화에 필요한 리더십은 무엇일까요?
- 이러한 조직문화와 리더십을 어떻게 만들어가겠습니까?
- 코칭이 기업 성공을 지원하기 위해 어떤 역할을 해야 할까요?

P코치가 모 회사의 간부를 코칭했을 때다. 그동안 그는 회사를 위해서 열심히 일했다. 실적과 성과에서도 좋은 평가를 받았다. 그러나 그는 다면평가 결과를 보고 너무나 큰 충격을 받았다. 소통 역량이 부족하다는 평가를 받았기 때문이다. 상대방을 이해하려고 하지 않고 자신의 의견만 주장한다는 내용이었다.

회사의 HR 부서는 소통 역량을 높이는 방안으로 그 간부에게 코칭을 받을 기회를 마련했다. P코치가 그 간부를 고객으로 만나게 된 것이다. 코칭 횟수는 한 달에 두 번씩 총 4회였다. 코칭 횟수가 그렇게 많지 않았다. 나름대로 성과를 내기 위해서는 고객과 코치 간의 신뢰와 일체감이 무엇보다도 중요하다고 생각했다.

시작은 그렇게 순탄하지 않았다. 그 간부는 이러한 자리에 있는 것 자체를 못마땅하게 생각했다. 평소 회사의 일뿐만 아니라 사람과의 관계도 중요하게 여기며 최선을 다했다고 여겨왔다. 그런데 그런 평가를 받았으니 억울해했다. 아마도 자신을 미워하거나 시기하는 몇몇 사람들의 악의적인 의도 때문일 것이라고 투덜거렸다. P코치는 그가 속상해하는 것을 충분히 들어주고 공감했다. 그동안 그가 회사를 위해 수행한 성공 체험담과 그의 강점에 관한 얘기를 들었다. 그는 정말 강점이 많은 리더였다. 목표 달성에 대한 열정과 의지가 강했다. 문제가 생기면 신속히 대안을 찾고자 했다. 그리고 일을 할 때는 공과 사를 엄격히 구분했다.

"정말 중요한 것은 지금 말씀하신 강점들입니다. 그 강점들이 성공의 길로 이끌 것입니다. 그러니 강점을 더욱 강화하기 위해 항상 노력하십시오."

드러난 문제점은 조금만 노력하면 바로 고칠 수 있으니 염려 말라고 하면서 이번 코칭을 통해 진심으로 이루고 싶은 게 무엇인지 물었다. 그는 상대방의 입장에서 상대방을 이해하는 소통 방법을 배우고 싶다고 했다. P코치는 그에게 충분히 가능하다고 답변했다. 그러려면 고객과 코치가 혼연일체가 돼 코칭에 집중해야 한다고 했다. 그는 한번 열심히 해보겠다고 했다. 첫째 날 과제를 내주었다. 코칭의 개념을 어느 정도 이해하기 위해 책 『코칭하는 조직만 살아남는다』의 일부 페이지를 읽어오는 것이었다. 두 번째 코칭부터는 본격적으로 '상대방을 이해하는 소통' 과정에 돌입했다. 우선 간단한 소통 모델을 정립했다. 'LENS 대화법*에 따라 경청하기-인칭공격(인정, 칭찬, 공감, 격려) 하기-상대방 감정에 충분히 머무르기-자기 의견 얘기하기' 순서다. 상대방의 입장에서 상대방을 이해한다는 것은 상대방의 말을 경청하고 상대방의 감정에 충분히 머무르는 것을 의미한다.

사람들은 상대방의 얘기를 들으면 바로 자기 의견을 말하는 습관이 있다. 바쁜 일상에서는 더욱 그렇다. 신속히 답을 찾아야 하기 때문이다. 그러나 그렇게 해서는 진정으로 상대방의 입장이 되기 어렵다. 2차, 3차, 4차 코칭 때는 이러한 소통 모델을 계속 반복해서 익히면서 보완할 점을 서로 얘기했다. 롤 플레잉을 통해 직원의 입장이 되기도 하고 고객과 상사의 역할을 맡기도 했다. 수많은 시행착오를 겪으면서 조금씩 자신감을 높여갔다. 코칭 후 과제도 모두 직원, 고객, 상사와 소통 모델을 활용한 대화 나누기였다.

마지막 과제인 직속 상사와의 소통 시연을 마친 그의 얼굴에서 광채가 났다. 이제는 어느 정도 소통하는 데 자신감을 가질 수 있겠다고 했다. 마지막 코칭에 대한 그의 소감을 들을 때는 P코치도 감동을 했

---

* LENS 대화법은 Leaning(몸을 상대를 향해 기울이기), Eye contact(눈을 맞추기), Nodding(고개를 끄덕이기), Saying(들은 말을 반복하거나 반영하기)와 같이 네 가지 요소로 설계된 대화법이다.

다. 그는 처음 코칭을 시작할 때만 해도 너무나 절박한 심정으로 왔는데 이제는 빛이 보인다는 소회를 밝혔다. 다음에 자기가 잘되면 꼭 한번 찾아뵙겠다고 하면서 감사하다고 말했다.

코칭에서 고객과의 신뢰 형성은 그 중요성을 아무리 강조해도 지나침이 없다. 신뢰 형성을 위해서는 경청을 통해 고객의 감정을 읽고 고객의 감정에 충분히 머문 후에 문제해결로 넘어가야 한다. '고객의 입장을 진심으로 이해하는 것'이야말로 코칭 성공의 관건이기 때문이다.

통제가 아니라 자율과 책임의 문화를 만들어라

"왜 회사들은 규정과 통제 절차를 가지고 있을까? 그건 일 처리가 미숙하거나 프로답지 못하거나 무책임한 직원들을 다루기 위해서다. 애초에 이런 사람을 채용하지 않거나 내보낸다면 그런 규정은 필요가 없다. 뛰어난 실력을 갖춘 인재들로 조직을 꾸리면 거추장스러운 통제장치가 필요 없어진다. 인재 밀도가 높을수록 직원들에게 허용되는 자유는 더욱 커진다. 재능 있는 직원들은 서로에게 많은 것을 배운다. 재능 있는 직원들이 피드백을 수시로 주고받게 되면 일을 더 잘하게 되고 동시에 서로 책임질 행동을 하게 된다. 그렇게 되면 통제는 크게 필요하지 않게 된다. 무엇보다 이러한 문화를 만들면 선순환이 이루어진다.

통제를 없애면 '자유와 책임'의 문화가 조성된다. 이것이 최고의 인재를 끌어들여 통제를 훨씬 줄이게 만든다. 그렇게 되면 웬만한 회사들이 따라오기 힘들 정도의 신속함과 혁신이 가능해진다."

넷플릭스의 창업자이자 현 회장인 리드 헤이스팅스Reed Hastings가 저서 『규칙없음』에서 밝힌 글이다. 우리가 리더십을 이야기할 때 흔히 떠오르는 단어가 '카리스마'라는 단어이다. 카리스마의 어원은 그리스어 카리스마kharisma인데 신으로부터 부여받은 재능(신의 축복)을 의미하는 말이다. 카리스마 리더십은 리더의 특성(초인간적 또는 비범한 능력)에서 나오는 힘과 부하들이 리더와 동일시하는 심리적 과정을 통해 영향력이 발휘된다.

1920년대 독일의 사회학자 막스 베버Max Weber가 카리스마의 개념을 발전시켰다. 1980년 이후 미국 기업들이 외국 기업들과의 경쟁에서 생존하기 위해 조직 변환의 관점에서 카리스마 리더의 필요성을 인식해 경영학 분야에서 본격적인 연구가 시작됐다. 이러한 카리스마 리더십을 발휘한 대표적인 경영자로는 미국의 잭 웰치와 스티브 잡스, 일본의 마쓰시타 고노스케와 이나모리 가즈오, 한국의 이병철, 정주영 회장 등을 들 수 있겠다.

비즈니스 환경이 변화하며 팔로어의 역할이 더 강조됨에 따라 카리스마 리더십에서 변혁적 리더십과 서번트 리더십으로 발전하게 된다. 그러나 겸손과 구성원에 대한 존중 그리고 조직에 대한 헌신을 강조하는 서번트 리더십도 소수의 리더를 중심으로 한 패러다임 아래에 있다. 그러한 측면에서 넷플릭스가 강조하는 조직 구성원들의 자유와 책임F&R, Freedom and Responsibility은 리더십과 조직문화의 새로운 지평을 열고 있다.

▋상호작용의 코칭 리더십으로 자기 결정력을 키워라

미래 리더십의 가장 큰 특징은 리더들이 조직의 전 계층에 존재한다는 것이다. 그레첸 M. 스프라이처Gretchen M. Spreitzer와 토마스 G. 커밍스Thomas G. Cummings가 저서 『퓨처 리더십』에서 주장한 내용이다. 전통적으로 리더는 조직의 최고경영자층으로 간주돼왔다. 그러나 점점 복잡해지는 기업 환경하에서 리더십은 반드시 조직 전체를 통해 살아 있어야 한다. 단지 임원들 수준에서 그쳐서는 안 된다. 따라서 앞으로의 조직은 조직 전반에 걸쳐 두터운 리더층을 준비하지 않으면 도태되고 말 것이다.

미래의 리더십은 조직의 전 계층에서 발휘돼야 한다. 또한 리더십을 상사 중심이 아니라 상사와 부하 그리고 동료 간의 더 수평적인 파트너십의 관점에서 이해하는 것이 중요하다. 특히 민첩성이 중시되는 미래 환경에서 부상되는 애자일Agile 조직은 조직의 소규모화와 자율과 책임경영이 강조되고 있다. 이러한 관점에서 미래의 리더십을 '수평적 리더십'이라고 부를 수 있다. 수평적 리더십의 키워드는 셀프 리더십과 코칭 리더십 그리고 이 둘의 조화라고 정의하고 싶다.

미래 환경의 특징이 불확실성과 복잡성이라고 한다면 소수의 리더가 방향을 정하고 구성원이 따라가는 식으로는 성공할 수가 없다. 구성원들이 전략적 의도는 공유하되 각자가 자율, 즉 자기 결정력과 아울러 파트너십을 가지고 협업해나가는 것이 중요하게 된다. 그러기 위해서는 먼저 구성원 각자가 셀프 리더십을 갖추어야 한다. 셀프 리더십을 발휘하기 위해서는 일에 대한 철학, 환경 변화에 대한 성찰, 그리고 자기 결정력이 중요한 요소이다. 이러한 셀프 리더십이 확립될 때 비로소 자발적 몰입과 창의성 발휘가 가능해진다.

코칭 리더십은 파트너십을 바탕으로 존중, 소통, 협업이 이루어져야 한다. 따라서 코칭 리더십은 구성원들이 파트너의 관점을 가지고 다음과 같은 실천적 상호작용을 이룰 수 있어야 한다.

- 개인의 잠재력을 인정하고 상호존중의 조직문화를 정착한다.
- 경청, 강력한 질문, 효과적 피드백과 같은 소통 스킬을 활용한다.
- 모두가 함께 아이디어를 내고 힘을 합치는 협업 문화를 정착한다.

GE 같은 전형적인 대기업이 '125년 차 스타트업'으로 불리기를 원하는 것도 이런 배경 때문이다. GE는 조직의 계층화를 지양하고 조직을 민첩하게 만들기 위해 린 스타트업 방식을 맞춤형으로 응용한 '패스트웍스Fast Works'를 시작했다. 연례 인사고과도 지속적인 피드백을 통한 역량 개발 기회로 전환했다. 우리나라 최고기업 중 하나인 삼성도 2016년 3월 '스타트업 삼성 컬처 혁신' 선포식을 개최해 스타트업 기업의 실행력과 수평적 소통 문화를 조직 전반에 뿌리내리겠다고 선언했다. 그리고 임직원들의 다양한 의견을 수용해 수평적 조직문화 구축, 업무 생산성 제고, 자발적 몰입 강화라는 3대 컬처 혁신 전략이 제시됐다.

왜 GE나 삼성 같은 대기업들이 이런 움직임을 보일까? 미국 스탠퍼드 대학교의 에릭 리스Eric Ries 교수가 저서 『린 스타트업』에서 스타트업 방식을 받아들이는 대기업만이 미래의 수혜자가 될 것이라고 주장한 것과 맥락이 닿는다. 이제 이러한 리더십의 변화와 기업 조직문화의 혁신이 뒷받침되지 않는다면 조직은 민첩성의 상실과 우수 인재의 이탈로 쇠락의 길로 갈 수밖에 없다. 따라서 수평적 리더십을 근간으로 한 조직문화와 사업 방식으로 변화를 서둘러야 할 것이다.

우리는 권위와 리더십을 같은 개념으로 생각해왔다. 하지만 경험과 지식의 가치가 급격히 감소하는 상황에서 이런 사고방식을 유지한다면 조직은 쇠퇴의 길을 피할 수 없다. 오늘날 기업에는 "나에게는 권한이 없으니까."라고 말하는 리더가 상당수 존재한다. 그렇다면 그들이 권한을 손에 넣으면 뭔가를 시도할까? 그렇지 않을 것이다. 오늘 자신의 판단에 따라 움직이지 않는 사람은 내일 권한을 손에 넣는다고 해도 역시 움직이지 않을 것이다.

코칭이 지향하는 가치는 권위가 아니라 자율과 책임이다. 그리고 코칭은 심리적 안정감 구축을 통해 신뢰의 조직문화를 구축하는 데 가장 효과적인 수단이다. 애자일 조직의 핵심이 바로 자율과 책임 그리고 신뢰이다. 코칭이 지향하는 조직문화와 일치한다. 이러한 자율과 책임이 작동하려면 구성원의 의식과 역량이 향상돼야 한다. 구성원의 의식과 역량 향상을 위해 가장 효과적인 수단이 바로 코칭이다. 앞으로 경영의 미래는 코칭 파워를 얼마나 효과적으로 사용하는가에 달려 있다고 해도 지나치지 않다. 코칭이 기업 조직문화의 근간이 되고 코칭 스킬이 리더와 조직 구성원들이 갖추어야 할 핵심 역량이 될 것이다. 이 점을 잘 인식하고 많은 기업이 코칭 파워를 잘 활용하기를 기대한다.

2장
경영자의 자기관리

EXECUTIVE
COACHING

아무리 뛰어난 경영자라도 자기관리에 실패하면 모든 것을 잃게 되고 조직도 불행해진다. 경영자로서 자신의 가치관을 정립하고 솔선수범해야 한다. 또한 조직을 경영하는 기준과 원칙을 분명히 해야 한다. 그리고 무엇보다 가장 경계해야 할 사항은 비윤리적 행동과 도덕적 해이이다. 경영자 자신은 물론이고 조직 전체가 이를 경계하고 방지하기 위해 노력해야 한다.

| 1 |
리더의 태도와 자세가 중요하다

| 핵심 질문 |

- 구성원들이 당신을 신뢰하고 따르고 있습니까?
- 당신은 어떤 철학과 가치관을 가진 경영자입니까?
- 당신의 가치관은 조직의 가치관과 연결돼 있습니까?
- 당신은 조직의 발전을 위해 정도를 걷고 있습니까?

필자들이 공통적으로 회사 생활을 하면서 가장 소중하게 생각했던 것 중 하나는 '상대방에 대한 존중'이었다. 상대가 누구이든 내가 상대를 존중하지 않는데 상대가 나를 존중할 리는 없기 때문이다. 상대 존중의 첫걸음은 그의 얘기를 잘 들어주는 것이다. 경영자는 다양한 분야와 위치에 있는 사람들을 자주 상대해야 한다. 따라서 응대하는 태도와 자세가 중요하다.

P코치의 경우 경영자 시절에 관장하는 사무실마다 '이청득심以聽得心'이란 글자를 액자로 만들어 모든 직원이 항상 보고 실천하도록 했다. 들어줌으로써 마음을 얻는다는 의미이다. 물론 본인 스스로도 늘 그 문구를 보며 마음가짐을 새롭게 했다.

P코치는 상대를 존중하는 소통의 중요성을 경험한 적이 있다. P코치가 현직에 있던 어느 날이었다. 70대 후반의 한 노신사가 엄청 화가 나서 찾아왔다. P코치도 얼굴을 아는 분이었다. 그 노신사는 자신이 젊어서부터 평생을 화공약품 연구에 몰두해왔으며 자기 회사의 제품은 곧 자신의 자존심이라고 여겼다. 그런데 문제가 생겼다. 납품할 신제품을 테스트한 결과 불합격 통지를 받았던 것이다. 이 제품은 도저히 불합격될 수가 없다며 다시 테스트해달라고 요청했다고 한다. 그러나 공장에서는 안 된다고만 한다는 것이다. 노신사는 자신의 자존심이 짓밟혔다며 도저히 참을 수가 없다고 했다. P코치는 노신사의 얘기를 경청해 듣고 먼저 그분의 노력과 열정에 대해 느낀바를 정중하게 전했다.

"회장님, 저는 오래전부터 회장님께서 화공약품 개발을 위해 노력해오신 것을 잘 알고 있습니다. 그리고 연세가 있으신데도 불구하고 이렇게 오셔서 말씀하시는 걸 보니 제품에 대한 열정과 확신을 충분히 알 수 있을 것 같습니다. 그러한 회장님의 열정에 진심으로 존경을 표합니다."

P코치가 말을 이어가려는데 갑자기 그분이 눈물을 쏟았다. 그러

면서 여태까지 어디에서도 그런 말을 해준 사람이 없었다면서 고마워했다. P코치는 당황했다. 결국 현장에 특별히 당부해서 테스트를 다시 할 수 있도록 도와줬다. 예상대로 두 번째 테스트 결과도 불합격이었다. 현장에서는 상세한 데이터와 사진 자료를 첨부해 불합격 통보를 했다. 그 후에 또 한 번 그분이 찾아왔다.

"결과를 잘 받았습니다. 이제는 그 테스트 결과에 이의를 제기하지 않겠습니다."

노신사에게서 첫 번째 방문 때의 노여움은 찾아볼 수 없었다. 게다가 P코치에게 꼭 성공할 거라면서 오히려 덕담을 해주고 돌아 갔다. P코치는 그 이후 경영활동을 하는 내내 '이청득심'을 소중한 교훈으로 삼았다.

리더에게는 자기만의 철학과 가치관이 있어야 한다

모든 리더십은 리더 자신에게서 시작된다. 리더가 자신의 철학과 원칙을 가질 때 조직에 신뢰가 구축된다. 이때 비로소 리더가 진정성과 영향력을 발휘할 수 있기 때문이다. 경영자는 자신에게 '나는 어떤 경영자일까?'라는 질문을 던질 수 있어야 한다. 일본에서 경영의 신이라 불리는 이나모리 가즈오는 "회사의 크기는 경영자의 그릇 크기만큼 커지고 조직은 리더의 그릇 크기만큼 커진다."라는 말을 했다. 조직의 리더나 경영자라면 이 말을 항상 마음에 새기면서 자신을 비추어봐야 한다. 항상 겸손한 마음으로 되돌아보고 경영자로서의 그릇과 역량을 키우기 위해 끊임없이 노력해야 한다. 특히 경영자는 수시로 변화하는 비즈니스 환경에 맞춰 살아가기 위해서 수많은 데이터와 자료에 따라 결정해야 한다. 하지만 조직을 바람직한 방향으로 이끌어 나가기 위해서는 자신의 소신과 철학이 필요하다. 또한 주변 정황과 세태에 흔들리지 않는 본인만의 가치관을 세워 나가야 한다. 따라서 철학은 경영자의 기본자세이자 실행 원칙이다. 나아가 사람들이 생각하고 행동하는 데 확고한 기준을 제시하는 것이다.

경영자는 개인적으로는 "어떻게 살 것인가?" 그리고 공인으로서는 "어떻게 경영할 것인가?"에 대한 질문을 던지고 답을 찾아내야 한다. 이런 질문과 답으로 경영자의 철학이 정립되고 나아가 기업의 경영과 자연스럽게 연결된다. 예를 들어 삼성그룹은 창업주 이병철 회장의 사업보국, 인재제일, 합리추구라는 경영철학을 근본으로 했다. 이건희 회장 때는 '인재와 기술을 바탕으로 최고의 제품과 서비스를 창출해 인류사회에 공헌한다.'라고 경영철학을 재정립했다. 이에 따라 인재제일, 최고지향, 변화선도, 정도경영, 상생추구라는 핵심가치를 가지고 있다. 현대차그룹은 정주영 회장의 경영철학인 창조적 예지, 적극 의지, 강인한 추진력을 근본으로 해 고객 최우선, 도전적 실행, 소통과 협력, 인재 존중, 글로벌 지향이라는 핵심가치를 가지고 있다. 경영철학과 기업의 핵심가치를 정립하고 제대로 실행하기 위해서는 경영자 개인의 철학을 정립하는 작업이 선행돼야 한다.

가치관이란 우리가 누구인지를 규정하는 것이다. 가치관은 우리에게 가장 중요하고 소중한 믿음이다. 어둠 속에서 길을 찾도록 도와주고 목적의식을 더해주는 등대이다. 아무리 힘든 시기일지라도 편안함보다 용기를 선택하고 재미있고 쉽고 즉각적인 것보다 올바른 것을 선택하게 하는 것이 가치관의 힘이다. 경영자가 자신의 가치관을 정립하는 방법은 제각각 다르다. A코치의 사례를 통해 알아보자.

첫 번째 방법은 과거의 성공 체험이나 가장 행복했던 순간을 떠올려 보고 그때 떠오르는 가치가 무엇인지를 성찰해보는 것이다. A코치는 과거 임원 시절에 꼴찌 본부를 맡아서 일등 본부로 도약시킨 성공 체험을 가장 영향력이 있는 사건으로 꼽는다. 그때부터 비전(일등 본부), 학습(성공 사례의 발굴과 공유), 성취(도전과 끈기)라는 가치관을 정립했다.

두 번째 방법은 자신의 강점을 쉽게 발휘할 수 있는 재능 테마와 연결해서 자신의 가치관을 찾는 것이다. A코치가 갤럽의 강점 진단을 받았을 때 배움, 성취, 미래지향이라는 재능이 자신의 지배적 재능으로 나타났다. 본인이 의식하지는 않았지만 자신의 재능이 가치관으로 자연스럽게 연결된 것이다. 우리가 가진 지배적 재능은 자연스럽게 발휘되므로 자신의 재능과 연결된 가치관은 실행력이 훨씬 강하다고 할 수 있다.

세 번째 방법은 언제 직원에게 칭찬을 하고 싶고 화가 나는지를 묻는 것이다. "어떤 직원에게 가장 화가 나는가?"라는 질문에 정직하지 않을 때 화가 난다면 '정직'과 '신뢰'라는 가치를 가진 것이다. 게으른 사람에게 화가 난다면 '성실'이라는 가치를 가진 것이다. 반대로 "당신이 곁에 두고 싶고 믿음직스러운 사람은 어떤 사람인가?"와 같은 질문을 통해 자신의 가치관을 찾을 수도 있다.

경영자는 개인의 가치관을 정립하는 데 머무르지 않고 조직의 가치관과 연결함으로써 가치관을 확장해 나가는 것이 중요하다. 특히 최고경영자의 경우 개인의 가치관이 개인 차원을 넘어서 조직의 핵심가치와 연결되고 확장돼 자연스럽게 조직의 핵심가치를 실행하는 모범을 보여야 한다. 우리가 잘 아는 미국의 사우스웨스트 항공사의 핵심가치는 '유머'다. 그 핵심가치를 가장 잘 실천한 사람은 그 누구도 아닌 허브 켈러허Herb Kelleher 전임 회장이었다.

그는 이미 백발이 성성한데도 기업의 가치관을 실현하기 위해 최고경영자의 위엄을 포기하고 종이봉투를 뒤집어쓴 우스꽝스러운 모습으로 광고에 출연하기도 했다. 직원들은 그의 유머러스하고 즐거운 모습을 보면서 기업의 가치관이 실천되는 것을 온몸으로 느꼈다. 기업의 가치관에는 최고경영자의 가치관이 투영된다. 따라서 최고경영자가 선두에 서서 그 가치관을 지키기 위해 노력해야 한다. 그렇지 않으면 모든 임직원의 행동 기준이 흔들린다. 기업의 경영자부터 언행일치가 되지 않는데 그 밑에서 일하는 사람들은 어떻겠는가? "윗물이 맑아야 아랫물이 맑다."라는 격언이 괜히 나온 게 아니다.

미국의 글로벌 컨설팅 회사 맥킨지의 직원들에게 "하는 일이 무엇입니까?" 하고 물으면 "우리는 기업의 성공을 돕는다."라고 대답한다. 아무도 컨설팅한다고 대답하지 않는다. 이런 질문에 직원들이 어떤 답을 할지는 순전히 경영자 하기 나름이다. 경영자가 기업의 가치관에 대해 어떻게 행동하고 노력하는지에 달려 있다. 기업의 핵심가치가 올바로 실행될 때 임직원들이 자기 직업에 자부심을 갖고 기업에 더욱 애정을 느낀다.

경영자 한 명의 철학과 가치관이 기업에 미치는 영향은 지금까지 살펴본 바와 같이 지대하다. 자신의 그릇 크기만큼 조직이 큰다고 봐야 한다. 자신만의 철학과 가치관을 가져야 함은 물론이다. 여기에서 필자는 좋은 경영자가 되기 위한 또 다른 화두를 던져본다. 당신은 구성원들의 마음을 얻고 싶은가? 조직 생활에서 어떻게 하면 그들의 마음을 움직이게 할 수 있을까? 리더의 솔선수범과 정직이 바로 그 해답이다.

리더에게 가장 중요한 것은 솔선수범과 정직이다

리더는 그들이 인식하든 못 하든 구성원들의 모범이 된다. 리더는 과거의 수많은 경험을 통해 현재의 일을 직관적으로 판단하고 있으며 더불어 본인이 내리는 판단이나 행동이 자연스럽게 부하들의 본보기가 된다. 곧 현재의 리더 행위가 미래의 리더가 될 부하들의 행위로 귀결될 수도 있다. 조직의 리더로서 부하들에게 보여주어야 할 적합한 판단이나 행위의 기준은 나보다 먼저 남을 위하는 '이타적 품성'이다. 이 품성이 나보다 남을 더 귀하게 여기는 마음에서 출발해 조직 목표를 위해 개인의 욕구를 억제할 수 있는 자세로 귀결된다. 이를 우리는 고결하게 '희생정신' 또는 '헌신' 등으로 부르는데 현실적으로는 '솔선수범'이라 얘기한다. 알버트 슈바이처 박사는 리더의 솔선수범을 강조하며 다음과 같이 말했다.

"모범을 보이는 것은 다른 사람에게 영향을 미치는 가장 좋은 방법이 아니다. 그것은 유일한 방법이다."

리더는 솔선해서 구성원에게 모범을 보여야 한다. 맥도널드 신화를 창조한 레이 크록Ray Kroc은 자신이 만든 수많은 프랜차이즈 점포에서 하급 직원들과 어울려 화장실을 청소하고 유리창을 닦기도 했다. '깨끗한 음식점만 성공한다.'라는 그의 '음식산업과 청결의 함수'는 이론이 아니라 솔선수범이 만들어낸 것이었다. 리더는 큰 것을 약속하기에 앞서 작은 것부터 행동으로 증명해 보여야 한다. 조직은 '하라!'라는 명령형으로는 절대 변하지 않는다. '하자.'라는 청유형으로는 조금 움직일까 말까이다. 리더가 '내가 할게.'라는 귀감형으로 바뀌어야 비로소 변화의 불씨가 옮겨붙는다.

콜롬비아대학교 경영대학원과 콘페리국제연구기관Korn/Ferry International에서 공동으로 미국, 유럽, 남미, 아시아 1,500명의 최고경영자를 대상으로 "21세기 최고경영자에게 가장 필요한 덕목이 무엇입니까?"라고 설문한 적이 있다. 약 88퍼센트가 최고경영자가 지녀야 할 첫 번째 덕목으로 정직성과 도덕성을 꼽았다. 구글에서도 정직하게 일하는 것을 핵심가치에 넣고 '사악해지지 말자Don't be evil.'라고 강조하고 있다. 또한 전 세계 일반사원들을 대상으로 "당신의 상사에게서 기대하는 최고의 리더십 덕목이 무엇입니까?"라는 질문에 역시 첫 번째 덕목이 바로 정직이라고 대답했다.

그러면 어떤 리더가 정직한 리더일까? 무엇보다도 언행일치를 실천하는 리더이다. 자신이 한 말에 대해서는 반드시 행동으로 옮겨야 한다. 자신이 정한 개인의 원칙이든 조직의 원칙이든 리더가 스스로 지켜나가야 하는 것은 당연한 일이다. 누가 보든 보지 않든 스스로에게 한 점 부끄럼 없이 정직하게 지켜야 한다. 우리는 이 단순한 원칙을 어기는 리더를 얼마나 많이 보아왔는가?

특히 최고경영자가 사심을 가지고 욕심을 부리면서 정직하지 못할 때 조직 전체가 퍼렇게 멍이 들 수도 있다. 최고경영자는 당연히 회사의 최고책임자로서 모든 결과에 대한 책임을 진다. 당해연도의 경영 성과는 물론이다. 하지만 최고경영자가 자신의 재임 기간 중 성과에만 매달려 회사 미래를 위한 기술개발이나 투자를 게을리해서는 안 된다. 또한 단기성과보다는 장기성과가 더 좋은 회사로 만들어가야 한다. 자기 대代에서 빛을 보려는 것은 지나친 욕심일 수 있다. 후배들에게 더 좋은 회사를 물려주어야 하는 채무자 의식을 바탕으로 '정도正道'의 길을 가야 한다.

뿌리가 튼튼한 나무가 알찬 열매를 맺을 수 있다. 또한 뿌리 깊은 나무가 바람에 쉽게 흔들리거나 뽑히지 않는다. 정직은 튼튼한 뿌리와 같다. 흔히 리더십은 삼각대라는 말을 한다. 하나는 열정이고 또 하나는 능력(전문성)이며 마지막은 정직이다. 제대로 된 리더십을 발휘하기 위해서는 정직이 뿌리를 내려야 한다. 리더가 아무리 멋있다고 해도, 원대한 목표를 설정하고 비전을 제시한다 해도, 열정이 있고 능력이 있다 해도 구성원들이 리더를 신뢰하지 못한다면 리더를 따르지 않는다. 리더에게 가장 중요한 성공의 원동력은 바로 정직이다. 정직하고 솔직하며 믿음을 주는 행위는 무한한 신뢰를 낳는 법이다.

|2|
리더는 시간관리를 해야 한다

| 핵심 질문 |

- 리더로서 시간을 효과적으로 관리하고 있습니까?
- 시간 배분은 일의 가치와 중요도와 잘 연계돼 있습니까?
- 본인만의 '생각 시간'을 얼마나 가지고 있습니까?
- 시간 활용과 관리에 대한 당신의 원칙은 무엇입니까?

'시간은 경영자의 가장 소중한 자원이다.'

필자들의 공통된 생각이다. 그래서 경영자 시절 자기만의 시간 확보하기, 약속 시간 지키기, 중요성의 원칙에 따라 업무 다이어트하기, 비서 잘 활용하기 등 시간관리 전략을 세우고 활용했다. A코치는 그중에서도 가장 중요하게 생각하는 게 '자기만의 시간 확보하기'였다. 그는 영국 작가 윌리엄 캠던William Camden이 '일찍 일어나는 새가 벌레를 잡아먹는다.'라고 한 말을 중요하게 생각했다. 항상 일찍 출근하여 에너지가 넘치는 아침 시간을 적절히 활용한 덕분에 회사 생활에서 큰 성과를 얻었다고 한다.

아침 시간에는 생각을 정리하고 경영서적을 읽으며 자기계발을 할 수 있다. 특히 바쁜 날은 그 시간에 핵심적인 일을 미리 준비하고 목록을 만들어 우선순위를 정해 효과적으로 관리할 수 있었다. 어쩌면 이 아침 시간이 하루를 결정하는 방향타였다고 할 수 있겠다. 그리고 바쁜 일과 중에도 항상 하루에 한 번 이상 10분 정도의 짧은 명상 시간을 가졌다. 마음을 비우고 머리를 정리했다. A코치만의 비법이었다. 이러한 자기만의 시간 확보가 남다른 경쟁력이 됐다.

영어권에서 가장 많이 사용되는 단어는 무엇일까? 2006년 옥스퍼드사전의 조사에 따르면, 3위는 year(연), 2위는 person(사람), 그리고 1위는 time(시간)이라고 한다. 2020년 조사에서도 time은 여전히 1위였다. 우리는 살아가면서 시간에 대해 많이 얘기한다. 하지만 시간이 얼마나 중요한지는 많이 생각하며 살지는 못하는 것 같다. 우리의 인생은 바로 시간의 합이다. 내가 오늘 시간을 잘 사용했다는 것은 오늘 내 인생을 잘 살았다는 말과 같다. 특히 리더의 시간관리는 조직 전체의 생산성과 효율성이 연결돼 있기에 더욱 그렇다.

리더에게 시간관리는 곧 자기관리이다

사람들은 분주하게 정신없이 근무하는 것을 열심히 일하는 것으로 착각한다. 직급이 올라갈수록 심해진다. 심지어 분주하게 보이기 위해 애를 쓰는 사람도 있다. 가만히 있으면 일을 안 하는 것으로 생각하고 쓸데없이 여기저기 전화하기 바쁘다. 또 불필요한 회의를 수시로 소집해 바쁜 척한다.

모든 사람에게 시간관리는 중요한 이슈이다. 직급이 올라가고 영향력이 커질수록 그 중요성은 커진다. 특히 리더에게 효과적인 시간관리는 결정적 요인이다. 리더는 다른 사람을 리드하기 전에 자기 자신을 관리해야 한다. 리더가 시간을 어떻게 활용하는가는 조직에 큰 영향을 미치며 어느 구성원의 영향보다도 훨씬 큰 영향을 미친다.

리더에게 시간관리는 곧 자기관리이다. 시간이란 과거에서부터 현재를 관통하면서 미래로 가는 사건들의 연속이다. 시간을 잘 관리한다는 것은 곧 사건을 잘 관리한다는 것과 일맥상통한다. 그래서 리더는 주어진 시간 내에서 자신의 활동을 잘 관리해야 한다. 이러한 활동관리는 '셀프 리더십'에서 나온다. 따라서 시간관리를 하면 바로 자기관리가 되는 것이 이치이다.

2018년에 미국 최고경영자 256명의 일과를 조사한 결과를 보면 80퍼센트가 새벽 6시 이전에 기상을 하며 하루 평균 9.58시간 업무를 보고 66퍼센트가 밤 11시 이후에 취침에 든다고 한다. 왜 최고경영자들은 그렇게 날마다 전쟁과도 같은 시간을 보내는 것일까? 그건 최고경영자가 하루의 24시간을 어떻게 보내느냐에 따라 회사의 성패가 달려 있기 때문일 것이다.

또한 2017년에 런던대학교 정경대학 연구팀이 6개 국가 1,114명의 최고경영자를 대상으로 시간관리와 기업 성과의 상관관계를 분석했다. 그 연구결과를 살펴보면 최고경영자의 주당 평균 업무시간은 52시간이라고 한다. 주당 근무 일수는 5일이 70퍼센트, 6일이 21퍼센트, 일요일도 없이 일하는 7일이 9퍼센트로 나타났다.

이 연구에서 최고경영자들의 시간관리에서 나타난 첫 번째 특징은 하루 중 26퍼센트를 '혼자만의 시간'으로 할애하는 것이라고 한다. 왜 일과의 4분의 1 동안 혼자만의 시간을 가질까? 또 그 효과는 무엇일까? 혼자만의 시간을 보낸다는 것은 혼자만의 생각에 집중하는 시간을 갖는다는 것이다. 아무리 업무가 많아도 의도적으로 혼자만의 시간을 만들어 중요한 과제나 전략에 대해 집중적으로 숙고하는 것이다.

빌 게이츠나 워런 버핏 같은 최고경영자들 역시 바쁜 일상에서도 최소한 하루 1시간씩 혼자만의 시간을 의도적으로 만들었다고 한다. 어떤 사람들은 이것을 '성공을 위한 5시간의 규칙'이라고 부른다. AOL의 최고경영자 팀 암스트롱Tim Armstrong은 고위 임원들에게 의무적으로 매주 4시간씩 생각하는 시간을 갖도록 권유했다. 단지 생각만 하는 시간을 갖도록 했다고 하니 혼자만의 시간을 갖는 것이 경영자들에게 얼마나 중요한 일인지를 실감하게 된다.

여러분은 일과 중 어떤 사람들과 자주 만나고 또 어떻게 시간을 보내고 있는가? 자기만의 시간을 갖는 것과 꼭 필요한 사람을 선별해서 만나는 것은 중요하다. 시간관리의 황금률은 따로 있는 것이 아니다. 자신이 처한 산업이나 회사의 환경을 고려해서 자신의 스타일에 맞춰 최적의 시간관리법을 찾으면 된다.

가장 창의적인 성과를 내는 최고경영자들을 보면 상반된 스타일의 시간관리법을 보여준다. 테슬라 창업자 일론 머스크는 일주일에 100시간씩 일하는 것을 당연하게 생각한다. 반면에 아마존의 제프 베이조스는 오래 일하는 것보다 얼마나 집중하느냐가 관건이라고 말한다. 결국 평소 자신이 어떻게 시간을 보내고 있는지 스스로 체크해보고 중요도가 떨어지는 일이나 다른 사람이 할 수 있는 일을 줄이는 방법을 찾아야 한다. 생산성을 최대한 높일 수 있도록 자신만의 시간관리법을 찾는 것이 중요하다.

주 52시간 근무제가 도입되면서 그 어느 때보다 생산성을 높여야 한다는 목소리가 커지고 있다. 여기에 선행돼야 할 것이 바로 리더의 시간관리이다. 우선 시간관리의 개념이 어떻게 진화해왔는지 살펴보자. 초기의 시간관리는 1차원적이었다. 시간의 '유한성' 때문에 무조건 아껴야 된다는 것이다. '시간은 돈이다.'라는 말도 눈에 보이지 않는 시간을 가치 있는 것으로 표현하기 위한 하나의 방법이었다.

2차원적으로 진화한 시간관리의 개념은 모든 일을 같은 비중으로 보지 않고 '중요성'과 '시급성'으로 구분하고 일하는 순서를 정한다. 첫째는 중요하면서 시급한 일, 둘째는 중요하지만 시급하지 않은 일, 셋째는 중요하지 않지만 시급한 일, 넷째는 중요하지도 시급하지도 않은 일의 순서로 진행해야 한다는 것이다. 이 개념은 일의 경중과 시급성을 따져서 실행 순서를 정하는 것으로 한 단계 발전한 시간관리 모델이라고 할 수 있다.

하지만 현실적으로 한정된 시간 동안 모든 일을 다 할 수 없다. 따라서 리더는 꼭 처리해야 할 일에 집중하는 것이 중요하다. 즉 일을 시작하기에 앞서 업무의 구조조정이 이루어져야 한다는 것이다. 그러기 위한 방법은 '제거와 위임'이다.

첫 번째, 제거를 위해서는 이런 질문을 해봐야 한다. "이 일은 꼭 해야 할 가치가 있을까?" 한정된 시간을 고려했을 때 우선순위에서 떨어진다면 과감히 업무 리스트에서 제거해야 한다. 그리고 리더는 자신의 업무뿐만이 아니라 구성원들의 업무 리스트도 살펴보고 조정해야 한다. 구성원들은 스스로 가치가 낮다고 판단돼도 기존에 하던 일을 제거하는 데 부담을 갖는 경우가 많다. 리더는 수시로 제거해야 할 일은 없는지 묻고 상의해서 구성원들이 가치 있는 일로 시간을 채울 수 있도록 도와주어야 한다.

두 번째, 위임을 위해서는 이런 질문을 해봐야 한다. "꼭 내가 해야 할까?" 리더가 위임을 할 때는 두 가지 조건이 충족돼야 한다. 하나는 리더를 위한 기회비용의 관점에서 일을 위임하고 대신 그 시간에 스스로 더 가치 있는 일을 함으로써 전체 업무의 효율성을 높인다는 조건이다. 다른 하나는 직원 육성을 위한 임파워링 관점에서 위임한다는 조건이다. 리더가 일을 위임함으로써 일을 맡은 구성원의 역량 향상에 도움이 되고 그 효과가 조직 전체에 시너지를 가져올 수 있다. 그러고 나면 이제 리더에게는 스스로 집중해야 할 일만 남게 된다. 이때 필요한 것이 '딥워크Deep Work'를 위한 집중력이다.

리더에게는 딥워크와 리프레쉬가 필요하다

조지타운대학교 칼 뉴포트Cal Newport 교수는 "딥워크는 완전히 집중한 상태에서 일을 수행하는 것이다."라고 말했다. 하루에 근무시간만 제한된 것이 아니라 사람마다 딥워크를 할 수 있는 에너지도 한정돼 있다. 그래서 많은 전문가가 "에너지가 충분히 충전돼 있는 아침 시간에 중요한 일을 처리하라."라고 조언한다. 보통 출근 후 곧바로 이메일 체크나 티 미팅을 하면서 아침의 첫 30분이나 1시간을 보내는 경우가 많다. 그런데 밤새 새롭게 충전된 에너지를 여기에 쓰기에는 너무 아깝다는 것이다.

리더는 하나의 업무에 집중할 때 다른 곳에 에너지를 빼앗기지 않도록 보호하려고 노력해야 한다. 특히 최근에는 홍수처럼 밀려드는 이메일, 메신저 등과 같은 디지털 소통이 심각한 방해물이 되고 있다. 리더 여러분은 어떻게 대처하고 있는가? 분명한 것은 딥워크를 위해 집중 시간을 설정한 후 방해물을 의도적으로 무시하는 '선택적 무관심'이 절대적으로 필요하다.

리더의 시간관리는 비단 회사 생활에만 국한되지 않는다. 일상 혹은 삶의 전체 영역에서 적절한 시간관리가 필요하다. 휴식이나 취미

생활도 시간관리와 떼려야 뗄 수 없는 관계이다. 회사 생활을 즐겁고 알차게 하려면 업무 외적으로 자신이 애초부터 '하고 싶은 일', 즉 취미생활을 같이하는 것도 좋다. 일이란 끝이 없다. 더구나 일은 해마다 더 늘면 늘지 줄어들지 않는 속성이 있다. 하루와 하루의 틈새, 한 주와 새로운 한 주의 틈새에 취미생활이라는 즐거운 일을 가미해 급격히 떨어지는 체력과 정신력을 보강할 필요가 있다. 이렇게 재충전하면 더욱 새롭고 꽉 찬 에너지로 회사 일에 전념할 수 있다.

K코치는 특이하게도 취미가 많다. 그는 그 취미 덕에 오랜 세월 회사 생활에서 많은 스트레스를 이겨내고 즐겁게 살아왔다. 집에는 꽤 괜찮은 서재가 있다. 그 서재 한쪽 벽면에는 여느 집 책장과 다르게 직접 디자인해서 만든 책장이 있다. 서점에 가면 볼 수 있는 2중 책장으로 만들었다. 앞쪽 책장에는 그럴싸한 일반 책들이 꽂혀 있고 안쪽 책장에는 모두 만화책이 꽂혀 있다. 애지중지하는 책들이다.

만화책 중에는 깊이가 있고 인생 공부가 될 만한 인문학적인 것들이 엄청 많다. 새로운 호기심을 불러일으키는 요소도 많고 창의력과 도전 의식을 불러일으키는 멋진 내용도 있다. 잔잔하면서도 담담한 수필처럼 가슴을 따뜻하게 하는 이야기도 있고 기상천외한 발상으로 하루의 피곤을 날려버리는 작품도 많다. 어릴 적 읽던 심심풀이용 책이라고 치부하기 어려울 정도로 근자의 만화책은 엄청나게 발전했고 알찬 내용을 담고 있다. K코치는 만화책을 통해 경영에 도움이 될 만한 생각이나 아이디어를 많이 얻을 수 있었다고 한다.

K코치는 취미생활을 확고하게 가지고 있다고 해서 다른 일상과

완전히 분리돼 있다고는 생각하지 않는다. 요즈음 젊은 세대들은 회사나 일의 선택 기준으로 워라밸을 중요시한다. 아주 좋은 현상이다. 하지만 워라밸의 관점을 어떻게 바라볼 것인가를 생각해봐야 한다. 우리는 지금까지 '워크Work'에만 치우쳐 있었다. 이제는 '라이프Life'도 바라보면서 그 균형점을 찾아야 한다는 것이다. 그런데 많은 사람이 워라밸을 '라이프'와 '워크'를 분리해 '일과는 다른 나만의 삶'을 추구하는 것이라고 생각한다. '라이프'를 어떻게 즐기고 활용해서 충분한 '에너지'를 얻고 '워크'를 잘할 수 있을지 그 균형을 찾는 것으로 생각하지 않는다.

하지만 워라밸의 진정한 의미는 그저 여유를 가지고 쉬는 것만이 아니라 자신이 좋아하는 일, 즉 취미생활을 즐기고 에너지를 충전해서 '내 삶의 중요한 워크'를 잘 준비하는 것이다. 우리가 일상에서 요긴하게 쓸 수 있는 '에너지'라는 것은 유한하다. 본인만의 취미생활을 통해 이 에너지를 항상 재충전해 놓는다는 것은 중요한 일이다. 회사 생활을 길게 하면 할수록 취미생활은 반드시 필요한 삶의 요소라는 것을 깨닫게 된다. 쉽지는 않겠지만 일과 중 자신만의 시간을 갖는 것이 필요하다. 더 나아가 자신만의 스타일에 맞는 최적의 시간 관리 기법을 찾는 것은 더욱 중요하다. 시간만큼 모든 사람에게 공평하게 주어지는 것은 없다. 또 시간처럼 사람에 따라 다양하게 요리되는 재료도 없다. 리더 여러분은 오늘 주어진 시간으로 자신과 주변 사람들을 위해 어떤 맛있는 요리를 만들고 싶은가?

|3|
리더는 네트워크 관리를
해야 한다

| 핵심 질문 |

- 리더에게 인적 네트워크는 어떤 의미를 가질까요?
- 사내 네트워크의 발전을 위해 얼마나 투자합니까?
- 외부 네트워크를 경영 활동에 잘 활용하고 있습니까?
- 평소 진정성을 가지고 구성원들과 이해관계자들을 대합니까?

박새와 울새는 영국에 흔한 조류다. 그들은 20세기 초만 해도 가정에 배달된 우유병 윗부분에 생긴 크림을 쪼아먹었다. 하지만 제2차 세계대전 중 우유 업자들이 병에 알루미늄 덮개를 씌우자 더 이상 그것이 불가능해졌다. 그런데 이후 박새만 알루미늄 덮개를 부리로 찢고 크림을 먹기 시작했다. 울새와 달리 박새들만 이런 행동을

보인 이유가 무엇일까? 비밀은 '네트워크'에 있었다. 박새는 울새에 비해 양호한 사회적 관계를 맺고 있었고 집단 내 네트워크와 활동반경이 넓었다. 무리와 잘 어울리는 박새가 '알루미늄 덮개를 찢으면 크림을 먹을 수 있다.'라는 새로운 사실을 더 빨리 배우고 더 쉽게 수용했던 것이다. 지난 2017년 4월에 발간된 『이코노미 조선』 94호에 실린 내용이다.

인간 사회도 마찬가지다. 인적 네트워크에는 여러 가지 정보와 아이디어가 흘러 다닌다. 최근 경영의 글로벌화가 가속화되고 기업 생태계가 확장되면서 리더의 인적 네트워크의 중요성은 더욱 커지고 있다. 4차 산업혁명의 진전으로 산업의 경계를 뛰어넘어 융합이 일어나고 있고 산업과 산업을 넘나드는 네트워크의 필요성 또한 높아지고 있다. 그렇다면 리더들은 '네트워크'를 효과적으로 잘 활용하고 있을까? 아쉽게도 잘 활용되고 있지 않는 것이 현실이다. 어쩌면 바쁘고 귀찮아서 또는 그 네트워크가 지금은 별 도움이 안 된다고 평계를 대며 인적 네트워크를 등한시하지는 않는지 반성해볼 일이다.

훌륭한 리더는 공동체로부터 자양분을 얻는다

리더가 성공하기 위해서는 안팎의 네트워크 매니지먼트는 필수 조건이다. 네트워크는 직접적인 재산은 아니지만 성공에 필요한 촉매제 역할을 한다. 일반적으로 우리 인간은 살아가면서 어려움이 닥

치거나 잘 모르는 일이 생기면 친구나 회사의 선후배나 동료들에게 도움을 구하는 것이 일상이다. 아주 절체절명의 위기에서 지인의 소개로 새로운 사람의 도움을 받아 기사회생하는 때도 자주 있다. 더군다나 인간관계가 좋을수록 네트워크가 더욱 넓어지고 하는 일이 훨씬 수월해져 성공을 다지는 초석이 될 수 있다.

리더의 네트워크에는 크게 세 가지가 있다. 사내 네트워크, 외부 네트워크, 개인 네트워크이다. 사내 네트워크는 현직에 몸담고 있다면 당연히 제일 중요하다. 먼저 리더가 일을 효율적으로 추진하고 목표를 달성하기 위해선 사내의 지원 세력 구축이 필수다. 인맥을 쌓는다고 바깥으로 돌다 보면 정작 조직이 어떻게 굴러가는지 모르게 되는 경우가 허다하다. 리더가 내부 조직을 파악하고 장악하는 것이 외부 네트워크 구축보다 먼저다. 사내 네트워크가 잘 갖추어져야 의도대로 사업을 추진할 수 있다.

외부 네트워크는 기능적 특성을 지니며 전략적으로 경영해야 한다. 외부 네트워크는 사외 다른 업종의 리더, 대학교수, 전문가 집단 등을 의미한다. 자신의 사업 발전을 위한 조언과 새로운 사업 아이디어를 구할 수 있는 다양한 전문가 네트워크를 구축하는 것이 좋다. 이 두 가지 네트워크는 공적인 개념이다. 이와 비교해 개인 네트워크는 사적인 개념이다. 사업에 관해 이야기할 인맥도 필요하지만 그것 못지않게 필요한 것은 개인적 긴장과 스트레스를 나눌 사람들이다. 리더가 자신의 약점과 어려움을 스스럼없이 털어놓으며 얻는 위로와 안식은 한층 성숙해지는 계기를 마련한다.

여기서 하나 눈여겨볼 것은 성공한 리더들은 하나같이 외부의 개인 네트워크에 많은 시간을 할애했고 적극적으로 활용했다는 것이다. 『포춘』 선정 500대 기업들에 마케팅 데이터와 분석 서비스를 제공하는 유명한 빅데이터 전문가인 앨런 가넷Allen Gannett은 이 시대의 천재 크리에이터라고 불리는 세계적 거장들과 인터뷰를 했다. 거장들은 이구동성으로 히트작을 만드는 데 자신의 천재적 영감에만 의존한 것이 아니라 자신이 적극적으로 임하는 네트워크인 '창의적 공동체'에서 아이디어의 많은 부분을 얻었다고 말했다. 그 창의적 공동체에 마스터 티처Master Teacher, 즉 본인의 삶에 도움을 받을 수 있는 멘토가 있을 수 있다. 그렇지 않다고 해도 '누구에게나 배울 수 있다.'라는 생각이 자신의 아이디어에 많은 영감을 가져다주기도 한다.

스티브 잡스도 생전에 각계각층의 인사들과 친분을 맺었다. 그럼으로써 많은 사업 아이디어를 구하고 세상 돌아가는 것을 파악했다. 나아가 멘토나 코치를 통해 피드백을 구하면서 창의적인 커뮤니티 활동을 했다고 한다. 잡스가 자주 만났던 인사들의 면면을 보면 참 놀랍다. 전직 미국 대통령은 물론이고 일본 승려, 벤처 투자자, 록 그룹과 팝스타, 음악 관련 기업 CEO, 천연두 퇴치 과학자, 유명 디자이너, 그리고 전 풋볼 코치 등이다.

훌륭한 리더는 혼자만의 외로운 상상과 탐험으로 또는 주변의 몇몇 핵심 파트너들과만 사업 성공의 아이디어를 구상하지 않는다. 다양한 사람들이 모인 공동체를 통해 많은 자양분을 얻어야 성공의 길로 갈 수 있다. 필자는 임원으로 막 승진했을 때 멘토에게서 "1주일에 두세 번 저녁 식사는 반드시 바깥 사람들과 하라."라는 조언을 들었다. 그렇게 했더니 실제로 사업의 발전에 많은 도움이 됐다. 그뿐만이 아니다. 은퇴한 지금도 그 네트워크를 통해 충만한 삶을 살아가고 있다. 개인 네트워크를 통해 회사에서의 성공만이 아니라 사회에서도 서로 돕고 위하는 성숙한 인간으로 살아갈 수 있으니 리더의 필수항목이라 하겠다. 과연 자신에게 인생의 멘토가 몇 명 있는지, 또 외부에 개인 네트워크를 얼마나 가지고 있는지 자문해볼 일이다.

A코치의 경우 경영자 시절 네트워크 관리의 중요성을 인식하고 폭넓은 네트워크와 깊이 있는 네트워크라는 두 가지 관점에서 노력했다. 깊이 있는 네트워크는 주로 같은 업계, 독서 모임, 경영자 모임 등을 통해 공통의 관심사를 갖는 모임이다. 정기적인 만남과 서로 유기적인 도움을 통해 함께 성장하는 모임으로 유지했다. 특히 훌륭한 인격과 역량을 가진 경영자를 만나면 그분의 강점을 인정하고 진정성을 담은 관심을 전달함으로써 좋은 인연을 맺을 수 있었다. 폭넓은 네트워크는 여러 가지 인연으로 만난 사람들과의 관계도 잘 유지할 수 있도록 인명록을 작성해 관계를 유지할 수 있도록 노력했다. 이러한 네트워크의 힘은 A코치가 법인영업 총괄 부사장으로 영업을 총괄하는 위치에 올랐을 때 빛을 발휘했다.

A코치는 영업부서에서 타깃 거래선이 선정되면 실무자만 움직이게 하게 하지 않았다. 개인 네트워크를 활용해 반드시 거래선의 담당 임원을 만나서, 실무차원에서 업무가 원활하게 진행될 수 있도록 지원했다. 타깃이 정해지면 총괄임원이 함께 연결선을 찾았다. 그러고

나서 일단 함께 거래선을 만나면 좋은 분위기에서 거래가 잘 이루어질 가능성이 컸다. 영업사원의 사기도 높아질 수밖에 없다. 통상적으로 영업은 갑과 을의 관점에서 접근하다 보니 거래선을 어려워한다. 그러나 A코치의 생각은 거래선의 니즈를 잘 파악해 거래선의 고민을 해결해준다면 갑과 을의 관계가 아니라 파트너로 인정받을 수 있다는 것이다. A코치는 이러한 차별적인 접근 방식과 함께 미리 구축한 네트워크의 힘 덕택에 법인영업 총괄로서의 임무를 탁월하게 수행했다. 그리고 그러한 성과를 바탕으로 최고경영자의 위치까지 올라갈 수 있었다.

일보다 더 중요한 것이 사람이다

우리 주변에는 재능이 많고 일을 잘하며 뛰어난 리더가 많다. 하지만 대인관계에 뛰어난 사람은 많지 않다. 오히려 뛰어난 리더가 사람을 대하는 태도나 행동이나 말투에서 모가 나고 대인관계에서 문제를 일으키는 경우가 많다. 왜 그럴까? 리더 자신의 색깔이 너무 짙어서 그런 것일까? 아니면 자신이 너무 뛰어나니까 주변 사람들을 얕잡아 보는 것일까?

인간관계의 핵심은 '기브 앤드 테이크Give and Take'다. 주고받는 것이다. 영어도 그렇고 우리말도 그렇다. 주고 난 뒤에 받는 것이다. '테이크 앤드 기브Take and Give'나 받고 준다는 말은 없다. 우리 인간의 언어

속에는 인간 생활의 지혜가 녹아 있다. 내가 먼저 주면 언젠가는 받는 법이다. 아니, 내가 받고 싶으면 먼저 주어야 한다. 그것이 삶의 지혜이다. 많이 받고 싶을수록 더 먼저 주어야 한다. 그것이 인지상정이다.

전 세계 6,000만 부가 판매된 최고의 인간관계 바이블인 데일 카네기Dale Carnegie의 저서 『인간관계론』을 보면 '사람들이 당신을 좋아하도록 만드는 6가지 방법'이 나온다. 그 첫 번째가 "다른 사람에게 진심으로 관심을 가져라."이다. 바로 리더인 당신을 좋아하도록 만들기 위해서는 '먼저 관심을 주라.'라는 것이다.

요즘 우리는 반려견을 많이 키운다. 2021년 기준 약 600만 마리로 추정된다. 왜 우리는 이렇게 반려견을 많이 키우는 것일까? 귀여워서? 그냥 좋아서? 밤늦게 퇴근했는데 아내와 아이들은 다 자고 있어도 반려견만큼은 엘리베이터 멈춤 소리가 나자마자 현관에 달려 나와 꼬리를 흔들기 때문에? 혹시 생각해본 적이 있는가? 이 많은 반려견이 한결같이 우리들의 사랑을 받는 이유는 무엇일까?

우리는 이 반려견에게서 인간관계의 정수를 배워야 한다. 이 많은 반려견이 사랑받는 이유는 딱 하나이다. 자신이 먼저 상대에게 사랑을 주기 때문이다. 반려견들은 인간들에게 사랑을 얻기 위해 태어났고 그것이 그들의 존재 이유다. 그 삶의 목적을 그들은 아주 잘 달성했다. 오늘도 그들은 사람들을 향해 구애를 열심히 하고 있다. 여기서 주목할 점은 주인을 향한 반려견의 사랑 속에 담긴 '진정성'이다. 그들은 주인이 밥을 많이 주든 적게 주든 사랑을 많이 주든 적게 주

든 진정성을 갖고 있다. 아무런 이해타산 없이 오직 사랑을 위한 진정성만으로 주인을 대한다는 것이다

리더인 당신은 과연 진정성을 갖고 부하를 대하는가? 참 답하기 어려운 질문이다. 여기서 잠깐 묻고 넘어가자. 진정성이란 무엇일까? 아낌없이 주는 마음? 속임수가 없는 순수한 마음? 역지사지로 상대의 마음을 읽고 상대가 원하는 것을 행하는 것? 아니면 내 욕심을 버리고 상대를 위해 힘쓰는 것? 리더인 당신은 진정성을 어떻게 답하고 있는가? 놀랍게도 우리 모두 정의를 내리기는 어렵지만 상대의 그 진정성을 느낌으로 알고 있다. 흡사 반려견이 진정으로 나를 사랑한다는 것을 느끼듯 말이다.

많은 리더가 일로써 사람을 대하고 일을 통해 사람을 본다. 그러면서 항상 '인간관계'는 참 어렵다고 느낀다. 일보다 더 중요한 것이 사람이다. 상대의 진정성을 내가 부지불식간에 느끼듯 인간관계에서 진심은 통하는 법이다. 내가 진심을 가지고 먼저 다가가면 그 진심을 사람들은 분명 느낀다. 리더의 진정성을 가장 잘 느끼는 이들이 매일같이 부대끼는 부하들이다. 그러므로 부하들이 잘되게끔 먼저 관심을 보이고 진정성 있게 지원을 해야 한다. 그것이 리더의 소임이자 인간관계의 시작이라고 해도 과언이 아니다.

|4|
리더는 스스로에게 질문하는 사람이다

| 핵심 질문 |

- 리더로서 자신을 어떤 사람이라고 생각합니까?
- 리더로서 자기성찰을 어떻게 하고 있습니까?
- 평소 스트레스를 어떻게 관리하고 있습니까?
- 내적 여유 유지를 위해 어떤 방법을 활용합니까?

필자가 처음 팀장을 맡았을 때의 일이다. 보직을 처음 맡다 보니 일에 대한 욕심이 지나치게 앞섰다. 세상에서 내가 제일 똑똑하다는 어리석은 신념을 가지고 있었던 부끄러운 시절이기도 하다. 부하들의 능력을 믿지 못하고 모든 일을 독단적으로 끌고 나가기 일쑤였다. 그러다 보니 자연스레 자기 앞으로 일이 몰리게 되고 혼자 매일 밤늦

게 퇴근하는 일이 잦았다. 바쁘다는 것을 훈장으로 삼은 탓에 스스로의 어리석음을 돌아보는 성찰이 부족할 수밖에 없었다. 하지만 하늘이 필자에게 성찰의 기회를 준 것인지 우연한 기회에 과장으로 진급하려는 부하의 논문 작성을 도울 일이 생겼다. 둘이서 꼬박 밤을 지새우며 논문을 완성했다. 그 부하는 과장으로 진급했다. 이후 그 부하가 같이 식사를 꼭 하고 싶다고 해서 진급 회식 자리를 가졌다. 그때 그가 "가족이 아닌 분에게 이렇게 깊은 도움을 받아본 것은 처음입니다. 제가 회사에 근무하는 한 존경하는 상사로 충성을 다해 모시겠습니다."라고 말하는 것이 아닌가.

부하직원의 감사는 어찌 보면 듣기 좋은 말로 넘길 수 있었다. 하지만 필자는 그 말에 오히려 큰 깨달음을 얻었다. 부하의 발전을 위해 노력하는 만큼 그들이 성장하고 또한 상사에 대한 믿음도 커지며 팀 전체의 역량도 향상된다는 것을 새삼 알게 됐다. 나아가 필자의 리더십도 향상되는 것임을 성찰하게 된 계기였다. 특히 리더가 구성원들의 성장에 이바지하는 것이 바로 리더십의 본질이자 상생의 선순환이라는 것을 깨달았다. 어찌 보면 이 경험은 실로 작지만 필자의 인생에 엄청난 변화를 가져온 사건이었다. 내 식대로 굳어진 잘못된 신념을 버리고 부하를 위해 밑거름이 돼주는 것이 조직의 힘을 키우는 것임을 깨달았다.

게다가 다 함께 더 큰 성과를 낼 수 있다는 사실과 이러한 자기성찰이 향후의 회사 생활을 더 보람차게 만들어주었음은 주지의 사실이다.

리더는 자기성찰을 통해 결단을 한다

훌륭한 리더는 스스로에게 질문하는 사람이다. 가장 많이 물어야 하는 질문은 '나 자신은 누구인가?'이며 가장 많이 물어야 할 대상은 바로 '자기 자신'이다. '나는 누구인가?'라는 근본적인 물음을 제기하지 않는 리더는 진정한 리더가 될 수 없다. 이 물음이 철학적으로 확장돼 가끔은 복잡해질 수도 있다. 하지만 리더의 존재론적인 물음인 것은 분명하다. 나는 개인이 아니다. 리더이다. 즉 리더는 성찰을 통해 결단을 내리는 사람이다.

성찰은 자신의 행위나 내면에 대한 반성이다. 즉 자신의 생각과 감정을 알며 자신을 돌아보고 감정을 조절할 수 있는 능력을 의미한다. 우리 주변에는 감정관리를 잘 못하는 리더들이 생각보다 많다. 리더의 감정 기복이 구성원들의 몰입도나 조직 성과에 미치는 영향은 매우 크다. 일례로 리더의 부정적 감정은 긍정적 감정보다 15배 빠른 속도로 확산되고 한 번 나빠진 기분은 15번 좋게 해야 만회가 된다고 한다. 성찰은 자신을 객관화해 바라보는 힘을 키우고 자신의 성장이 개별화된 고유한 강점에 있음을 발견하게 함으로써 부정적인 자신의 모습마저도 수용할 수 있게 한다. 자기성찰을 통한 본질적인 내적 변화는 자신의 삶에 대한 깊은 이해와 공감을 불러일으키고 자신의 행동에 대한 통찰을 가져온다.

리더는 '세 개의 거울'을 가져야 한다고 한다. 첫째는 매일 자신을 단장하기 위해 필요한 거울이고, 둘째는 타인을 통해 자신의 뒤통수를 볼 수 있는 거울이고, 마지막 셋째는 자기성찰을 통해 자신의 숨겨진 욕망과 이기심을 보여주는 내면의 거울이다. 만약 우리에게 자기성찰의 거울이 없다면 곤혹스러운 상황에 빠질 수밖에 없을 것이다. 자기성찰의 거울을 가진 리더들만이 조직의 더 큰 사명을 위해 지금 자신이 일구어낸 공을 부하들과 나눌 수 있다. 더 나아가 부하들의 잘못을 자신의 책임으로 돌리는 일을 할 수 있을 것이다.

자기성찰이라는 것은 자신의 내면을 돌아보면서 '삶의 지혜'를 구하는 것이다. 지혜란 그러면 무엇일까? 우리 인류 역사상 가장 지혜로운 사람은 누구일까? 바로 소크라테스이다. 그를 통해 지혜의 참 의미를 알게 됐다. 소크라테스는 자신이 무지하다는 것을 인식하고 있었으며 틀렸다는 지적을 언제나 기꺼이 받아들일 준비가 돼 있었다. 불교에서는 지혜를 '반야般若'라고 부르며 존재의 참모습을 깨닫는다는 의미로 사용한다. 여러 종교에서 저마다의 시선으로 지혜를 바라보지만 모두 같은 논지를 품고 있다. 그건 바로 질문을 해야 한다는 것, 공부해야 한다는 것, 지적 겸손함이 중요하다는 것이다. 그리고 리더의 잠재력을 깨우는 단 하나의 열쇠는 단언컨대 스틸니스 Stillness, 즉 고요함이다.

우리가 얻고자 하는 통찰력은 대부분 묻혀 있다. 겉으로 드러나는 경우는 거의 없다. 깊이 들여다보아야만 발견할 수 있다. 다른 사람들이 보지 못하는 것까지 볼 수 있는 게 통찰이다. 그러므로 리더는 잡다한 많은 것을 무시하고 정말 중요한 것에 초점을 맞추어야 하고 또한 현재에 집중할 필요가 있다. 일기장을 펼쳐놓고 앉아야 한다.

머릿속을 비워야 한다.

세계의 영적 지도자 에크하르트 톨레Eckhart Tolle는 이렇게 말했다. "소란한 생각을 벗어나 고요함 속에서 모든 사물과 모든 사람을 만나는 것은 당신이 이 우주에 줄 수 있는 가장 큰 선물이다. 내가 고요함이라 부르는 그 보석은 기쁨이기도 하고 또한 사랑이기도 하다." 모든 생각이 끊어지고 모든 언어가 끊어지고 그래서 아무런 감정의 출렁임도 없는 그곳, 불교에서 말하는 적멸寂滅의 자리를 톨레는 고요함이라고 말하는 것이다. 고요함을 의식하는 순간 내면의 고요함이 깨어난다. 비로소 당신은 지금 여기 존재하게 된다. 고요함은 지혜이며 모든 형상이 태어나는 근원적 의식이다. 당신이 모든 것을 멈추고 고요해질 때 지혜가 바로 거기에 있다. 그저 보고 그저 들어라. 그 이상은 필요 없다. 당신이 고요해지고 그저 보고 그저 들을 때 잡다한 생각을 여윈 지혜가 내면에서 깨어나게 될 것이다.

성공한 리더들은 매일 아침 어떤 식으로든 마음챙김 수련을 한다고 한다. 왜 그들은 명상을 할까? 현재 상황을 직시하고 사소한 일에 예민하게 반응하지 않고 침착하게 여유를 유지하는 데 도움이 되기 때문이다. 명상은 인간의 모든 능력을 향상하는 가장 효과적인 기술이다. 막 깨어난 아침은 하루 전체를 놓고 볼 때 집중력이나 긴장감이 크게 요구되지 않는 시간이다. 10~20분쯤 앉은 상태에서 정신을 한곳으로 모으는 연습으로 하루를 시작해보면 어떨까? 그러면 고도의 집중력이 요구되는 시간에 훨씬 뛰어난 능력을 발휘할 수 있을 것이다.

리더는 삶의 균형을 추구해야 한다

리더는 조직의 정점에서 이끌어가는 만큼 조직 전체에 미치는 영향력이 크다. 그만큼 바쁘고 스트레스를 많이 받는 자리이다. 리더가 흔들리면 조직 전체가 흔들린다. 그래서 리더는 위기에서도 흔들리지 않고 조직을 이끄는 담대함과 용기를 지녀야 한다. 그러려면 자기성찰을 통한 평정심이 절대적으로 필요하다. 일의 생산성 측면에서도 쉬지 않고 일하기보다 중간에 적당한 휴식을 취하는 게 낫다. 생산성이 훨씬 높아진다. 가을에 농부 두 사람이 벼를 베고 있었다. 한 명은 온종일 허리 한 번 펴지 않고 열심히 일했다. 반면 다른 한 명은 틈틈이 논두렁에 앉아 쉬곤 했다. 저녁이 돼 서로 쌓아놓은 볏단을 비교해보니 이상하게도 틈틈이 쉰 농부의 볏단이 훨씬 많았다. 쉬지 않고 일한 농부가 물었다.

"어째서 자네가 더 많이 수확했지?"

"난 쉬면서 낫을 갈았거든."

리더에게 중요한 것은 틈틈이 쉬면서 더 큰 성과를 창출할 수 있는 내적 여유와 여건을 갖추는 것이다. 작업의 효율을 위해서 낫을 가는 것, 휴식을 취하며 계획을 세우는 것, 또한 벼를 왜 베야 하는지 목표 의식을 확고히 하는 것이 중요하다. 리더는 모두가 죽자 살자 달리고 있는 현실에서 오히려 때때로 속도를 늦추고 '우리가 진정으로 달성하기를 원하는 것이 무엇일까?' '그것을 실현하기 위해 우리가 어떻게 해야 할까?'에 대해 끊임없이 생각 곧, 자기성찰을 해야 한다.

리더가 삶의 균형을 갖추는 것은 매우 중요하다. 경영이란 단거리 경주가 아니라 장거리 경주이므로 삶의 균형이 무너지면 제대로 경영하기 어렵게 되기 때문이다. 리더가 건강에 문제가 생기거나 가족관계에 문제가 생기면 온전히 경영에 몰입하기가 어렵다. 따라서 리더의 위치와 여건에 따라서 다를 수 있지만 자기 여건에 맞는 삶의 균형을 추구하기 위해 노력하는 것이 중요하다.

현직에 있는 리더라면 더더욱 큰 비중을 할애하기는 어렵겠지만 건강관리를 위한 노력, 가족관계를 유지하기 위한 노력, 인간관계를 위한 노력, 자기계발을 위한 노력에 최소한의 배려와 시간 배분을 해야 한다. 만약 평소에 그러한 최소한의 노력도 기울이지 않아 문제가 발생하면 리더 개인에게도 큰 손실이 발생한다. 또한 시간을 빼앗길 뿐만 아니라 조직에도 부정적인 영향을 미친다.

문제가 생긴 뒤 수습하는 것은 하수이다. 문제가 생기지 않도록 예방조치를 강구하고 문제 발생 시 초기에 파악하고 해결하는 리더가 고수라는 점을 명심하자.

2부
코칭 경영의 원칙

1장

리더십

EXECUTIVE
COACHING

직급이 올라갈수록 자신만 잘해서는 곤란하다. 조직을 한 방향으로 이끌어야 하고 조직원들이 제 역량을 힘껏 발휘할 수 있도록 독려해야 한다. 이 점에서 리더십은 조직의 성과에 영향을 미치는 가장 중요한 변수이다. 리더는 어떤 리더십으로 자신을 무장하고 어떤 방식으로 조직을 이끌어야 할까? 전략적 사고, 임파워먼트, 그리고 코칭 리더십의 조화가 답이다. 리더는 이제 보스가 아니라 코치가 돼야 한다.

|1|
리더십은 가장 중요한 변수이다

| 핵심 질문 |

- 리더의 역할은 무엇이라고 생각합니까?
- 리더십이 가장 잘 발휘되는 조직은 어떤 모습일까요?
- 조직 구성원들을 어떻게 한 방향으로 이끌 수 있을까요?
- 급변하는 경영 환경에서 실행 리더십은 어떻게 갖출 수 있을까요?

일반적으로 직원들은 열정, 성실성, 전문성이 있으면 잘한다는 평가를 받는다. 그런데 직급이 올라갈수록 성과와 평판이 안 좋아지는 직원들이 있다. 그들 대부분은 리더십에 문제가 있다. 직급이 올라갈수록 자신만 잘해서는 곤란하다. 조직을 한 방향으로 이끌어야 하고 직원들이 제 역량을 힘껏 발휘할 수 있도록 독려해야 한다. 이 점에서 리더십은 조직의 성과에 영향을 미치는 가장 중요한 변수이다.

나쁜 팀은 없고 나쁜 리더만 있을 뿐이다

미국 해군의 특수 부대인 네이비씰 출신 조코 윌링크Jocko Willink와 레이프 바빈Leif Babin이 공저한 『네이비씰 승리의 기술』에는 리더의 중요성을 잘 보여주는 사례가 등장한다. 네이비씰은 24개월의 혹독한 훈련을 거쳐야만 한다. 죽음의 훈련이라 불리는 4주간의 지옥 주간을 포함한다. 일곱 명이 한 팀이 돼 100킬로그램의 보트를 머리에 이고 달리고 수영을 하거나 모래밭을 구르기도 한다. 철저한 경쟁 체제로 팀 단위의 평가를 받는다. 꼴등을 하면 엄청난 물리적 체벌이 가해진다.

어느 날 네이비씰의 교관은 혹독한 페널티에도 1등과 꼴찌의 순위가 좀처럼 바뀌지 않는다는 것을 알게 됐다. 1등 팀은 계속 1등을 하고 꼴찌 팀은 계속 꼴찌를 했다. 교관은 두 팀의 리더를 교체해보았다. 그러자 꼴찌를 하던 팀은 단숨에 1등이 됐고 1등을 하던 팀은 2등으로 밀려났다. 그 이유는 무엇이었을까? 팀을 1등으로 이끈 리더는 어디에서나 승리의 기운을 내뿜었다. 팀원들에게 높은 기준을 제시하고 하나의 팀으로 이끌었다. 팀이 진 것이 누구 때문이라고 비난하지 않고 나쁜 결과가 나온 것이 운이 나빠서라고 타협하지 않았다. 리더의 지도에 따라 팀이 하나로 움직이자 성적이 몰라보게 좋아졌다.

그렇다면 기존의 1등 팀은 형편없는 리더가 배정됐음에도 어떻게 2등을 차지할 수 있었을까? 훌륭한 리더가 만든 조직문화가 충분히 뿌리를 내렸던 덕분이다. 팀원들이 경험한 '승리의 정신'이 커다란 원동력이 됐다. 리더의 중요성을 보여주는 사례는 비단 네이비실에서만 나타나지 않는다. 나쁜 팀은 없다. 나쁜 리더만 있을 뿐이다. 훌륭한 리더는 어떤 조직도 승리로 이끌 수 있다. 그렇다면 리더십의 역량은 어떻게 키울 수 있을까? 또는 막중한 자리에 오른 리더들은 스스로 어떻게 무장해야 할까?

▍리더는 분신술을 발휘할 줄 알아야 한다

리더는 무엇을 하는 사람인가? 우선 그에 대한 답을 고민해보자. 리더의 역할에 따라 역량을 높이는 방법이 달라지기 때문이다. 리더는 어떤 일을 하라고 만들어진 자리인가? 전통적으로 리더의 역할은 세 가지로 요약된다.

첫째, 비전과 목표를 세팅한다. 조직에서 비전과 목표는 북극성과 같다. 망망대해에서 방향을 잡고 목표 지점을 찾아가게 한다. 리더는 조직이 엉뚱한 곳을 향해 가는 일이 없도록 신중하게 방향을 잡고 비전과 목표를 세팅해야 한다. 그리고 조직원들에게 그 방향과 비전과 목표를 알려주어야 한다.

둘째, 한 방향으로 정렬한다. 리더는 비전과 목표 달성을 위해 회사의 정책과 전략을 수립하고 조직과 일하는 방식을 이에 맞추어 정렬해야 한다. 아무리 정교하게 잘 만들어진 총도 처음부터 총열과 조준선이 정확히 일치하지는 않는다. 조준선을 맞추기 위해서는 세밀하게 '영점 조준'을 해야 한다. 이것이 리더의 역할이다. 하나의 조직 목표를 위해 조직원 각자가 자리를 찾을 수 있도록 목표와 조직과 시스템을 정렬해야 한다.

셋째, 실행의 리더십을 발휘한다. 리더가 회사의 모든 일을 혼자서 다 할 수는 없다. 시의적절하게 의사결정을 하고 위임도 해서 일이 돼가도록 해야 한다. 찰스 다윈은 이미 1858년 "가장 강한 자가 살아남는 것도 아니고, 가장 현명한 자가 살아남는 것도 아니다. 환경에 맞춰 변화할 수 있는 자가 살아남아서 계속 진화한다."라고 말했다. 이는 자연계에만 적용되지 않는다. 비즈니스에서도 마찬가지다. 변화란 곧 실행이다. 올바른 리더십을 발휘해 변화하는 세상에 맞춰 조직을 변화시키는 것 역시 리더가 해야 할 역할이다.

리더는 누구인가? 바로 비전과 목표를 설정해 제시하고, 조직과 전략과 시스템을 하나의 방향으로 정렬하며, 리더십을 발휘해 '비전 실현' 또는 '목표 달성'이라는 실행(변화)을 이루어내는 사람이다. 물론 그러기 위해서는 특별한 재능과 그에 못지않은 남다른 노력이 수반돼야 한다.

그럼 가장 이상적인 조직은 어떤 모습일까? 허균이 쓴 고전소설 『홍길동전』을 예로 들 수 있다. 홍길동의 주특기는 '분신술'이다. 적을 만나면 머리카락을 한 줌 뽑아 자신의 분신을 여럿 만들어낸다. 각각의 분신들은 자유롭게 적과 대적한다. 각자 판단하고 결정하고 행동하는 데 아무런 제약이 없다. 적과 싸워 이긴다는 목표는 같지만 모두가 자신의 역량껏 움직인다. 덕분에 홍길동은 절대 지지 않는다.

이것이 필자가 개인적으로 생각하는 이상적인 조직의 모습이다. 전체로 보면 완벽하게 하나이나 각각은 자신의 자리에서 자율적으로 업무를 추진할 수 있는 형태이다. 경영학적 해석을 덧붙이면 전 조직원이 기업이 지향하는 비전, 목표, 그리고 방향을 공유하고, 그에 따라 각각은 위치와 역할에 맞게 자율적으로 판단하고 행동하는 조직이라고 할 수 있다. 이러한 조직을 어떻게 구현할 수 있을까? 핵심은 리더십이다. 홍길동이 분신술로 많은 적과 싸워 승리했듯이 1,000명, 1만 명의 거대 조직을 일사불란하게 움직여 성공의 길로 이끈다. 리더의 역량은 개인의 자질과 능력에 교육과 훈련이 더해져 성장한다. 리더십 역시 마찬가지다. 스스로 타고난 역량도 작용하겠지만 배우고 익히는 과정도 중요하다.

산타클라라대학교의 경영대학 리비스쿨의 제임스 쿠제스James Kouzes와 배리 포스너Barry Posner 교수는 『리더십 챌린지』에서 모범적인 리더의 다섯 가지 실천 원칙을 다음과 같이 제시했다. 첫째, 가치와 원칙을 명확히 하라. 모두가 리더가 될 수 있다. 하지만 존경을 받는 것은 리더의 몫이다. 가장 먼저 자신의 원칙을 분명히 하고 자신의 목소리를 찾아 조직의 가치와 원칙을 명확히 하라는 것이다. 둘째, 비전으로 가슴을 뛰게 하라. 조직을 생각하면 가슴이 뛰고 매력적인 미래를 상상할 수 있어야 한다. 꿈에 대한 완전하고도 확고한 믿음이 변화를 불러일으키는 원동력이라는 것이다. 셋째, 새로움에 도전하라. 현재 상태를 유지하면서 최고의 업적을 달성할 수는 없다. 리더는 미지의 세계로 내딛는 사람이다. 시행착오와 위험을 감수하고 나아가도록 조직을 이끌어야 한다. 넷째, 스스로 행동하게 만들어라. 위대한 성취는 팀원 간 신뢰와 협동 의식을 필요로 한다. 구성원의 자기 결정력을 높여서 모든 것을 쏟아부을 수 있게 하라. 그러기 위해서는 리더가 보여주는 신뢰가 필요하다. 다섯째, 열정이 우러나게 하라. 정상까지 올라가는 것은 고되고 험난한 일이다. 리더는 조직원이 어렵게 이루어낸 성과에 감사를 표시하는 것으로 기여도를 인정해야 한다. 그러한 표현이 공동체 의식을 촉진해 좋은 조직문화로 이끈다.

물론 이러한 다섯 가지 원칙을 세우는 것과 실천하는 것은 다른 이야기일 수 있다. '세상에서 가장 먼 거리는 머리(아는 것)와 다리(행동하는 것) 사이'라고도 한다. 물론 이 여정의 첫걸음은 리더 스스로 그 거리를 줄이기 위해 '고민과 계획이 필요하다.'라는 것을 깨닫는 것이다.

리더는 비전을 생생하게 보여주어야 한다

"챔피언은 체육관에서 만들어지지 않는다."

전설의 복서 무하마드 알리Muhammad Ali가 한 말이다. 마음속 열망과 꿈 그리고 비전이 챔피언을 만든다는 것이다. 리더는 직원들의 가슴 속 열정에 불을 붙여줄 리더십을 발휘해야 한다.

"나에게는 꿈이 있습니다. 언젠가는 조지아의 붉은 언덕 위에 옛 노예의 후손들과 옛 주인의 후손들이 형제애의 식탁에 함께 둘러앉는 날이 오리라는 꿈입니다."

너무도 유명한 마틴 루터 킹Martin Luther King 목사의 연설 중 일부이다. '인종차별을 해결하자.'라는 취지의 연설이 무수히 많았음에도 유독 1963년 링컨 기념관의 연설이 주목받았던 이유는 무엇일까? 그의 이상이 남달리 훌륭해서가 아니다. 그가 모두가 바라는 자유로운 세상을 그림 그리듯이 보여주었기 때문이다.

비전은 미래에 대한 생생한 그림이다. 리더의 비전, 곧 리더가 꿈꾸는 회사의 미래 모습을 조직원들과 공유하며 구현하기 위해서는 비전 리더십을 발휘해야 한다. 비전 리더십이란 리더의 비전을 조직원들에게 생생하게 보여주고 여기에 고무된 조직원들이 적극적으로 동참해 원하는 목적지에 다다르도록 함께 노력하는 리더십이다. 마틴 루터 킹의 사례처럼 비전 리더십이 발휘되기 위해서는 세 가지 요건이 충족돼야 한다.

첫째는 비전의 구체성이다. 마틴 루터 킹 목사는 '인종차별을 없애자.'라고 하지 않고 '옛 노예의 후손과 옛 주인의 후손이 함께 둘러앉는 그 날'을 제시했다. 평등의 식탁처럼 함께 도달해야 할 지점이 명확하다. 구체적인 현실의 목표는 리더십에 큰 힘이 된다.

둘째는 공감이다. 조직원들이 리더가 제시한 비전에 공감할 수 있어야 한다. 공감이 확산되면 동기부여와 자발성까지 확보된다. 많은 리더가 "모든 행동에는 합당한 이유와 고결한 목적이 필요하다."라고 강조했다. 역사적 혁신가들이 '명분'에 목숨을 걸었던 것도 마찬가지다. 조직원들의 공감을 얻지 못한 싸움은 결코 승리할 수 없다.

셋째는 한 방향 정렬이다. 비전이 현실화되기 위해서는 비전 따로, 목표 따로, 시스템 따로여서는 곤란하다. 전략과 조직 등 모든 것이 한 방향으로 정렬돼야 한다. 미국의 인종차별 운동도 전국적인 캠페인을 조직적으로 진행했다. 킹 목사는 흩어져 활동하는 지역 조직들을 순례하고 연합단체(남부기독교지도자회의)까지 만들었다. 리더를 구심점으로 조직과 목표와 계획을 정렬하는 과정은 필수 요건이다.

현재 경영자 중에서 비전 리더십을 잘 보여주는 대표적 사례로는 일론 머스크를 들 수 있다. 그는 저가형 우주여행과 화성 도시 건설이라는 비전을 품고 스페이스X를 설립했다. 로켓 재활용 기술을 개발해 발사 비용을 기존의 10분의 1로 낮추는 등 꿈을 현실화해가고 있다. 또 지구 환경 보호를 위해 전기자동차를 개발한다는 비전으로 테슬라를 설립했다. 2020년 테슬라 자동차의 총 판매 대수는 50여만 대로 전 세계 자동차 판매의 2퍼센트, 도요타 자동차의 20분의 1 수준이다. 그러나 2020년 12월 17일 기준 테슬라의 시가 총액은 684조 원으로 도요타와 폭스바겐 등 세계 9대 자동차 업체의 시가 총액을 모두 합한 것보다 크다. 투자자들이 테슬라의 미래 비전에 손을 들어준 것이다. 일론 머스크의 비전 리더십이 이룬 성공의 단면이다.

C코치는 삼성SDI 대표이사 시절 사물배터리$_{BoT}$ 세상을 꿈꿨다. 사물배터리란 배터리가 중심이 되는 세상이다. 4차 산업혁명과 초연결 시대가 되면서 수많은 무선 기기에 모두 배터리가 장착될 것이다. 현재의 휴대폰과 노트북 PC 등에 이어 드론, 퀵보드, 전기자동차, 가정용 청소기, 무선 드릴 등 수많은 응용제품이 생겨나고 있고 앞으로 더욱 많아질 것이다. 에너지 저장장치를 통해 태양광으로 발전되는 전기도 저장했다 쓸 수 있다. 모든 자동차도 전기자동차로 바뀔 것이다. 한마디로 개인의 모든 휴대 기기, 이동 수단, 집에서 생활하는 제품 곳곳에 배터리가 사용될 것이다. C코치는 사물배터리 세상이라는 비전을 구현하기 위해 구체적인 목표를 세웠다. 그중 모든 자동차가 전기자동차로 바뀌는 비전을 예로 들어보겠다. 배터리 업체로서 다음과 같이 세 가지 목표를 설정했다.

먼저 가격이다. 전기자동차와 내연기관 자동차가 동일한 가격대가 되면 대부분의 고객은 전기자동차를 선택할 것이다. 운영 비용이 내연기관보다 월등히 저렴하기 때문이다. 내연기관은 엔진이 있고 전기자동차는 없다. 따라서 전기자동차로 바뀌려면 내연기관의 엔진을 비롯한 관련 부품 가격과 전기차의 배터리 가격이 동일해야 한다. 이것은 배터리의 가격 목표가 된다. 두 번째는 주행거리이다. 가솔린 자동차는 한 번 주유를 하면 약 500킬로미터 정도를 주행할 수 있다. 따라서 전기자동차도 한 번 충전하면 500킬로미터를 주행할 수 있어야 한다. 이것은 배터리의 성능 개발 목표가 된다. 세 번째는 생산 목표이다. 당시 전기자동차의 보급률은 1퍼센트 남짓했다. 향후 전기자동차로 전환이 가속되면 배터리의 대규모 생산 능력이 필요해진다. 생산성 혁신 목표도 필요하다. 전 세계 곳곳에 글로벌 생산 거점 계획도 세워야 한다. 그에 따른 물류체계도 구축해야 한다. 이런 식으로 꿈을 현실화하기 위한 구체적인 목표를 세울 수 있었다.

마지막으로 덧붙일 게 있는데 바로 가장 중요한 시간이다. 1900년대 처음 한두 대 등장했던 자동차가 온 거리를 뒤덮는 데는 불과 13년밖에 걸리지 않았다. 전기자동차로의 전환도 어느 변곡점을 지나면 기하급수적으로 빨라질 것이 틀림없다. 경영자로서 위기의식과 대응은 시장 변화의 본질 파악이다.

C코치는 경영자로서 이러한 목표들을 10년 내 달성한다는 비전을 수립했고 그에 맞춰 전략과 시스템을 구축하고 실행해 나갔다. 제시된 비전에 조직원들이 공감대를 형성하고 전략과 조직이 한 방향으로 정렬이 됐다면 그다음은 실행이다.

리더는 상황에 따라 유연하게 대처해야 한다

전략을 실행하는 과정에서 리더는 상황적 리더십을 발휘해야 한다. 상황적 리더십은 다양한 경영 상황에 따라 적재적시의 리더십을 발휘하는 것을 말한다. 최근 코로나19로 인해 세상이 바뀌고 있다. 언택트화와 디지털화가 가속화되고 있다. 근무 방식이 재택근무로 바뀌고 있고 회의도 줌ZOOM과 같은 애플리케이션을 활용한 온라인 회의가 일반화되고 있다. 이에 따라 당연히 리더십의 변화도 필요하다. 업무 지시 방식도 달라져야 하고 성과 평가 방법도 달라져야 한다. 일을 진행함에서 좀 더 명확한 업무 지시와 적절한 코칭과 커뮤니케이션이 중요해졌다. 또한 리더들은 언택트 근무로 인해 생기기 쉬운 팀원들의 관계 약화와 소외감 등에 대해서도 리더십을 발휘해야 할 것이다. 리더들은 이러한 상황 변화를 일시적인 변화가 아니라 뉴노멀로 받아들이고 그에 맞는 리더십 역량을 높여야 한다.

기업 경영에서 상황 변화를 거시적 차원에서 보고 리더십을 이야기해보자. 일반적으로 기업은 창업부터 성장기, 성숙기, 쇠퇴기 등의 사이클을 밟는다. 이러한 사이클의 각 단계와 안팎의 환경에 따라 경영의 부침을 겪는다. 따라서 각 단계와 처한 환경에 따라 요구되는 리더십은 각기 다를 수밖에 없다. 예를 들면 창업기에 필요한 리더십은 명확한 비전과 강력한 추진력으로 초기의 어려움을 극복하면서 사업을 정착시키는 것이다. 성장기에 필요한 리더십은 사업의 급속한 확장에 따라 필요로 하는 회사의 시스템과 인재를 육성하는 것이다. 성숙기에 필요한 리더십은 양이 아니라 질 중심의 경영으로 전환하고 혁신을 통해 최고의 효율을 추구하는 것이다. 쇠퇴기에 필요한 리더십은 기존 사업을 축소하고 조정하면서 신규 사업을 모색해 회사가 새로운 수명 사이클을 시작하도록 하는 것이다.

상황적 리더십은 유연함이 특징이다. 시장 상황, 리더와 조직원을 포함한 조직과 집단의 특성, 과업의 종류 등 경영 상황을 변수로 두고 유연하게 리더십을 발휘해야 한다. 문제는 한 명의 리더가 다양한 상황과 국면에 맞추어 카멜레온처럼 변신해가며 대응하기가 쉽지 않다는 것이다. 경영자 스스로 강점과 취약점을 확인하고 경영 상황에 맞춘 리더십을 발휘하되 보완책을 마련하는 것이 최선이다. 중간관리자, 외부 전문가, 전략 시스템 등을 활용해볼 수 있다. 리더를 지원해줄 최고 경영진TMT, Top Management Team의 활용도 고려해 봄직하다.

리더가 상황적 리더십을 발휘하기 위해서는 어느 정도 임파워먼트를 실현하고 오픈 마인드를 가져야 한다. 중간관리자를 활용할 때는 책임과 권한을 이양해 리더의 부족분을 지원할 수 있도록 해야 한다. 모든 조직은 리더를 정점으로 핵심 담당이 포진해 있다. 개발, 제조, 인사, 재무, 관리 등 각각의 부서장이 각자의 역할을 훌륭히 해낸다면 리더는 자신의 강점을 바탕으로 상황적 리더십을 발휘할 수 있을 것이다. 또한 리더는 외부 전문가와 시스템을 활용할 때 의견을 수렴하고 발전시킨다는 열린 마인드로 접근해야 한다. 회사는 하나의 팀워크로 돌아가는 조직이다. 리더는 자신이 접근하기 어려운 부분에 대해서는 팀워크로 지원한다는 생각을 해야 한다. 또한 팀워크의 완성을 위해 앞서 강조한 '유연성'을 잃지 말아야 한다.

국내 1위 모바일 메신저 회사인 카카오는 조직 구성원이 반드시 지켜야 할 세 가지 원칙이 있다고 한다. 바로 신뢰, 충돌, 헌신이다. 구성원들이 서로 믿고 충분히 논쟁하면서 건강하게 충돌하며 결론이 나면 모두가 한 방향으로 헌신하자는 원칙이다. 이러한 원칙을 통해 조직 구성원 모두가 조직의 결정을 명료하게 이해하고 한 방향으로 나아갈 수 있었기에 지금의 카카오가 있다고 할 수 있다.

경영자의 리더십 역량은 그가 이끄는 조직이 일하는 모습을 통해 나타난다. 경영자 개인이 아무리 뛰어나다 해도 혼자서 조직의 일을 다 할 수는 없다. 요즘과 같은 4차 산업혁명과 융복합 시대에는 공급사, 고객사, 연구개발 파트너 등 외부의 핵심 이해관계자들과 협력해 메디치 효과Medici effect가 발현되는 리더십을 발휘해야 한다. 메디치 효과란 프란스 요한슨Frans Johansson이 동명의 저서 『메디치 효과』에서 처음 사용한 용어로 "전혀 다른 역량의 융합으로 생겨나는 창조와 혁신의 빅뱅 현상"을 말한다. 쉽게 말해 시너지 효과, 융합 효과라고 할 수 있다. 메디치 효과가 발현되기 위해서는 경영자 산하의 각 부문장이 서로 협력해 시너지를 높일 수 있도록 최고경영자가 주도해 화합된 리더십팀을 구축해야 한다.

| 2 |

보스가 아니라 코치가
돼야 한다

| 핵심 질문 |

- 부하직원들이 기대하는 바람직한 상사는 어떤 리더일까요?
- 산업 환경과 세대 변화에 걸맞은 리더십을 발휘하고 있습니까?
- 구성원들과 어떻게 소통하고 얼마나 경청하고 있습니까?
- 인정과 칭찬, 질문과 피드백은 어떻게 하고 있습니까?

리더십에도 시대적, 지역적, 문화적 특색이 있다. 국민대학교 경영대학 백기복 교수는 한국의 리더들이 리더십의 글로벌 가치를 추종하지만 실제 리더십을 발휘할 때는 정情이나 신바람 문화 같은 한국적 가치에 크게 영향을 받는다는 것을 밝혀냈다. 백기복 교수는 이를 한국형 리더십으로 정의했다. 그는 한국형 리더십의 대표적 사례로

황무지에서 일관제철소* 건설의 신화를 만든 박태준 포스코 회장을 꼽았다. 박 회장은 강한 비전과 목표를 가지고 솔선수범하며 현장 직원들과 부대끼며 리더십을 발휘했다. 한국의 산업화 시대를 대표하는 리더십이다. 그러나 시대가 바뀌고 있다. 밀레니얼 세대의 직원들은 기성세대와는 일과 삶에 대한 가치관이 전혀 다르다. 조직의 리더들에게 요구하는 리더십도 다르다. 앞으로 리더는 그들에게 어떤 리더십을 발휘해야 할까?

뷰카 시대 핵심은 문제해결 능력이다

"요즘은 경영자뿐만 아니라 교수들도 코치가 되는 법을 배우고 있답니다."

어느 공식 석상에서 리더는 보스가 아니라 코치가 돼야 한다는 주장을 펼치고 있을 때 교수 한 분이 불쑥 이야기를 채갔다. 그의 이야기가 제법 진지해 지면에 옮겨본다.

밀레니얼 세대가 사는 요즘은 흔히 뷰카VUCA 시대라고 말한다. 불안정Volatility, 불확실Uncertainty, 복잡함Complexity, 모호함Ambiguity 4개의 단어로 상징된다. 이러한 시대를 살아내는 이들에게 관료주의와 성과주의는 효용이 없다. 관료주의는 과거 산업화 시대의 산물이었다. 모

---

* 제선, 제강, 압연의 세 공정을 모두 갖춘 제철소

든 일이 규칙과 절차에 의해 이루어진다. 하지만 변화의 시대에 관료주의의 효용은 급격히 떨어진다. 관료주의에 물든 조직은 변화에 빠르게 적응할 수 없다. 시간과 에너지를 줄이기 위해 만들어진 절차와 규칙이 오히려 족쇄가 돼 조직의 생존을 위태롭게 한다. 그 후에 기업들이 선택한 것은 성과주의다. 리더들은 직원들이 맡은 일에 속도를 내고 성과를 내도록 독려했다. 성과주의 시대에 지식과 학습은 경쟁우위를 지속가능하게 했던 원천이다. 하지만 이 역시 정보 과다의 시대에 접어들자 그 수명이 다했다. 다양한 미디어에서 쏟아내는 과도한 정보는 분석 불능의 상황을 만들고 말았다.

그렇다면 뷰카 시대 기업은 어떻게 밀레니얼 세대들과 공존하며 영속성을 유지할 수 있을까? 그 교수의 대답은 같은 철자의 조합인 '뷰카VUCA'였다. 이 시대 기업과 리더들은 비전Vision, 이해Understanding, 명확성Clarity, 민첩성Agility을 보여주어야 한다는 것이다. 업무의 명확성을 제시하고 조직 내 긍정적인 분위기를 촉진하고 불합리한 관행과 행동을 제거하고 신뢰를 바탕으로 성장을 지원하는 조직과 리더가 필요하다는 것이다. 그러기 위해 대학의 교수들은 '가르치기'보다 '코치하기'에 매진하고 있다고 한다.

"우리도 10년 뒤, 20년 뒤 어떤 변화가 찾아올지 어떤 기술이 나타날지 알지 못합니다. 지금의 지식이 학생들에게 얼마나 가치가 있겠습니까? 그러니 우리가 할 수 있는 건 문제를 직시하고 해결하는 훈련을 계속하도록 돕는 것이지요. 어쨌든 그때에도 문제해결 능력을 가진 학생들은 자신의 재능을 펼칠 수 있을 테니까요."

코치는 개인에게 잠재된 강점을 극대화한다. 조직의 리더 역시 뷰카 시대를 맞아 보스처럼 지시하고 가르치려 들기보다 코치로서 지지하고 훈련하는 태도로 리더십을 발휘해야 할 것이다. 이른바 코칭 리더십이다.

코칭 리더십을 어떻게 발휘해야 하는가를 얘기하기에 앞서 현재 우리나라 리더들의 성향을 잠깐 짚어보자. 필자는 그간의 현직 경험을 통해 또 코칭을 통해 많은 경영자와 리더를 만나왔다. 그들과 대화를 하면서 느낀 것은 많은 리더가 일 중심이라는 것이다. 그들은 프로젝트의 추진과 일의 성취에서는 뛰어난 능력을 갖추고 있다. 그러나 그 일을 추진하는 조직원들의 마음과 감성을 헤아리는 데는 상당히 무디거나 어려움을 겪는 경우가 많았다. 이른바 감성지능EQ의 문제이다. 감성지능 이론을 창시한 미국의 심리학자 대니얼 골먼Daniel Goleman 박사는 리더가 성공하기 위해서는 사람의 마음을 읽고 거기에 맞춰 행동할 수 있어야 한다고 강조했다.

밀레니얼 세대 직원들은 개인의 삶을 중요시하면서도 자신들이 가치가 있다고 생각하는 것에는 기꺼이 시간을 투자하고 집중한다. 일에 대한 통제권을 자신들이 갖기를 원한다. 상사와는 수평적 커뮤니케이션과 신속한 피드백을 기대한다. 따라서 리더들은 기성세대인 자신의 관점을 내려놓고 밀레니얼 세대의 눈높이에 맞춰 같이 대화하고 그들의 마음을 이해할 수 있어야 한다. 또한 동기부여로 그들이 일에 집중할 수 있는 리더십을 발휘해야 한다. 그것이 바로 코칭 리더십의 핵심이다.

리더는 인정과 칭찬에 인색해선 안 된다

"어떻게 코칭 리더십을 발휘할 수 있을까?"

리더들이 묻는 말이다. 코칭의 기본은 크게 경청과 공감, 인정과 칭찬, 그리고 질문과 피드백이다. 리더가 먼저 경청과 공감, 인정과 칭찬의 힘을 경험해보면 그동안 사소하다고 생각했던 것들이 조직을 변화시킨다는 것을 깨닫게 된다. 경청은 마음을 기울여 진심으로 듣는 것이다. 리더들은 말하는 것은 능숙해도 듣는 것은 익숙하지 않다. 이유는 간단하다. 너무 똑똑하기 때문이다.

『트리거』의 저자 마셜 골드스미스Marshall Goldsmith는 '슈퍼 스마트'한 사람들에게서 네 가지 공통점을 찾아냈다. 첫째가 자신이 얼마나 똑똑한지를 증명하려 든다는 것이다. 나머지 세 개도 비슷하다. 자신이 얼마나 옳은지 증명하려 드는 것, 이미 알고 있다고 상대에게 말하는 것, 나와 같이 똑똑한 사람들을 찾아내지 못하는 것이다. 유능한 리더들은 이런 공통점 때문에 직원들의 이야기를 들어주지 못한다. 더욱이 마음을 다해 듣는 것은 여간 어려운 일이 아니다. 일단 듣는 연습부터 시작해야 한다. 내용의 옳고 그름을 판단하지 말아야 한다. 이미 알고 있는 내용이고 해결책까지 지금 손에 쥐고 있다고 해도 일단 들어야 한다.

소통하기 위해서는 공감하며 들어야 한다. 사실 공감적 경청은 고난도의 지식을 요구하는 어려운 일이 아니다. 경청의 개념을 이해하고 소극적 경청에서 공감적 경청과 맥락적 경청으로 나아가는 연습을 하면 된다. 흔히 소극적 경청은 배우자 경청이라고도 불린다. 남편이 집에 돌아가 TV를 보면서 아내의 이야기를 듣는 것을 상상하면 쉽다. 아내가 이런저런 이야기를 한 후 남편에게 "내 얘기 듣고 있어요?"라고 물으면 대부분의 남편은 "어? 어……."라고 답한다. 소극적 경청은 상대와 자신 모두에게 불편한 경청이다. 회사에서 회의하면서도 상대방의 얘기를 듣는 둥 마는 둥 하면서 자기 생각을 하는 것도 소극적 경청이다. 이에 비해 공감적 경청은 상대와 눈을 맞추고 상대에게 몸을 기울여 듣는 것이다. "당신 얘기가 이러저러하다는 말이지요?"처럼 상대의 이야기를 재구성해 들려주기도 한다.

공감적 경청에서 한 단계 더 발전한 것이 맥락적 경청이다. 흔히 대화에서 말로 표현되는 것은 7퍼센트에 지나지 않는다고 한다. 몸짓, 시선, 자세 등 비언어적 메시지들이 훨씬 더 많다는 이야기다. 맥락적 경청은 이러한 비언어적 메시지들, 즉 상대방이 말로 표현하지 않은 것까지 듣는 것이다. 리더의 경청은 적극적 경청과 맥락적 경청으로 확대돼야 한다. 경청이 잘 이루어지면 상대방의 마음을 헤아리게 되고 상대도 존중받고 있다고 느끼기 때문에 소통도 원활해진다.

인정과 칭찬은 특히 한국의 리더들이 인색한 부분이다. 리더들에게 "부하직원을 얼마나 칭찬하나요?"라고 물으면 "별로 하지 않는데요."라고 답한다. 왜 그런지를 물어보면 "내 마음을 알 거예요." 또는 "칭찬할 것이 없어요."라고 한다. 그러나 부하직원의 입장에서 생각해보자. 굳이 칭찬하지 않아도 상사의 마음을 알까? 또 칭찬할 것이 없다는 것은 눈높이가 너무 높은 것은 아닐까? 상대가 '부하'라는 점을 간과해선 안 된다. 상사가 원하는 수준에 부합하는 부하라면 이미 다른 곳의 리더가 돼 있어야 할 것이다.

그럼 어떻게 인정과 칭찬 능력을 키울 수 있을까? 나폴레옹은 지금의 리더들에게 요긴한 힌트를 준다. 그는 "장군들이 실수하는 것은 영리해지려고 노력하기 때문이다."라고 했다. 리더들은 부하들이 최선을 다한다는 것을 인정하지 않는다. 그들이 부족해서 실수하고 실패한다고 생각한다. 그러나 나폴레옹의 말대로 영리해지려고 노력하는 부분을 상사가 알아주어야 한다. 그것이 인정이다.

칭찬은 리더의 시각에 좌우되는 경우가 많다. 야론 질버만 감독의 예술 영화 「마지막 4중주」에는 최악의 연주에도 칭찬을 받은 한 학생이 파블로 카잘스Pablo Casals를 회고하는 장면이 나온다. 그 학생이 카잘스에게 왜 형편없는 연주에도 칭찬했느냐고 묻자 카잘스는 "자네는 활을 높이 쳐들고 생동감 있게 연주했어. 한 부분이라도 감동을 준다면 연주자에게 감사해야지. 앉아서 실수나 세고 있는 머저리들은 그런 감동을 할 수가 없지!"라고 대답했다. 영화의 명대사로 꼽히는 이 장면은 실화를 바탕으로 해 구성됐다고 한다.

디테일을 보태자면 인정은 존재being, 칭찬은 행위doing를 기준으로 접근한다. 부하직원의 평소 태도, 강점, 가치관, 품성 등을 알아가는 것이 곧 인정이다. 칭찬은 그들이 한 행동의 결과이다. "칭찬은 기쁨을 주지만 인정은 자존감을 부여한다."라는 말이 있다. 리더는 조직원의 자존감을 높이고 동기를 부여하기 위해 인정과 칭찬을 활용할 줄 알아야 한다.

▎리더의 질문과 피드백은 부하직원을 성장시킨다

부하직원들은 상사의 질문을 테스트로 생각한다. 사실 많은 상사가 지시와 훈계를 하기 위해 질문을 활용한다. 그런 식이면 무엇을 기대하든 상사는 원하는 답을 얻기가 점점 더 어려워진다. 마지막에는 부하직원이 입을 다물어버리기 때문이다. 그러나 코칭에서 질문은 변화를 끌어내는 것을 목표로 한다. 초기에는 호기심을 불러 일으키는 정도지만 회가 거듭할수록 당사자의 생각을 키워 깊고 넓게 볼 수 있도록 길을 안내한다.

GE의 잭 웰치Jack Welch는 주니어 시절에 질문을 통해 성장했던 이야기를 자주 했다. 1990년 44세 나이로 최고경영자로 지목됐는데 공장 폭발사고로 위기에 몰린 적이 있었다. 사상자는 없었지만 심각한 문책이 예상되는 상황이었다. 그런데 그의 상사는 문책을 하는 대신 물음을 던졌다. "자네는 이번 사고를 통해 무엇을 배웠나?" 그의 상사는 능력이 출중했던 잭 웰치가 사고의 원인을 제대로 파악하는지, 재발 방지를 위해 어떤 생각을 하는지 궁금해했다. 그리고 그의 대답을 듣고 인정해주었다.

만일 상사가 "모든 실수는 당신 때문이다."라고 몰아세웠다면 제 아무리 잭 웰치라도 책임 회피를 위한 변명을 늘어놓았을 것이다. 사고 원인 파악과 재발 방지 노력 같은 것은 생각조차 하지 못했을지도 모른다. 잭 웰치는 상사의 질문을 통해 자신의 소신을 펼칠 수 있었고 위기의 순간을 배움의 자세로 넘길 수 있었다.

리더의 질문은 부하직원을 성장시키는 작은 씨앗이 될 수 있다. 따라서 리더는 몇 가지 질문 스킬을 익힐 필요가 있다. 우선 질문을 하는 이유가 '부하직원을 자극해서 성장시키기 위한 것'이란 걸 알아야 한다. 지시와 문책을 위해 질문을 남용해서는 안 된다. 질문의 형태는 "네." 또는 "아니오." 같은 단답을 요구하는 질문보다는 상대방의 의견을 묻는 개방형 질문이 바람직하다. "자네는 근본적인 문제점이 무엇이라 생각하나?" "어떻게 고객의 불만을 해소할 수 있을까?"처럼 대답의 폭이 넓은 형태가 좋다. 또한 본질을 묻는 질문을 할 수 있도록 부하직원이 아는 정보 정도는 알고서 함께 고민해야 한다. 리더의 질문이 직원의 마음에 닿는다면 부하직원은 다소 대답을 미흡하게 했을지라도 그 자체로 자신의 상태를 파악하고 성장의 기회로 삼을 수 있다.

피드백은 리더들이 어려움을 많이 느끼는 부분이다. 아예 입을 닫아버리는 리더들도 많다. 그러나 부하직원들에게 피드백을 제대로 주지 않는 것은 "점수판을 보지 말고 경기를 계속하라."라는 것과 같다. 자신이 잘하는지, 조직과 상사가 어느 정도 만족하는지 알지 못하면 혼란과 어려움을 느낄 수밖에 없다. 그런 면에서 피드백은 상사의 의무이기도 하다. 부하직원들이 피드백을 통해 자신을 들여다보고 성장의 기회로 삼는다는 것을 명심해야 한다. 또한 정확한 피드백을 주기 위해서는 평소 직원에게 관심을 가지고 관찰하되 명확한 평가 기준을 가지고 접근해야 한다.

실무에서 피드백을 전달할 때는 사람과 성과를 분리하는 것이 좋다. 특히 부정적 피드백을 할 때는 명확하게 해야 한다. 코칭경영원의 고현숙 대표코치는 저서 『유쾌하게 자극하라』에서 "당신의 성과가 회사의 기대에 못 미쳤습니다."라는 말로 저성과자와의 상담을 시작했던 사례를 소개했다. "당신은 못난 사람이다." "당신에게 실망했다."라는 이야기가 아니었다. 감정을 배제하고 사실에 초점을 맞추자 상대는 피드백에 수긍하고 개선점을 받아들였다고 한다. 그리고 리더는 '중요한 건 평가가 아니라 평가를 통한 개선이다.'를 명확히 인식해야 한다. 이런 것을 고려하지 않고 질책에 집중하다 보면 과거의 문제가 미래의 기회를 앗아가게 된다.

긍정적 자극도 마찬가지다. 연이 하늘로 올라갈 때는 줄을 팽팽히 당겨야 더 높이 올라간다. 현재의 점수를 적시해 알려주어 더 높은 목표를 향해 나아가도록 지지해준다. 코칭 리더십의 스킬들은 훈련을 통해 완성된다. 현장에서 만난 많은 리더가 "보스형 리더에서 코치형 리더로 돼가는 중이다."라며 어려움을 토로했다. 이때는 롤모델을 찾아 닮아가는 것도 좋은 방법이다.

현실에서 리더는 혼자 잘해도 소용이 없다는 것을 깨달을 때 당혹스러움을 느낀다. '리더'라는 타이틀은 "지금껏 당신이 이룬 개인적 성취가 앞으로도 계속될 것이라는 착각에서 벗어나라."라는 안내장과 함께 배달됐어야 한다는 이야기도 들었다. 훌륭한 리더가 되는 것은 모두 다른 사람과 관련된 일이기 때문이다. 그래서 많은 경영자 코치가 리더들에게 리더의 역할은 '내가 바쁘게 열심히 일하는 것'보다 '조직원들이 열심히 자기 역량을 발휘하게 하는 것'이라고 강조한다. 그런데 현장에 가보면 상황이 그 반대인 경우가 많다. 리더들은 "부하들이 일을 열심히 안 하고 있다. 책임을 다하지 않는다."라고 하면서 자신이 모든 것을 다 챙기고 있다. 부하들은 "상사가 일을 믿고 맡겨주지 않는다." "일을 맡겨놓고도 일일이 간섭해서 일을 제대로 할 수가 없다."라고 하소연한다.

 이러한 문제들을 해결할 수 있는 실행적, 실천적 관점의 리더십이 코칭 리더십이다. 코치형 리더들은 조직원의 성격을 정확히 파악하고 영감을 불어넣으며 관리하고, 데이터와 직관을 결합해 고성과를 내는 팀으로 운영한다. 결과적으로 조직원들의 업무 참여도를 높이고 생산적인 인적 조직을 구축하며 회사와 상사의 기대에 부응한다. 모든 리더는 경쟁이 아니라 협력이 문화가 되고 명령이 아니라 신뢰로 움직이고 관행이 아니라 혁신을 추구하는 조직을 만드는 것이 꿈이다. 이것은 실현 가능한 꿈이다. 리더 스스로 바람직한 리더상을 정립하고 정진하는 과정을 통해 훌륭한 코칭 리더십을 발휘하는 리더로 성장할 것이고, 자신이 꿈꾸는 조직을 만들 수 있을 것이다.

|3|
리더는 의사결정을 하는 사람이다

| 핵심 질문 |

- 리더로서 의사결정의 기준과 원칙이 있습니까?
- 당신의 조직은 합리적인 프로세스에 따라 의사결정을 하고 있습니까?
- 당신이 내리는 의사결정이 옳다는 것을 어떻게 검증받고 있습니까?
- 본인의 잘못된 의사결정에 대해 어떻게 조치하고 있습니까?

1983년 삼성그룹의 이병철 회장은 메모리 반도체 사업 진출을 결정했다. 하지만 국내외 전문가들은 메모리 사업에서 실패하면 그룹 전체가 위태로워질 수 있다면서 만류했다. "3년 안에 실패할 것이다." "TV도 제대로 못 만드는데 최첨단으로 가는 것은 위험하다." 등등 반대 여론과 업계의 냉소가 뒤따랐다. 당시 반도체 사업은 인구

1억 명, 국민총생산GNP 1만 달러, 국내 소비 50퍼센트 등을 넘어야 가능하다는 것이 정설로 통했다. 한국은 그중 하나도 만족하지 못했다. 그러나 이병철 회장은 반도체 사업이 사업보국을 실현할 것이라는 확신으로 정면 돌파에 나섰다. 현재 한국은 세계 1위 메모리 반도체 사업국이 됐다.

▍리더의 의사결정은 기업의 생사를 가른다

경영자의 의사결정이 기업의 운명을 바꾼 사례도 있다. 1981년 IBM이 첫 PC를 출시하면서 PC 시대가 시작됐다. IBM은 시장에서 쉽게 구할 수 있는 범용성과 개방성을 강점으로 PC 업계를 선도했다. 인텔에는 중앙처리장치CPU를 맡겼고 마이크로소프트에게는 운영체제 MS-도스 개발을 맡겼다. 그런데 넓은 범용성과 개방성으로 PC 업체뿐만 아니라 인텔과 마이크로소프트가 동반 성장했다. 많은 PC 업체들이 인텔과 마이크로소프트를 사용하면서 IBM의 경쟁력은 급전직하했다. 1994년까지 PC 시장의 선두자리를 유지하던 IBM은 그 후 매출이 줄면서 적자에 빠졌다. 1998년에는 9억 9,200만 달러까지 적자가 증가했다. 결국 2005년 PC 사업부를 중국 회사에 매각했고 PC 시장에서 철수하기에 이른다.

한 번의 의사결정이 기업의 생사를 가른 사례는 하나둘이 아니다. 코닥의 파산은 가장 잘 알려진 실패 사례 중 하나다. 코닥은 필름 카메라 시대에 세계 1위였고 1975년에 차세대 제품으로 디지털카메라를 최초로 만들었다. 카메라뿐만 아니라 디지털로 이미지를 저장하고 재생하는 시스템도 최초로 개발했다. 디지털 시장이 확대되는 1990년대 후반부터 2000년대까지 디지털카메라 시장 점유율 1위의 강자로 군림했다. 디지털로 전환이 순조롭게 이루어지는 듯했지만 기존 사업에서 손해가 워낙 컸다. 그런데도 본격적인 하향 그래프를 그리는 필름 사업을 과감히 정리하지 못했다. 자신들의 수익원인 필름 사업을 지키기 위해 매달렸다. 그러나 스마트폰이 등장하면서 차츰 카메라 시장을 파고들었다. 그나마 남아 있던 DSLR 카메라 시장도 고급 브랜드들이 장악해 코닥이 설 자리가 없어졌다. 결국 2012년 코닥은 파산보호신청을 하게 됐다.

 올바른 의사결정을 해야 한다는 것은 아무리 강조해도 지나치지 않다. 리더의 의사결정은 기업의 방향을 바꾸고 성패를 결정하는 원인이 된다. 그러나 4차 산업혁명과 뷰카 시대가 시작되면서 리더의 의사결정은 점점 더 어려워지고 있다. 이런 시대에는 자신만의 기준을 세우고 실행해 가면서 의사결정을 시스템화해야 한다. 의사결정의 기본과 이를 적용해 시스템화하는 과정을 함께 살펴보자.

리더의 의사결정을 시스템화하라

리더의 일상은 결정의 연속이다. 많은 리더가 의사결정이라는 단어가 주는 무게감에 압도되는 경향이 있다. 아무리 훌륭한 발레리나도 몸에 잔뜩 힘이 들어가면 제 실력을 보여줄 수 없다. 모든 의사결정에 사활을 걸면 리더 역시 에너지가 소진돼 능력껏 일을 진행할 수 없다. 경영학에서도 합리적인 의사결정을 위해 시스템화를 제안한다. 의사결정의 어려움을 줄여주는 시스템화의 구체적인 방법들을 알아보자.

먼저 구분을 잘해야 한다. 가벼운 것은 가볍게 무거운 것은 무겁게 다루어야 한다. 그러기 위해 의사결정의 중요도에 따라 어느 정도의 시간과 에너지를 투여할지를 구분해야 한다. 구분의 기준은 리더의 성향마다 다를 수 있다. 과제의 난이도에 따라 상, 중, 하로 구분하기도 하고 시간적 여유를 기준으로 '되돌릴 수 있는 것'과 '되돌릴 수 없는 것'으로 구분할 수도 있다. 또한 되돌릴 수 있는 것은 일상적 의사결정이고 되돌릴 수 없는 것은 기업의 사활이 걸린 의사결정으로 인식하면 된다. 구분 이후에는 중요도에 따라 의사결정 방식을 달리한다. 구분만 잘해도 의사결정의 중압감이 어느 정도 줄어든다는 것을 인식하고 기준에 맞게 사안을 구분해내는 것이 중요하다.

비교적 난이도가 낮은 과제 또는 일상적인 과제는 데이터를 기준으로 의사결정을 한다. 예를 들어 각종 조사결과, 기간의 사업 진행 상황, 가능성 등을 통계로 작성해서 의사결정에 활용하는 것이다. 다만 의사결정을 하기 위한 정보의 수준이 90~100퍼센트가 돼야 한다고 생각해서는 안 된다. 만일 그 정도의 확신이 드는 상황이라면 이미 선택이 의미가 없는 경우가 많다. 다른 기업이나 조직에서도 같은 결과를 가지고 먼저 치고 나갔을 가능성이 크다. 데이터를 기준으로 70퍼센트 정도의 확신이 든다면 결정하는 것을 권한다. 나머지 30퍼센트는 결정 후에 시간을 가지고 채워나가면 된다.

중간 난이도의 의사결정에는 '직관'을 활용한다. 그런데 리더가 직관을 일반적인 '감感'으로 오해하는 경향이 있다. 직관과 감은 엄밀히 다르다. 직관은 바둑에서 5수, 10수 앞을 내다보게 하는 능력이다. 바둑의 고수가 수많은 실전 경험을 통해 통찰력을 얻는 것처럼 직관도 훈련으로 발달된다. 일례로 네슬레의 캡슐 커피를 떠올려 보자. 이전에 네슬레는 커피머신으로 고급 원두를 갈아서 내리는 방식으로 커피를 만들어왔다. 그런데 어느 날 가정용 커피 머신을 만들 아이디어를 떠올렸다. 그들이 캡슐 커피 시장의 성장 가능성을 데이터로 분석해 냈을까? 아마도 불가능했을 것이다. 기존에 없던 사업에는 정량적 조사라는 것이 무의미하기 때문이다. 이처럼 직관은 '통찰'이라는 말로 대체할 수 있다. 미래에 대한 통찰이 있다면 직관적 의사결정이 가능하다. 그러기 위해 리더는 메가 트렌드, 경쟁사의 활동, 미래 시장 등을 다 꿰고 있어야 한다.

가장 고난도의 과제인 '되돌릴 수 없는 의사결정'에서는 리더의 가치관과 철학이 기초가 된다. 기업의 사활이 걸린 문제에는 리더의 신념, 가치관, 사명감 등의 철학이 반드시 필요하다. 일례로 삼성이 반도체 사업을 시작할 때 이병철 회장의 의사결정은 자신의 경영철학에 바탕을 둔 것이었다. 사업 자체만으로 볼 때 리스크가 너무 컸지만 사업보국이라는 자신의 철학 덕분에 되돌릴 수 없는 일생일대 결정을 할 수 있었다. 덧붙여 사업보국의 경영철학은 국가와 미래 세대를 위한 고민이기도 했다. 리더는 가장 핵심적인 시기에 제대로 된 결정을 하기 위해 평소 자신의 가치관과 철학을 고민하고 바로 세우는 노력을 게을리해서는 안 된다.

마지막으로 의사결정을 할 때 골든타임을 지키도록 노력해야 한다. "시간과 정보가 더 있다면 더 나은 의사결정을 할 수 있었을 텐데……."라며 아쉬움을 토로하는 리더들을 종종 보았다. 신속하게 결정을 내려야 한다는 중압감과 올바른 결정인지 판단이 서지 않는다는 불안함이 아쉬움을 키운다. 그러나 과연 시간과 정보가 더 주어졌다면 판단이 달라졌을까? 리더들의 바람과 달리 시간과 정보에는 '한계효용 체감의 법칙'이 적용된다. 어느 정도 이상을 넘어서면 시간과 정보를 계속 투여해도 결과의 질은 크게 나아지지 않는다. 개인적으로는 여기서도 70퍼센트의 확신만 든다면 결정을 하는 것이 낫다고 생각한다. 어려운 경우라도 결정을 한없이 유보할 수는 없다.

경영의 구루들은 "잘못된 의사결정보다 의사결정을 내리지 않는 것이 더 나쁜 결정이다."라고 말한다. 잘못된 의사결정은 실천해가면서 수정하고 보완할 수 있다. 하지만 결정하지 않으면 기회가 박탈돼버리기 때문이다. 아쉬움에 밤잠을 설치는 것보다 실행 이후에 궤도 수정을 하겠다는 생각이 리더들의 정신건강에도 이롭다.

▎의사결정을 잘못했다면 바로잡아야 한다

마지막으로 경영자가 의사결정을 할 때의 자세에 관해 이야기를 나눠보고자 한다. 개인적으로 경영자 코칭을 할 때도 '의사결정에 대한 자세'를 강조하는 편이다. 경영 일선에서는 그야말로 매일 치러야 하는 게 의사결정이다. 아무리 시스템을 잘 갖추어도 제대로 활용하지 않거나 혼자 모든 것을 해결하려고 들면 반드시 과부하가 생긴다. 경영자들에게 강조하는 것은 세 가지이다. 첫째, 함께 고민할 것. 둘째, 의사결정을 분산할 것. 셋째, 잘못된 것을 바로잡을 용기를 가질 것.

스타벅스의 하워드 슐츠Howard Schultz 회장이 1994년 원두 가격 상승기에 펼친 의사결정 과정은 '함께 고민하는 것'이 어떤 것인가를 보여주는 대표적인 사례이다. 그는 원두 가격 상승 초기에 소매가격 인상을 하지 않기로 했다. 원두 재고가 10개월 치나 남아 있는데 올리는 것은 비양심적이라고 판단했기 때문이다. 그런데 그 후로도 원두 가격은 계속 올랐다. 그는 임원들에게 지금 원두 가격이 계속 오르는데 사야 할지, 아니면 떨어지기를 기다려야 할지를 물었다. 당시 슐츠의 오른팔로 불렸던 임원은 "시장을 예견하는 것은 시간 낭비입니다."라고 답하고는 질문을 했다. "어느 쪽의 위험을 더 받아들이기 어려운가요?" 원두 가격이 계속 올라 비싼 가격에 사게 될 위험과 가격이 내려가 후회할 위험 중 어느 것이 심각한지를 물었던 것이다. 하워드 슐츠는 원두를 사기로 했다. 원두 가격은 천정부지로 오를 수 있지만 떨어지는 것은 한도가 있다고 생각했기 때문이다.

때로 질문은 의사결정의 여러 어려움을 해결해준다. 특히 문제의 원인을 파악하는 데 큰 도움이 된다. 리더 혼자의 자문자답도 좋지만 엄연한 한계가 있다. 함께 논의하며 집단지성을 활용하면 훨씬 더 나은 대안이 나올 수 있다. 리더는 '책임은 내가 진다.'라는 전제하에 많은 사람에게 묻고 대답을 들어야 한다. 또한 반대를 위한 반대도 수용할 아량이 있어야 한다. 모두가 "예스."라고 할 때 "노."라고 할 수 있는 악마의 대변인Devil's Advocate이 있어야 자칫 리더를 따르는 추종자들이 만드는 '다수결의 오류'를 감지할 수 있다.

다음으로 의사결정을 분산하는 것도 추천한다. 그렇게 하면 불필요한 의사결정을 줄일 수 있다. 앞서 의사결정의 시스템에 관해 이야기한 바 있다. 실상 리더의 의사결정이라고 해도 데이터에 의존하는 일상적인 것들이 70퍼센트 이상을 차지한다. 의사결정의 유형과 형태를 분류하고 권한을 위임하면 리더의 업무 중 70퍼센트를 줄일 수 있다. 또한 이를 시스템으로 관리하면 현장 가까이에서 의사결정이 이루어져 업무 속도도 한층 빨라진다. 기업 차원에서도 리더가 고난도의 의사결정에 집중할 수 있어 안정적인 의사결정이 가능하다.

마지막으로 리더는 잘못된 것을 바로잡을 용기를 지녀야 한다. 리더가 항상 옳은 결정만 할 수는 없다. 결정이 잘못된 걸 알았을 때는 주저하지 말고 번복해야 한다. 인텔을 세계 일류 컴퓨터 중앙처리장치CPU 업체로 키운 앤디 그로브Andy Grove는 1979년부터 2005년 회장직에서 물러날 때까지 25년 동안 최고경영자 자리에 있었다. 처음에

앤디 그로브가 집중했던 것은 메모리 사업이었다. 1980년대 일본에서 저가 메모리를 쏟아내자 인텔의 수익은 급전직하했다. 앤디 그로브의 고민은 깊어질 수밖에 없었다. 기존의 수익 모델이었던 메모리 사업에서 철수한다는 것은 7곳의 공장을 폐쇄하고 7,200명의 직원을 집으로 돌려보내는 것을 의미했다.

그는 1년간 고민을 하다가 고든 무어Gordon Moore 회장에게 가서 물었다. "우리가 쫓겨나고 새 CEO가 온다면 이 위기를 어떻게 극복할까요?" 고든 무어 회장은 간결하게 대답했다. "메모리 사업에서 손을 떼겠지." 그러자 그는 "그럼 우리가 이 방을 나갔다가 다시 들어와서 그렇게 하면 되지 않을까요?"라고 말했다. 그는 메모리에서 컴퓨터 중앙처리장치로 항로를 조정했다. 메모리에서 손을 떼면서 인원 감축과 공장폐쇄가 시작됐다. 반면에 컴퓨터 중앙처리장치로 대표되는 마이크로프로세서라는 성장 사업의 장래는 밝았다. 인텔은 차세대 컴퓨터 중앙처리장치 개발을 위해 수익의 30퍼센트를 투자했다. IBM과 개인용 컴퓨터를 만드는 회사와 공급 계약을 체결했다. 그 후 인텔은 예전의 명성을 되찾고 더 크게 성장했다.

일부 경영자는 결정을 번복하는 것을 '권위의 추락'으로 생각한다. 그러나 잘못된 결정을 바로잡는 것이야말로 올바른 경영자의 자세. 결정을 미루거나 잘못된 걸 알면서도 고집을 부리면 결국 조직은 표류하고 기회를 잃게 된다. 결정을 바로잡을 기회도 골든타임이 있다. 결정의 과정에서는 합리성과 논리성만큼 유연성도 중요하다. 유연한 리더가 세찬 물결을 더 잘 헤쳐나갈 수 있다.

| 4 |

리더는 임파워먼트를
해야 한다

| 핵심 질문 |

- 임파워먼트의 필요성을 느끼십니까?
- 임파워먼트의 기준과 원칙은 무엇입니까?
- 임파워먼트에서의 방임과 위임을 어떻게 구분하고 있습니까?
- 임파워먼트로 확보한 시간은 어떻게 가치 있게 활용하고 있습니까?

K코치가 팀장 시절의 얘기다. 마침 신규 사업을 맡아서 끝없이 밀려드는 일을 처리하기 위해 주말도 잊고 일에 매진했다. 가끔 집에서 쉴 때도 머릿속으로는 일을 하고 있었다. 6개월이 지난 즈음에는 몸도 마음도 지쳐 탈진 상태에 이르렀다. 이때 친한 선배 한 분이 보다 못해 충고했다. "자네 말이야, 이러다가 과로사 하고 말아. 팀장이 왜

혼자서 일을 다 하려고 그렇게 욕심을 내? 부하들과 같이 일을 해!"

K코치는 혼자서 일을 다 한다는 말에 둔기로 뒤통수를 맞은 것처럼 정신이 번쩍 들었다. '그래, 맞아. 왜 나 혼자 일하려고 덤벼드는 거지? 팀원들과 같이 해야 하는데. 이러다가 진짜 과로사 하고 말지.' 그는 뼈아프게 반성했다. '어떻게 하면 내가 직접 하던 일을 확 줄이고 부하들에게 일을 나누어 주고 해결하게 할까?' 그는 고민에 고민을 거듭했다. 드디어 K코치는 결론에 이르렀다. '부하들을 가르치자.'

그 뒤부터 K코치는 일이 발생하면 적임자를 불러 일을 위임하고 일일이 가르치고 임파워링을 했다. 하지만 그다음 6개월이 그의 인생에서 제일 힘들었다고 한다. 자기가 직접 하면 빨리할 수 있는 일을 부하들에게 맡기고 기다린다는 것이 진짜 어려운 일이었다고 한다. 우스갯소리로 그때 아마 몸에 사리가 많이 쌓였을 것이라고 했다. 그 기간을 이겨내고 나니 개인만이 아니라 팀 전체의 파워가 올라갔고 팀장과의 소통도 잘돼 무적의 팀이 됐다.

이런 진통을 이겨내고 팀 파워가 올라가고 있던 때, 팀의 중요한 사업을 두고 다른 회사와 치열한 수주전이 벌어졌다. K코치 팀 몇 명이 밤샘해서 프레젠테이션 자료를 만들었다. 그런데 그 사업을 주도하던 실무자가 본인이 직접 프레젠테이션을 하겠다고 나섰다. 워낙 큰 사업이라 누가 봐도 분명 팀장이 직접 프레젠테이션을 하는 것이 당연했다. 하지만 그 실무자는 자기가 잘할 자신이 있다고 주장했다. 비록 그동안 규모는 작지만 비슷한 사업을 고객 앞에서 몇 번 프레젠테이션을 해본 적이 있으니 믿어달라고 했다.

'그래 좋다. 믿고 맡기자. 우리 팀은 나 혼자만 있는 것이 아니다. 팀원들이 다 같이 고생해서 만든 자료이다. 또 이 기회를 통해 저 친구를 한번 키워보자.'

K코치는 용단을 내린 뒤에 과감히 프레젠테이션을 그 실무자에게 맡겼다. 당일 그 실무자가 진행한 프레젠테이션은 훌륭했다. K코치가 자신보다 훨씬 잘한다고 인정할 만큼 뛰어난 솜씨를 선보였다. 결국 수주를 따게 됐다. K코치는 그때를 계기로 회사 생활의 핵심가치인 '내 능력은 부하들 능력의 합이다.'라는 엄청난 깨달음을 얻었다. 그뿐만 아니다. '내 능력을 키우고 싶으면 부하들 능력을 키워야 한다.'라는 보편적 진리를 몸소 체득하게 됐다. 그 깨달음은 향후 K코치를 최고경영자가 되게 하는 원동력이 됐다.

▎리더의 임파워먼트는 선택이 아니라 필수 덕목이다

미국 경영학자 짐 콜린스Jim Collins는 저서 『좋은 기업을 넘어 위대한 기업으로』에서 위대한 기업들의 공통점으로 '인재 등용'을 우선 정책으로 꼽았다. 적절한 사람은 버스에 태우고 부적절한 사람은 내리게 한다. 그러기 위해 경영자도 제 직무를 다해야 한다. 짐 콜린스는 인재의 단계를 5개 레벨로 설명한다. 레벨 3이 되면 리더로서 임파워먼트가 필요하다. 레벨 1은 유능한 개인이다. 개인으로서 재능, 지식, 스킬, 근면함 등을 갖추어 생산적인 일을 해낸다. 레벨 2는 합심해서 조직의 목표 달성에 이바지하는 팀원이다. 레벨 3은 사람과 자원을 조직화해 효율을 높이는 역량 있는 관리자이다. 레벨 4는 명확하고 설득력 있는 비전으로 실천을 끌어내는 유능한 리더이다. 마지막 레벨 5는 지속성 있는 위대한 기업을 만드는 최고 수준의 경영자이다.

인재는 관리자만 돼도 사람과 자원을 조직화해야 한다. 임파워먼트는 선택이 아니라 필수가 된다. 앞서 강조했듯 리더란 결국 사람들을 통해 성과를 달성하는 사람이다. 조직원들이 일할 수 있게 하는 것이 임파워먼트의 출발이다. 4차 산업혁명의 시대 상황에서 과거의 중앙통제식은 변화에 능동적으로 적응하기에 역부족이다. 많은 기업에서 권한의 위임은 제로섬Zero-sum이 아니라 포지티브섬Positive-sum의 결과가 됨을 보여주고 있다.

일례로 임파워먼트를 통해 직원들은 전문성을 살려서 일할 수 있다. 자신의 영역에서 자신이 책임지고 업무를 처리하기 때문에 업무 적응력이 빠른 것은 물론이고 효율도 높다. 또한 현장에 임파워먼트가 원활히 이루어지면 고객에게 유연하게 대처할 수 있어 고객 만족도도 높아진다. 자신의 태도가 곧 회사의 모습이라는 마음자세를 가진 직원들은 스스로 동기부여를 하면서 역량을 키운다. 임파워먼트의 긍정 효과는 조직 전체에 시너지를 더한다.

임파워먼트에서 중요한 포인트가 하나 더 있다. 바로 직원들의 심리적 안정감이다. 대표적으로 구글은 2015년 고성과 팀들의 특징을 정리해 발표했는데 으뜸이 심리적 안정감이었다. 다음이 팀원 간의 의존감, 구조와 명확성, 일의 의미, 일의 영향도 등이었다. 이 네 가지 요소의 근간이 바로 심리적 안정감이다. 위임을 받은 구성원들은 리더의 지지를 받기 때문에 심리적 안정감을 느끼며 업무에 몰입할 수 있다. 그들은 실수를 쉽게 인정하고 새로운 과제에서도 실패에 대한 두려움 없이 과감히 시도할 수 있다. 위임은 고성과라는 결과를 만들어낸다.

압축 성장 시대의 "나를 따르라!"라는 권위주의 리더십은 일사불란한 조직을 만들어 성장의 동력으로 작용했다. 현재는 창의, 융합, 민첩성이 중시되는 임파워먼트를 구현하는 코칭 리더십이 소프트 경쟁력으로 주목을 받고 있다. 임파워먼트가 리더의 덕목이라는 점을 기억해야 한다.

리더는 시간과 에너지를 확보해야 한다

임파워먼트를 해야 한다는 당위성에는 공감하더라도 '어떻게?'에서는 쉽게 답을 찾지 못할 수 있다. 리더들이 가질 수 있는 기본적인 오해들을 풀면 임파워먼트가 좀 더 수월해질 것이다.

첫째, 방임과 위임을 구분해야 한다. 임파워먼트를 한 후에 "내가 이럴 줄 알았지."라며 상황을 되돌리거나 직원을 힐책하는 리더들이 상당히 많다. 나름대로 어렵게 결심하고 위임을 실행했는데 결과가 성에 차지 않으니 속이 편치 않다. 그러나 그런 상황의 상당수는 상사가 방임과 위임을 구분하지 못해 자초한 경우이다. 리더는 일을 넘겨준 뒤에는 중간보고를 받으며 일이 되어가는 상황을 파악하고 필요한 부분에 도움을 제공해야 한다. 마이크로 매니지먼트가 되지 않도록 보고 내용에 대해 평가를 하려는 마음을 내려놓고 직원을 지지하는 태도를 견지해야 한다. 이때 코칭 리더십의 경청과 공감, 인정과 칭찬, 그리고 질문과 피드백 같은 스킬을 활용하면 효과적이다.

둘째, 위임의 수준을 잘 파악하고 진행해야 한다. 직원의 역량은 제각각이다. 혼자서 알아서 척척 하는 직원이 있는가 하면 세부적인 지침이 있어야 안정적으로 하는 직원도 있다. 직원의 역량을 파악해서 목적, 목표, 방법 중 어디까지 위임할 것인가를 판단해야 한다. 일례로 직원들의 사기 진작이 고민인 리더가 있다고 하자. 그 문제를 직원에게 위임해 해결하려 한다. 업무 능력이 높은 직원에게는 "직원들 사기가 많이 떨어졌는데……."라고만 이야기해도 회식, 간담회, 워크숍, 성과 집중교육 등을 진행할 것이다. 아직 업무에 익숙하지 않은 직원이라면 "직원들 사기가 떨어져서 워크숍을 진행하면 좋겠다."까지 지정을 해야 한다. 아예 신입사원이라면 "직원들 사기가 떨어져서 워크숍을 가려는데 가평이나 춘천 쪽으로 가는 1박 2일 일정을 짜보지?"라고 더 세부적인 지침을 내려야 한다.

셋째, 작은 성공이 쌓여야 한다. 첫술에 배부른 법은 없다. 리더가 위임을 통해 시간적, 물리적 여유를 확보하기 위해서는 리더와 조직원 모두 성공의 경험을 여러 번 쌓아야 한다. 처음에는 작은 것을 위임하며 서서히 범위를 넓혀간다. 목표 설정, 실행계획 수립, 일의 진행 공유와 피드백을 하나의 과정으로 묶고 사이클을 몇 번 반복하면 직원의 역량이 성장한다. 성공의 경험이 쌓이면 목표와 목적 수준의 위임까지 가능하다.

마지막으로 임파워먼트의 주체는 누구인가에 대한 이야기로 마무리하고자 한다. 임파워먼트는 상사가 주는 것이냐? 부하가 빼앗는 것이냐? 의견이 갈린다. 중론은 상사가 좀 더 적극성을 띠어야 한다는 것이다. 상사가 주겠다는, 주어야 한다는 의지가 있어야 한다. 그러나 부하들도 무작정 기다리거나 "왜 임파워먼트를 안 해주십니까?" 하고 상사만 탓할 일은 아니다. 유능한 직원은 상사의 불안을 신뢰로 바꿔나가며 임파워먼트를 빼앗아 간다. 부하직원들이 임파워먼트에 대해 가져야 할 자세다.

리더 중에는 임파워먼트의 과정이 너무도 힘들어 "이럴 거면 내가 하고 말지!"라고 할 수도 있다. 그러한 불만의 근간에는 일을 나누어 주는 것은 직원을 성장시키기 위한 것이라는 시혜의 시각이 깔려 있다. 그러나 위임의 궁극적인 목적이 '리더의 인재육성'뿐만은 아니다. 인재육성은 위임의 긍정적 효과 중 하나일 뿐이다. 위임의 가장 중요한 목적 중 하나는 리더 자신의 시간과 에너지를 확보하는 것이다. 리더는 미래를 계획하고 회사를 성장시킬 새로운 방법을 찾는 데 시간과 에너지를 써야 한다. 덜 중요한 일들에서 해방돼야만 더 중요한 일들에 매달릴 수 있다. 따라서 리더는 의욕을 가지고 위임에 임해야 하며 빼앗을 준비가 돼 있는 직원을 유심히 관찰하고 기꺼이 자신의 공을 넘겨주어야 한다.

2장

조직문화

EXECUTIVE
COACHING

많은 CEO가 조직문화 개혁에 사활을 걸고 있다. 조직문화가 지속가능한 경쟁력의 핵심이기 때문이다. 조직의 일관성과 유연성을 조화함으로써 진화해 나가야 한다. 경직되고 정체된 조직문화로는 더 이상 조직의 한 방향 정렬과 구성원의 동기부여가 불가능하다.

기업 전체의 조직문화를 혁신하는 것은 최고경영자의 결단과 함께 많은 시간과 노력이 필요한 일이다. 그러나 단위 조직의 조직문화는 리더의 결단과 노력에 따라 상대적으로 쉽게 변화할 수 있다. 전체 조직의 문화를 탓하기 전에 내가 맡은 부문의 조직문화를 진단하고 적극적으로 변화시켜 나가야 한다. 작은 변화가 큰 변화의 불씨가 될 것이다.

| 1 |
조직문화 구축이
전략보다 먼저다

| 핵심 질문 |

- 귀사 조직문화의 강점과 약점은 무엇입니까?
- 현재의 조직문화가 계속된다면 어떤 모습이 될 것 같습니까?
- 미래에 요구되는 조직문화의 모습은 무엇이라고 생각하십니까?
- 그러한 모습을 실현하기 위해 어떠한 변화를 추진할 계획입니까?
- 바람직한 조직문화를 구현하는 데 예상되는 장애 요인과 대책은 무엇입니까?

최근 많은 기업의 최고경영자들이 조직문화를 변화시키는 데 사활을 걸고 있다. 좋은 비즈니스 모델과 제품을 통해 단기적으로는 승자가 될 수는 있지만 지속적으로 성공하는 조직이 되기 위해서는 조직문화가 핵심이라는 점을 알기 때문이다. 그러나 이런 최고경영자의 변화 노력에 기득권층인 임원과 관리자들의 반응이 느리고 심지어는 방관하거나 저항하는 경우도 있다. 어느 대기업의 최고경영자는 최근 진행되는 조직문화 변화에 대해 불만을 표출하는 임원들을 한자리에 모았다.

"우리 회사의 미래는 유능한 인재를 확보하는 데 달려 있습니다. 그런데 지금과 같은 리더들의 의식과 기업문화로는 인재의 유치는 물론이고 유능한 인재를 잡아 두기도 어렵습니다. 따라서 리더가 보다 전향적으로 의식을 전환하고 조직문화 변화에 적극적으로 동참해야 합니다."

오죽 답답했으면 모든 임원을 한곳에 모았을까? 그 최고경영자는 기업문화 변화의 불가피성과 리더들의 의식변화를 강조했다. 이대로 가다가는 인재 유치는커녕 인재 유출을 걱정해야 할 판이었다. 리더인 임원들부터 의식이 바뀌지 않으면 회사의 미래와 운명이 흔들리는 게 빤히 보였던 것이다. 그만큼 기업문화는 기업의 성공을 결정하는 가장 중요한 요소의 하나이다.

조직문화는 경영의 승부처 그 자체다

"조직문화는 경영의 승부처 중 하나가 아니라 승부 그 자체이다." IBM 전 회장 루 거스너Louis Gerstner가 한 말이다. 조직문화를 재구축하는 것이 얼마나 어려운 과제인지 알려준다. 그럼에도 바람직한 조직문화를 구축하는 것은 경영자의 가장 중요한 과제 중 하나이다. 최근 거의 모든 기업에서 조직문화를 변화시키기 위해서 노력하고 있다. 조직구조를 수평적으로 개편하고 직급과 호칭을 단순화하는 등 변화가 한꺼번에 진행되고 있다.

조직문화 변화의 주요 동인으로는 4차 산업혁명과 새로운 세대의 등장이다. 글로벌 기업들이 신봉하는 대원칙은 인간은 정서적, 경제적 압박이나 타성에 의해 행동할 때보다 과제에 대한 즐거움, 의미, 성장 동기를 가질 때 실질적인 성과를 창출한다는 관점이다. 또한 밀레니얼 세대가 주력으로 등장함에 따라 이에 맞는 조직문화의 구축이 기업의 경쟁력을 좌우할 것으로 예상되고 있다.

사람들은 우리나라 주요 그룹의 특징에 대해 "삼성은 철저하고 계획적이고 현대는 저돌적이고 뚝심이 있다. LG는 전문성을 중시하고 민주적이고 포스코는 개척정신과 강한 현장이 강점이다."라고 말한다. 이런 차이는 조직문화가 다르다는 말로 이어진다. 기업문화는 기업과 기업을 구분하는 실체로서 그 기업에 고유한 특성을 말한다. 조직문화는 구성원들의 사고와 행동 양식을 규정하며 구성원들의 직무 만족, 애사심, 일체감, 조직 몰입 등에 영향을 미친다. 즉 조직문화는 한 특정한 조직의 구성원들에게 공유된 가치, 규범, 행동 스타일을 말한다. 역사와 전통이 있는 기업들은 공통으로 특별한 문화 요소가 있다.

구글, 애플, 페이스북 같은 기업들도 상품과 기술만큼이나 구성원이 공유하는 가치와 올바른 행동규범에 높은 중요성을 부여하고 자사만의 문화를 형성하는 데 큰 노력을 투자한다. 이와 같이 조직문화는 탁월한 회사와 평범한 회사를 구분 짓고 생산성을 좌우하며 조직 변화를 견인한다. 또한 회사의 전략, 시스템, 구조를 발전시킬 수도 또는 퇴보시킬 수도 있는 총체적이고 강력한 힘을 지녔다. 그러한 맥락에서 피터 드러커는 "문화는 전략을 아침 식사로 먹는다."라고 말했다.

한국에서 수년간 직장 근무 경험을 한 호주 출신 블로거 마이클 코켄Michael Kocken은 「왜 한국은 OECD에서 생산성이 꼴찌인가」라는 글에서 엄격한 계층구조, 비효율적인 소통, 업무시간 낭비, 직장 내 음주, 흡연 문화, 보여주기식 업무 추진, 불필요한 야근 등을 꼽았다. 글의 제목은 생산성이라는 말을 썼지만 초점은 조직문화, 즉 일하는 방식과 관행을 꼬집고 있다.

『한경비즈니스』에서 20~50대 직장인을 대상으로 실시한 '2019 기업문화 혁신 리포트'를 보면 조직문화 혁신이 필요하다는 응답이 93.5퍼센트로 다수를 차지했다. 왜 조직문화 혁신이 필요한지에 대해 구성원의 의식 변화(36퍼센트), 기존 방식 한계(28.5퍼센트), 외부 환경 급변(14.3퍼센트)이 주요 이유였다. 세대가 달라지고 가치관이 변하고 외부환경의 불확실성이 증대되는 상황에서는 수직적인 조직문화와 통제의 법칙이 효과적이지 않다고 보는 것이다.

피라미드 구조를 대체할 새로운 조직 모델로 기동력 있는 조직, 자율적인 소단위 팀이 떠오른다. 이와 같은 애자일 조직이 필요한지에 대해 필요하다는 의견이 76.5퍼센트로 높은 비율을 차지했다. 애자일 조직 등과 같은 조직구조 개편, 직급체계 단순화, 보고 단계 간소화 등은 모두 일하는 방식 중에서도 의사소통의 구조와 관계가 있다. 미래를 알 수 없는 불확실성의 시대에 조직적 불안감을 없애기 위해서는 구성원 간의 원활한 의사소통과 기민한 대응이 필요하다. 주요 기업들이 참여하고 있는 사무공간 혁신에 대해서는 전체의 75.5퍼센트가 효과가 있다고 답변했고 호칭 단순화에 대해서는 응답자의 61.0퍼센트가 효과가 있다고 응답했다. 선호하는 호칭에 대해서는 님(55.25퍼센트), 매니저(16.25퍼센트) 순으로 나타났다.

응답자들은 "리더의 문제점은 무엇인가?"라는 질문에 일방적인 의사소통(27.5퍼센트)과 답이 정해져 있는 대화(27.5퍼센트)를 가장 많이 선택했다. 권위적인 태도(27.0퍼센트)도 높게 나타났다. 한마디로 '답정너(답은 정해져 있고 너는 대답만 하면 돼)' 스타일의 리더는 조직원들의 지지를 얻지 못하는 것으로 나타나고 있다. 바람직한 리더의 역할로는 화합과 의견 조율(36.75퍼센트), 구성원과의 의사소통(28.0퍼센트)이 많은 선택을 받았다. 반면 부서 실적 향상(0.75퍼센트)이 가장 낮은 응답률을 보였다. 많은 리더가 탁월한 실적과 결과를 내기 위해 총대를 메고 구성원을 이끌어 간다. 하지만 설문조사 결과는 '소통이 먼저다.'라는 다른 방향성을 촉구하는 것으로 나타났다.

▍수평적 리더십을 근간으로 자율성과 민첩성이 필요하다

　4차 산업혁명의 진전, 밀레니얼 세대의 등장, 코로나19 팬데믹의 발생은 조직문화 변화를 가속화하고 있다. 글로벌 기업뿐만 아니라 우리나라의 주요 기업들이 최근 인사 혁신을 과감하게 추진하는 것도 그 때문이다. IT 대기업들의 현장 개발팀의 평균연령은 30대 초반의 밀레니얼 세대이다. 반면 그들의 새로운 아이디어나 기발한 신규 사업의 내용을 심사하거나 승인하는 경영층은 기존의 경영 스타일에 익숙하다. 옛날의 리더십과 판단기준으로 결정한다면 그들의 상상력과 아이디어가 잘 통할 리가 없으니 앞날은 뻔하다. 이제 이를 소홀히 하는 기업들은 유능한 인재의 이탈을 막을 수 없을 것이다. 이와 같이 변화에 대한 민첩한 대응과 유능한 인재의 확보가 진정한 조직문화 변화의 이유이다.

　조직문화는 기업의 오너나 최고경영자의 가치관, 경영 스타일, 기업의 상황과 환경에 따라 다를 수 있다. 하지만 새로운 변화의 방향성으로는 수평적 리더십을 근간으로 한 자율성과 민첩성이 요구된다. 또한 참여, 협업, 긍정적 피드백의 문화를 촉진하는 방안으로 조직의 심리적 안정감이 부각되고 있다. 조직의 몰입도를 높이기 위해서는 구성원의 단점이 아니라 강점에 초점을 맞추고 리더가 코칭을 통해 구성원의 잠재력을 높이는 강점 기반의 팀 구축이 필요하다. 그리고 기업의 지속가능한 경쟁력을 높이기 위해서는 축적 지향의 조직문화가 필요하다. 자율성, 민첩성, 심리적 안정감, 강점 기반, 축적 지향이 미래의 조직문화 변화의 키워드로 부각되고 있다는 점을 경영자는 간과해서는 안 된다.

하버드대학교 경영대학원의 제이 W. 로시Jay W. Lorsch 교수는 『하버드 비즈니스 리뷰』에서 새로운 전략, 구조, 프로세스 개선을 시행한 후에 비로소 문화적 변화가 일어난다고 밝혔다. 문화는 원인이나 개선의 대상이 아니라 어떤 문제에 따른 결과로 보는 것이 좀 더 직관적이고 타당하다는 것이다. 기업이 문화 자체에 집중하기보다 조직구조, 성과 관리(평가, 보상 포함) 등과 같은 시스템을 개선했을 때 결과적으로 조직문화도 진화한다고 강조하고 있다.

마이크로소프트의 경우는 '잃어버린 10년'이라고 불리는 어려운 시절을 겪었다. 동명의 책을 쓴 커트 아이켄월드Kurt Eichenwald는 마이크로소프트의 실패가 '야만적인 문화'에 사로잡혀 있었기 때문이라고 지적했다. 직원들이 내부경쟁에 사로잡혀 더 이상 구글, 애플 등 당시 새롭게 부상하는 혁신기업들과 경쟁할 엄두도 내지 못했다. 구성원들이 조직 내 유능한 인재를 배척하거나 함께 일하기를 꺼렸다. 리더들은 내부 권력투쟁에 사로잡혀 줄 세우기를 조장했다. 결국 조직, 리더, 구성원 간의 무너진 신뢰관계와 비협력적인 조직문화가 조직을 병들게 했다.

마이크로소프트 CEO 사티아 나델라Satya Nadella는 2014년 취임 당시 자신의 첫 번째 사명을 '문화를 바꾸는 것'으로 규정했다. 그리고 채 5년이 되지 않아 오랫동안 잃어버렸던 고유의 영혼을 되찾았다고 평가받고 있다. 그는 다음 사항에 역점을 두고 조직문화의 변화를 성공시켰다.

- **문화적 논의를 위한 거버넌스의 강화:** 매주 한 번씩 CEO를 포함한 시니어 리더십팀에서 비즈니스 전략, 기회, 그리고 새로운 문화 창조를 위한 논의를 진행함.
- **조직의 성공을 재정의:** 직원들을 정규분포에 따라 상대화, 서열화해 고성과 그룹과 저성과 그룹으로 나누고 이에 따라 차등적 보상을 하는 스택 랭킹Stack Ranking 시스템을 폐지하고 비공식적인 피드백을 강화하고 협업과 참여를 강조함.
- **조직의 전략과 리더십, 문화의 통합 추구:** 비전 제시와 업의 개념을 재정의(모바일 퍼스트, 클라우드 퍼스트 전략)하고 구성원 개인의 동기와 회사의 역량을 공감을 통해 연결함으로써 기존의 폐쇄적인 기업문화를 개방과 창의를 중시하는 조직으로 변경함.
- **문화적인 디테일에 대한 실천 추구:** 리더가 편견을 뿌리 뽑기 위한 행동에 나서고, 모든 사람이 심리적 안정감을 가질 수 있는 환경을 구축함.

조직문화 혁신을 위해서는 리더십뿐만 아니라 조직구조 자체의 변화도 중요하다. 리더십은 개인에 따라 매우 격차가 큰 부분이다. 따라서 리더십의 변화만으로도 문화가 퇴보하기도 하고 진보하기도 한다. 그래서 개인의 리더십에 쉽게 휘둘리지 않는 조직구조를 형성하는 것은 매우 좋은 방안이 된다.

중국 기업 화웨이는 기존의 위계적이고 사내 정치적인 기업문화를 해체하기 위해 3인의 부회장이 6개월 단위로 CEO 역할을 교대로 수행하도록 했다. 그 결과 주요한 의사결정이 CEO의 의사결정이나 의중에 기대어 지연되는 현상이 완전히 사라졌다. 의사결정의 주체가 실무진으로 내려가면서 단기간에 애자일한 조직으로 변모하는 결과를 가져올 수 있었다. 또 다른 중국 업체인 하이얼은 구성원들에게 주도성, 기업가정신, 오너십을 가지게 하기 위해 조직구조를 획기적으로 바꾸었다. 하이얼은 초소형기업ME, Micro-Enterprise이라 불리는 수천 개의 독립 기업들로 구성돼 있다. 초소형기업은 대체로 6~8인으로 구성되며 본사의 승인 없이 계약, 예산, 채용을 자율적으로 결정한다. 하이얼은 초소형 기업 체제 도입을 중심으로 한 급진적인 조직변화를 통해 기록적인 매출 성장을 이루며 세계적인 기업으로 우뚝 섰다.

기업의 장기적 성장을 가져오는 핵심 동력은 바로 조직문화이다. 훌륭한 조직문화를 가지고 있다면 전략이나 전술상 일부 오류가 있더라도 인재들이 문제점을 극복하면서 성공을 일구어낼 수 있다. 따라서 위기 극복과 도약을 꿈꾸는 기업이라면 반드시 조직문화에 관심을 가져야 한다. 특히 우리나라 기업은 위계 중심의 조직문화가 주류를 이루는 가운데 조직의 심리적 안정감은 낮다고 평가받는다. 게다가 계층 간, 부문 간 소통이 부족한 실정이다. 심리적 안정감과 소통의 문제가 드러난 조직의 미래는 예정된 결말, 즉 퇴보와 소멸의 길로 들어서는 것과 다를 게 없다. 더 늦기 전에 시대의 변화에 맞는 새로운 조직문화의 구축에 힘을 기울여야 한다.

   성공한 기업에서는 새로운 기술을 습득하는 것만큼이나 낡은 습관을 버리는 것이 중요하다. 따라서 최고경영자를 비롯한 리더들이 과감하게 기득권을 포기하고 새로운 변화에 솔선수범해야 한다. 필요하다면 역 멘토링을 활용해 밀레니얼 세대의 디지털 감각과 일하는 방식을 배우려는 포용력을 보여야 한다. 지금과 같은 기술 변화와 세대 전환의 시기는 기업 조직문화를 변화시킬 수 있는 호기이다. 직면한 위기를 미래지향적인 조직문화 구축의 계기로 삼기를 바란다.

|2|
고성과 조직의 비결은 무엇인가

| 핵심 질문 |

- 귀사는 신뢰를 높이기 위해 어떤 활동을 펼치고 있습니까?
- 구성원들이 느끼는 심리적 안정감은 어느 정도라고 생각합니까?
- 구성원들이 어려운 과제에 과감히 도전할 수 있도록 어떤 지원을 하고 있습니까?
- 사업 환경은 어느 정도의 민첩성을 요구하고 있습니까?
- 조직 민첩성을 높이는 데 예상되는 장애요인과 대책은 무엇입니까?

포스코는 철을 생산하다 보니 다른 사업장과 비교해 사고의 위험이 매우 크다. 특히 뜨거운 쇳물을 다루는 제선부는 화상과 가스 누출 등 사고가 잦다. H코치는 과거 포스코의 제선부장으로 부임해서 이러한 위험을 인식하고 안전을 강조했다.

현장에서 가장 중요한 것이 작업표준이다. 하지만 사실상 작업표준을 무시하고 직원들 스스로도 자신이 얼마나 위험에 노출돼 있는지 인지하지 못했다. 그래서 H코치는 '제선인의 훈' 5개 항목을 제일 먼저 만들었다. 불안전한 행동을 지적받으면 고마워하고 동료의 불안전한 행동을 과감히 지적해서 안전한 일터 만들기에 노력한다는 내용이었다. 교대 시간이나 모임 활동이 있을 때마다 작업표준을 복명복창하면서 머릿속에 완전히 각인되도록 했다. 또 한 달에 5건 이상 동료의 불안전한 행동을 지적하게 했다.

물론 지적하고 지적받는 행위의 바탕에는 모두 감사히 여기는 마음을 강조했다. 점점 직원들 스스로 서로 관심을 가지고 지켜보게 됐고 지적을 받아도 감사히 수용하는 자세를 갖추게 됐다. '우리 부장이 건성으로 하는 게 아니구나. 진정성이 있구나.' 하는 마음이 통한 덕분이다. 그렇게 해서 100만 시간, 200만 시간 무사고를 이루어갔다. H코치는 물론 제선부 직원 모두가 놀라운 경험을 한 셈이다.

이 성공적인 경험은 위험에 대한 인식 제고와 피드백에 있어서 구성원들의 심리적 안정감을 확보함으로써 가능했다. 그 덕분에 H코치는 현역 시절 '살아 있는 안전'이라는 별명을 얻게 됐다.

탁월한 성과를 내는 조직의 비결은 무엇일까? 구글의 사례를 좀 더 살펴보자. 구글은 성공적인 팀의 비결을 찾기 위해 2012년 '아리스토텔레스'라는 이름의 프로젝트를 시작했다. 그리스 철학자 아리스토텔레스가 "전체는 부분의 합보다 크다."라고 말했던 것에서 이

프로젝트 이름을 따왔다. 구글은 전문가 집단을 구성해 4년이란 긴 시간 동안 회사 내 모든 팀을 조사했다. 구글은 성공적인 팀과 그렇지 않은 팀을 가르는 몇 가지 기준을 확인했다. 그중에서 가장 중요한 것은 '심리적 안정감'이었다. 구성원들이 심리적 안정감을 가질 수 있도록 서로 의견을 경청하고 도와주는 것이 전제될 때 다른 능력과 시각을 가진 직원들이 활발히 교류하며 창의적인 솔루션이 나올 수 있다고 보았다.

▍심리적 안정감을 높여 두려움 없는 조직을 구축하라

심리적 안정감이란 조직 구성원이 자유롭게 의사소통할 수 있는 분위기를 뜻한다. 즉 당황스러운 상황에 직면하거나 응징될지도 모른다는 두려움에서 벗어나 자신의 의견이나 실수를 기꺼이 이야기할 수 있는 분위기이다. 때로는 너무 튀어 보일까 봐, 때로는 상사에게 반기를 드는 것처럼 비칠까 봐, 또는 무능력해 보이거나 나쁜 사람으로 오해받을까 봐 침묵하는 경우도 많다. 2017년 갤럽이 실시한 설문조사를 보면 '직장에서 자신의 의견이 중요하게 받아들여진다.'라고 응답한 비율이 10명 중 3명에 불과했다. 하지만 이 비율이 10명 중 6명으로만 늘어도 이직률은 27퍼센트 줄고 안전사고는 40퍼센트나 줄어든다고 한다. 생산성 향상은 12퍼센트였다.

업무 현장에서 자신의 생각이나 우려 사항과 질문 등을 자유롭게 꺼내지 못하는 것은 인간관계의 악화나 불이익에 대한 두려움 때문이다. 그런데 그 정도가 생각보다 심각하다. 두려움은 눈에 보이지 않는다. 그저 당사자만 입을 꾹 닫고 모른 척하면 상황은 아무 일도 없었다는 듯 그대로 지나가 버린다. 문제 제기만 제대로 했어도 얼마든지 막을 수 있는 사건과 사고들이 생과 사의 문제로 이어져 비극적인 결말을 가져오기도 한다. 환자가 사망하고 비행기가 추락하며 금융기관이 도산하는 등의 모든 대형 사고가 결국은 조직에 만연한 두려움에서 비롯된다.

두려움은 또한 분석적 사고력, 창의적인 통찰력, 문제해결 능력까지도 떨어뜨린다고 알려졌다. 우리가 두려움에 휩싸이면 제 능력을 다 발휘하지 못하는 이유가 바로 여기에 있다. 구성원의 학습 참여도는 두려움에서 얼마나 벗어나 있느냐에 따라 결정된다. 이는 직원 만족도에 큰 영향을 미친다고 한다. 다행스러운 사실은 조직의 두려움만 제거해도, 즉 구성원에게 심리적 안정감을 심어주는 것만으로도 이러한 사고와 능력 저하를 쉽게 예방할 수 있다는 것이다. 조직의 실패를 예방하기 위해서는 무엇이 문제인지를 인식하는 인지능력과 인지된 것을 자유롭게 의사소통할 수 있는 심리적 안정감이 중요하다. 문제가 무엇인지를 인지하지 못한다면 실패를 예방하기 어렵다. 이러한 인지능력과 심리적 안정감을 높이는 것이 '두려움 없는 조직'을 구축하기 위한 리더의 역할이다.

조직에는 누구나 알고 있지만 구성원이 문제점을 인식하지 못하고 있거나 문제점을 인식하고 있지만 말하지 않는 문제들이 존재한다. 모든 것을 덮어버릴 만한 큰 문제지만 그 누구도 애써 모른 척하는 상황을 '방안의 코끼리Elephant in the room'라고 일컫는다. 폭스바겐의 디젤게이트나 보험 회사와 학습지 회사에서 한때 만연했던 불완전 판매, 건설 현장과 생산 현장에서의 안전 불감증, 직장에서의 성희롱 등의 문제는 리더가 구성원의 의식과 조직의 심리적 안정감을 확보함으로써 예방해야 한다.

민첩성으로 승부하고 애자일 조직을 만들어라

생명보험사 오렌지라이프는 2018년 전사적으로 애자일 전략을 도입했다. 오렌지라이프는 6~9명 정도 되는 팀원들이 매일 아침 사무실 한쪽에 있는 화이트보드 앞에 모여 15분간 그날의 업무 내용을 공유한다. 보드에 붙은 포스트잇에는 직원들이 그날 해야 할 업무 내용이 적혀 있다. 주변에는 파워포인트로 작성된 두꺼운 보고서도 없고 서류를 올려두는 테이블도 없다. 심지어 앉을 의자도 없다. 퇴근 전에는 서로 한 일을 공유하고 필요하다면 업무 중에 스프린트 회의를 진행한다.

이러한 프로세스와 함께 애자일 전략이 성공하기 위해서는 무엇보다 구성원 하나하나가 공유하는 문화가 중요하다. 애자일은 상호의존적이다. 서로 얽히게 일을 설계한다. 협력과 피드백이 중요하기 때문이다. 서로 이야기하고 의사결정을 함께 하고 그 결과를 자주 확인한다. 그럼으로써 환경 변화나 고객의 반응에 따라 민첩하고 유연하게 대처할 수 있게 됐다. 오렌지라이프는 이와 같은 애자일 전략으로 조직문화를 혁신했다. 애자일 도입 후 직원들은 업무 수행 방식에서 변화를 체감하고 있다. 오렌지라이프의 한 직원은 "예전에는 기획하고 보고서를 작성하라고 하면 먼저 파워포인트부터 열고 어떻게 하면 상사에게 통과되는 기획안을 쓸지 고민했다."라며 "애자일 도입 이후 보고서 중심의 문화가 사라졌고 해당 업무 전문가인 내가 성과를 가장 잘 낼 방법을 먼저 고민하게 됐다."라고 설명했다.

애자일 조직 혁신에서 가장 대표적인 사례는 네덜란드 ING은행이 2015년 시도한 '굿 투 그레이트Good to Great' 프로젝트다. 이 은행은 2000년대까지만 해도 5,000곳이 넘는 지점을 보유했다. 하지만 디지털 금융이 확산되면서 지점 70퍼센트가 폐쇄될 위기에 처했다. 이 때문에 과감한 '빅뱅식' 애자일 혁신을 추진했다. ING은행은 IT 개발, 제품 운영, 마케팅 등을 포함해 사실상 모든 직원의 업무를 없앴다. 그 후 약 3,500명에 달하는 직원들을 각각 소규모 애자일 특공대로 조직해 배치했다. 각 특공대에 있는 2,500개의 새로운 직책은 새로운 지원자로 채워졌고 그들 중 약 40퍼센트가 새롭게 업무를 익혀야 했다. 그 결과 고객만족도와 직원들의 몰입도가 향상됐고 금융상품 개발 속도가 과거 대비 10배 이상 빨라지는 성과를 거뒀다.

국내 기업의 애자일 도입도 점차 확산되고 있다. KB국민은행, 농협은행과 같은 금융계 외에 대기업으로도 확산되고 있다. 2020년도 들어 롯데그룹은 '빠른 실패를 독려하는 조직'을 강조했고 현대차그

룸은 '스마트한 업무 방식의 일상화'를 역설했다. SK이노베이션은 대규모 조직 개편과 함께 애자일 확대 적용을 추진하고 있다.

기업들이 조직을 민첩하게 바꾸는 데 참조하는 애자일 기법은 소프트웨어 개발관리의 효율성을 위해 고안됐다. 그 효과성이 입증된 이래 IT 기업뿐만 아니라 많은 조직이 애자일 방법론을 도입하고 있다. 애자일 기법이 기존의 경영 방식과 큰 차이를 보이는 것은 실행 속도와 적응성이다. 예측의 완성도와 장기계획보다는 빠른 실행과 학습에 더 무게를 둔다.

불확실한 환경에서 예측의 정확도를 높이는 것은 어렵다. 따라서 사전 조사와 분석이 아니라 반복적인 실험과 실행을 통해 고객의 요구에 가까워지는 것을 지향한다. 과제를 모듈화해 우선순위가 높은 순서대로 진행하고 하나의 작은 프로젝트가 끝날 때마다 과제의 효과성 검증을 기반으로 이후 목표를 설정하기 때문에 보다 효과적으로 목표를 추구할 수 있다. 큰 프로젝트를 한 번에 실행할 때는 시간이 오래 걸리고 출시 후 고객 반응이 좋지 않을 경우는 큰 실패로 이어질 수 있다. 그러나 애자일 기업에서는 과제를 작은 단위로 세분화해 우선순위에 따라 점진적으로 프로젝트가 이루어진다. 그로 인한 리스크 감소와 지속적인 진화를 통해 더욱 신속하게 조직이 목표한 성과를 달성할 수 있다.

애자일 조직에는 세 가지 법칙이 있다. 첫째, 작은 팀의 법칙이다. 소규모의 자율적 혼합팀이 업무 사이클을 짧게 가져간다. 비교적 작은 단위의 업무를 맡되 최종 소비자나 고객에게서 지속적인 피드백을 받는다는 사고방식을 공유한다. 둘째, 고객의 법칙이다. 기업의 목적은 고객에게 가치를 전달하는 데 집중한다. 회사는 고객에게 새로운 가치를 지속적으로 창출하기 위해 모든 것(목표, 가치, 원칙, 프로세스, 시스템, 수행 방식, 데이터 구조, 인센티브 등)을 조정하고 가치 창출에 기여하지 않는 것은 가차 없이 제거한다. 셋째, 네트워크 법칙이다. 전체 조직이 네트워크를 이루며 상호작용한다. 조직 전체가 애자일을 진정으로 수용하면 조직은 거대한 함선에서 소함대의 작은 쾌속정처럼 변신한다. 정적인 관계를 탈피해 고성과 팀들이 네트워크를 이루는 살아 있는 유기체로 바뀐다.

조직 민첩성의 유형을 살펴보면 전략적 민첩성, 포트폴리오 민첩성, 운영 민첩성으로 구분된다. 전략적 민첩성이란 새로운 사업 기회를 끊임없이 탐색하고 적시에 포착하는 능력이다. 포트폴리오 민첩성은 시장의 변화에 따라 제품과 사업군을 조정하고 자원을 신속하게 확보하고 배분하는 능력이다. 운영 민첩성은 사업계획에 따라 제도, 조직, 시스템 등을 신속하게 실행하는 능력을 말한다. 삼성경제연구소 조사결과에 따르면 조직 민첩성 유형이 성과에 미치는 영향력은 전략적 민첩성 > 포트폴리오 민첩성 > 운영 민첩성의 순서이다. 반면 한국 기업들의 조직 민첩성 수준은 운영 민첩성 > 전략적 민첩성 > 포트폴리오 민첩성의 순서이다. 특히 전략적 민첩성과 포트폴리오 민첩성의 개선이 요구된다.

전략적 민첩성을 높이기 위해서는 경영자들이 끊임없이 깨어 있어야 한다. 빠르게 변화하는 환경에 맞추어 방향 수정, 속도의 완급 조정, 넓은 시야에서 다른 길 찾기에 노력해야 한다. 포트폴리오 민첩성을 높이기 위해서는 기술의 연속성도 없고 경쟁상대가 누구인지도 모르는 상황에서 핵심 사업에 올인하듯 집중하는 것에서 탈피해야 한다. 그리고 새롭게 부상하는 신사업 분야에 대한 모색과 진출을 강화해야 한다. 최근 삼성을 비롯한 많은 기업이 사내 벤처와 외부 스타트업을 육성하는 데 힘을 집중하는 것은 전략적 민첩성과 포트폴리오 민첩성을 높이는 매우 효과적인 전략으로 평가할 수 있다.

한때 세계 최고의 조직역량을 지녔던 일본 정부와 기업들이 전례 없는 위기를 맞는 것도 민첩성이 문제라고 할 수 있다. 일본 정부와 기업들은 오퍼레이션 관리와 전략계획 분야에서 세계 최고의 경쟁력을 자랑한다. 하지만 조직이 민첩성을 지니지 못해서 지진, 원전 사고, 코로나19 팬데믹 같은 예상치 못한 위기에 제대로 대응하지 못하고 있다. 일본 정부는 초기 단계에서 기존 규칙과 절차에 지나치게 얽매여 신속한 대응에 실패했다. 위기의 특수성과 비일상성을 이해하지 못했기 때문이다.

기업이 모든 부서를 애자일 조직으로 바꿀 필요는 없다. 애자일은 해결해야 할 문제가 복잡하고 변화가 잦고 불확실성이 높은 상황일 때 유용하다. 일상적이고 반복적 업무를 수행하거나 변화가 낮은 상황에서는 별다른 효과가 없다. 도입 방식과 범위, 세부적인 운영 방안 등 개별 조직에 적합한 적용 방법으로 추진해야 한다. 한 번에 전체 조직에 애자일 기법을 도입하는 것이 아니라 일부 부서에 적용해 실험과 학습을 통해 기법을 개선해 나가는 게 좋다. 그때그때 성과를 평가해 방향 전환 또는 확대 적용을 선택하는 것이 바람직하다.

애자일 조직이 성공하기 위해서는 경영자가 가장 중요하다. 애자일이 성공하려면 조직 내 여러 변화가 수반돼야 한다. 그러려면 경영자가 분명한 목적의식과 의지를 갖추고 추진하고 지원할 수 있어야 한다. 애자일 혁신은 한 번에 이루어지지 않는다. 끊임없이 실험과 학습을 통해 조직에 적합한 방식을 찾아 나가야 한다. 세계적인 음원 메이커 스포티파이가 애자일 조직을 도입하기까지 6년이 걸렸다. 네덜란드 ING그룹도 2년이 걸렸다. 각 사에 적합한 방법을 찾고 조정하는 여정 자체가 애자일이다. 애자일은 끝이 없다. 우리가 가만히 있더라도 환경이 바뀌므로 또 바꿔야 한다. 애자일 조직은 계속 변화하고 진화하는 과정이다.

|3|
퍼스트 무버로
가야 한다

| 핵심 질문 |

- 귀사와 글로벌 일등 기업의 제품이나 서비스 간 차이는 무엇입니까?
- 축적과 관련한 성공이나 실패 사례에서 어떤 교훈을 얻었습니까?
- 축적 지향의 조직문화가 정착되기 위해 무엇을 해야 할까요?
- 외부와의 전방위적인 네트워크를 어떻게 구축할 수 있을까요?

필자는 분당에 살고 있는데 매일 서울로 이동하다 보면 멀리 도로 전면에 높은 빌딩이 위용을 자랑한다. 높이 555미터에 123층의 잠실 롯데월드타워이다. 우리나라에 세계에서 5번째로 높은 롯데월드타워가 있다는 게 자랑스럽다. 그러나 대부분의 핵심 기술은 선진국에 의존했다고 한다. 우리는 시공에서만 역량을 발휘했음을 알고 나

니 씁쓸한 마음이 든다. 이는 우리 기술의 현주소와 한계를 여실히 보여주는 사례이다. 터파기 기술(영국 ARUP), 초고층 설계와 구조 설계(미국 KPF, LERA), 풍동 설계(캐나다 RWDI), 외벽 커튼월(일본 Lixil, 미국 CDC) 등의 핵심 기술 모두 외국 기업에 의존했다. 이것은 건축에만 해당하는 사안이 아니다. 많은 분야에서 우리의 현실이다.

우리나라 기업들이 패스트 팔로어Past Follower에서 퍼스트 무버First Mover로 성공하기 위해서 꼭 필요한 요소는 무엇일까? 지금껏 한국 기업의 발전 모델은 선진국이 제시한 개념설계를 기초로 빠르게 모방하고 개량하면서 생산하는 모방적 실행 전략에 기초해 있다. 이제는 그와 같은 성장 모델이 한계에 도달했다. 결국 가치사슬의 앞 단계에 있는 창의적 개념설계 역량을 확보하지 않고서는 진정한 선진국으로 진화할 수 없다. 지금과 같은 기술 패러다임의 변환기는 개념설계가 새롭게 이루어지는 시기이다. 기존의 축적된 경험의 격차에서 오는 불리함이 다소 약해진다. 이러한 시기에는 과감한 전략 전개와 실험을 할 수 있는 창의적이고 도전적 조직문화를 구축함으로써 퍼스트 무버로 도약할 기회를 적극적으로 모색해야 하겠다.

체질을 창의와 축적 지향으로 바꿔야 한다

우리나라는 선진 기술을 빨리 배우고 응용해 반세기 만에 경제 규모 세계 11위로 급성장하면서 패스트 팔로어의 모델로 꼽히고 있다.

그러나 그 동력이 크게 약해지고 있다. 지금 우리 경제가 저성장 기조로 고착되고 대표 산업들의 글로벌 경쟁력이 약화됐다. 이런 현상은 일시적인 시장 요인이 아니라 구조적이고 추세적이기에 근본 대책이 필요하다.

과거의 압축 성장 시대에는 선진 기술을 배워서 만들어가는 데 집중해 빨리빨리, 상명하복, 단기 승부 등이 유효했다. 또 정답을 알고 하는 일이어서 실패에 관대할 필요가 없었다. 그러나 이러한 일의 방식이 이젠 걸림돌이 되고 있다. 많은 기업이 시대 변화에 맞게 창의와 축적 지향의 체질로 변신해야 함에도 제대로 못 하고 있다. 기업에서 멀리 내다보고 미래를 만들어가는 데 가장 모범을 보여야 할 사람은 마땅히 CEO이다. 아무리 현재 치열한 시장 상황을 고려하더라도 우리 기업들의 미래 준비에 가장 절실한 문화는 창의와 축적이다. 그런데도 이를 이루지 못하고 있다는 것은 CEO의 책임 회피라고 할 수 있다.

구글은 2005년 벤처 안드로이드를 인수해 3년의 스케일업 과정을 거친 후 안드로이드를 시장에 출시해 전 세계 모바일 운영 시장을 석권했다. 독일 SAP은 2005년 서울대학교에서 TIM이라는 데이터베이스 플랫폼을 인수 후 6년에 걸쳐 사업화에 성공해 크게 도약할 수 있었다. 일론 머스크의 스페이스X는 인공위성의 1단 엔진을 지정된 장소에 다시 착륙시키는 기술을 개발해 인공위성 비용을 획기적으로 줄였다. 이 기술개발에 무려 13년을 투자했다고 한다. 미래 가능성을 보고 과감하게 투자하고 끈기 있게 도전해 독보적인 기술을 완성해낸 것이다. 그들의 스케일업 과정은 시사하는 바가 크다.

일본의 20년 넘는 장기 불황에도 아랑곳하지 않고 지속 성장을 구가하는 소재 산업은 축적의 힘을 실감케 한다. 일본에는 쇼와덴코와 스미토모 화학 등 100년 넘는 소재 기업들이 수두룩하다. 소재 분야는 단기 학습이 어렵고 IT와 같은 불연속적 기술 발전이 적용되지 않기 때문에 경험 축적이 핵심 경쟁력이다. 그러다 보니 시장을 선점한 기업들이 오랫동안 그 지위를 유지할 수 있다. '혼신의 힘을 쏟아 최고의 물건을 만든다.'라는 뜻으로 일본 제조업의 혼이자 일본의 자존심을 상징하는 일본 특유의 모노즈쿠리 정신, 일본 내 가치사슬 간 긴밀한 협력, 그리고 정부의 전폭적인 지원 등이 만들어낸 축적의 작품이다.

중국의 변화와 성장 과정도 예사롭지 않다. 중국은 더는 세계의 생산 공장이 아니다. 차세대 정보기술, 항공 우주 설비, 신소재 등 10대 전략 기술을 집중적으로 육성해 기술 강국이 되겠다는 '중국 제조 2025'를 야심차게 추진하고 있다. 핵심 부품 비율을 2015년 10퍼센트에서 2025년 70퍼센트까지 끌어 올리겠다고 선언했다. 기술 선진국들은 오랜 세월 숱한 시행착오를 겪으면서 핵심 기술을 숙성시켜 왔다. 반면 중국은 넓은 국토와 거대한 시장을 십분 활용해 짧은 기간에 다양한 시행착오를 거치며 글로벌 경쟁력을 확보해 나가고 있다. 대표적인 사례가 고속철이다. 중국의 고속철은 우리보다 4년이나 늦게 시작했다. 하지만 현재 전 세계 고속철도의 60퍼센트를 점유할 정도로 급성장하면서 7년 만에 세계 최고가 됐다. 고도 4,000미터 이상에 섭씨 영하 50도의 악천후 등 극한 환경 속에서 다양한 지형에 고속철도를 건설하면서 노하우를 쌓았다. 그 때문에 2015년 철도의 메카인 미국에서 5조원 규모의 서부 고속철 사업을 수주할 만큼 글로벌 경쟁력을 갖추게 됐다.

똑똑한 실패를 적극적으로 축하하고 자산화하라

우리는 선진국의 축적의 힘과 중국의 공간의 힘에 협공을 당하고 있다. 우리는 과연 어떤 선택을 해야 할까? 무엇보다 이웃 나라 중국이 기술 강국까지 되면 가장 큰 타격을 받을 나라는 바로 우리나라이다. 우리 기업들은 장기 불황에도 꿋꿋이 버틸 사업이 있는지, 멀리 내다보고 미래 먹거리를 끈기 있게 키워가고 있는지에 대한 성찰이 필요하다.

현실 경영이 갈수록 어려워져 생존마저 위협받고 있다. 그렇다고 현안 이슈에만 매달리면 미래는 뻔하다. 아무리 어렵더라도 경영 자원의 상당 부분을 미래 준비에 과감히 투입하고 시행착오를 거치며 끈기 있게 만들어가는 도전과 인내의 경영을 펼쳐야 한다. 우리는 지난 반세기 동안에 선진 기술을 빨리 따라잡는 방식으로 성장해왔다. 그 과정에서 축적된 전자, 조선, 자동차, 철강 등 여러 제조업 분야와 IT 분야의 역량은 결코 무시할 수 없다. 이러한 강점 역량을 충분히 발휘해야 한다.

글로벌 경영도 절실하다. 우리는 국토가 작고 자원이 부족해 경제의 대외 의존도가 유달리 높다. 그 때문에 글로벌 시장을 주도할 수 있는 사업 모델이나 상품을 만들어내지 못하면 미래가 암울해질 수밖에 없다. 기존의 핵심 역량으로 최대한 사업을 꾸려가면서 미래 가능성이 크고 모방이 어려운 분야의 후보 사업들을 발굴해야 한다. 그리고 과감하게 사업 목표를 설정하고 기업의 핵심 자원을 활용해 꾸준히 스케일업해야 한다.

특히 사이버 시장이 중요하다. 광활한 영토는 경계가 있지만 사이버 공간은 그렇지 않다. 경쟁력이 있으면 얼마든지 전 세계의 사이버 공간을 우리 것으로 만들 수 있다. 인구 절벽이 현실로 다가오며 내수 시장이 갈수록 쪼그라들고 있다. 우리가 4차 산업혁명 기술에서 글로벌 경쟁력을 가져야 하는 절실한 이유다. 최근 랜선 공연으로 전 세계 팬을 열광시킨 BTS의 새로운 공연 방식이 주목을 받았다. 온라인 라이브 공연인 '방방콘 더 라이브'는 총 107개국에서 시청됐으며 최대 동시 접속자 수는 기네스 세계 신기록인 75만 6,600여 명에 이르렀다. 언택트 공연의 새 시대를 열었다는 평가를 받았다.

도전과 인내의 경영에서는 실패의 자산화도 중요하다. 제프 베이조스가 2019년 4월 주주들에게 보낸 편지의 키워드가 바로 '실패'였다. 아마존은 실패와 함께 성장해왔으며 앞으로도 수십억 달러의 실험이 가끔 실패할 수 있음을 알리면서 끊임없이 과감하게 도전해 미래 시장을 창조해 나가겠다는 의지를 피력했다. 아마존은 이러한 경영철학이 있었기에 온라인 서점에서 출발해 짧은 기간 내 초일류 기업으로 성장할 수 있었다. 또한 혼다의 창업자 혼다 소이치로本田宗一郞도 "실수를 저지르지 않는 사람은 혼다에 필요 없다."라고 강조하며 끊임없이 도전정신을 높여 오늘날 '기술의 혼다'를 만들어낸 것이다.

압축 성장 시대에는 선진국의 성공 사례를 통해 가야 할 길과 맞춰야 할 과녁을 명확히 알고 있었다. 실패에 인색한 게 당연할 수 있었다. 그러나 길을 새롭게 열어가면서 과녁을 창조하는 과정에서 발생하는 실패마저 인색해서는 안 된다. 우리 기업들의 연구개발R&D 성공률은 높은 편인데 사실 달갑지 않은 속사정이 있다. 도전보다는 성공 가능한 과제 위주로 선정했기 때문이라는 게 보편적 시각이다. 실패를 두려워하면 도전의식은 줄 수밖에 없다.

왜 글로벌 혁신 기업들은 성공 확률이 1퍼센트 미만인 실리콘밸리에서 2008년부터 매년 실패 콘퍼런스 '페일콘FailCon'을 개최해 실패를 공유할까? 그 이유는 분명하다. 똑똑한 실패가 성공으로 가는 필연의 과정이라는 것을 잘 알기 때문이다. 홈런왕이 삼진을 많이 당하는 법이다. 구성원들이 심리적 안정감을 느끼고 실패를 두려워하지 않으며 고난도 과제에 도전할 수 있는 '두려움 없는 조직'을 만들어야 한다. 그리고 실패를 데이터베이스화해 공유하며 실패의 교훈을 얻는 조직 풍토를 조성한다면 똑똑한 실패들은 분명 훗날 회사의 든든한 자산이 될 것이다.

▍축적 지향을 조직문화로 발전시켜라

현실 경영은 녹록지 않다. 과거의 성공 방식과 다른 축적 지향을 조직에 뿌리내리게 하는 것은 실로 어려운 일이다. CEO가 확고한 리더십과 솔선수범을 보이며 축적 지향을 조직문화로 발전시켜야 한다. 그러려면 프로세스, 조직, 제도, 마인드셋 등 전방위적인 개선이 필요하다. 지난 2016년 CEO 스코어가 조사한 우리나라 전문 CEO의 평균 임기를 보면 약 2.5년으로 선진국과 비교해 상당히 짧은 편이다. 아무래도 임기가 짧으면 일관성 있는 숙성의 경영이 어려워지기 마련이다. CEO 임기에 대한 깊은 고민이 필요하다.

경영진은 운영 성격의 업무는 과감히 위임하고 미래의 먹거리 창출에 최대한 몰입해야 한다. 경영진의 보상을 단기성과 위주에서 중장기 관점을 가미한 균형 잡힌 보상 시스템으로 개선할 필요가 있다. 이사회는 주주 이익을 위해 통상 단기성과에 관심이 많을 수밖에 없다. 아마존과 같이 미래를 위한 도전과 실패의 필요성을 주주들에게 어필해 공감대를 형성하며 미래 먹거리의 스케일업 과정을 끈기 있게 지원해야 한다. 미래 먹거리를 전담하는 별도의 조직을 구성하고 구글 20퍼센트 룰과 같은 자신만의 창의 시간을 보장해 부담 없이 실패하고 도전할 수 있는 문화를 만드는 게 중요하다. 후보 아이템이 미래 사업이 될 확신이 서면 전사 역량을 집중해 스케일업해 가는 조직 운영이 필요하다.

축적 지향의 조직에서 중요한 것이 또 있다. 개념설계 역량이다.

우리 기업이 도약하기 위해 갖추어야 할 개념설계 역량은 같은 일을 반복하면서 얻게 되는 반복 경험학습의 세계가 아니다. 다른 일에 도전해 새로운 밑그림을 그려보면서 더 차별화하는 설계 경험의 세계이다. 따라서 개념설계 역량은 새로운 시도와 시행착오의 경험을 통해 사람에게 오랫동안 축적되는 것이다. 결국 사람이 가장 중요하다. 일본 시마즈 제작소의 평사원 다나카 고이치たなかこういち는 박사학위가 없으면서도 꾸준히 연구개발에 매진해 2002년 노벨 화학상을 받았다. 전문가를 우대하고 중시한 사례이다. 전문가들이 직위 승진의 압박에서 벗어나 기술 혁신에 매진하고 아이디어를 꾸준히 스케일 업하면서 진정한 고수로 성장할 수 있는 길을 열어주어야 한다.

중소기업의 경영과 기술 노하우를 높이는 일도 병행돼야 한다. 산업의 경쟁력은 대기업뿐만이 아니라 중소기업을 포함한 산업 생태계 전체의 경쟁력을 키우는 것이 중요하기 때문이다. 일본에는 예로부터 '길거리 작은 공장'이 많다. 그 공장의 사장들이 10여 명씩 모여 한 달에 한 번씩 일본능률협회 전문가나 대기업의 품질본부장 출신을 선생님으로 모시고 학습회를 한다고 한다. 그렇게 끈끈한 학습회가 전국에 조직돼서 돌아간다. 1~2인이 일하는 영세기업 사장과 대기업 사장이 거의 비슷한 수준에서 경영 능력을 갖출 수 있었던 숨은 배경이다. 우리나라도 대기업에서 경영과 기술 노하우를 익힌 은퇴자들이 상당히 많다. 이러한 경영과 기술 노하우를 가진 인재를 방치하기보다 활용하는 방안을 적극적으로 연구할 필요가 있다.

우리 산업계의 관행은 개념설계 역량을 구축한 고수를 키우기에 부족한 점이 많다. 사회적으로 사람을 귀하게 여기고 사람에게 투자하고 은퇴한 전문가를 활용하는 분위기를 만들어가야 한다. 모든 분야에서 전문가, 고수, 능력자를 존중하는 문화가 있어야 진정한 선진국이 될 수 있다. 아울러 글로벌 연구개발 센터 구축, 기술력 있는 벤처기업의 발굴과 스케일업, 전략적 제휴, 효과적인 산학협동체계 구축을 통해 외부의 축적된 경험을 활용하고 흡수하는 전방위적인 네트워크 전략을 활발히 전개함으로써 축적된 역량을 다양한 방법으로 확보해 나가야 한다.

| 4 |
조직문화는
중요 경쟁력이다

| 핵심 질문 |

- 조직문화가 바람직하다고 생각하십니까?
- 조직문화에 문제가 생기는 건 왜일까요?
- 조직문화를 어떻게 하면 변화시킬 수 있을까요?
- 조직문화를 변화시킬 힘을 어떻게 확보할까요?
- 팀 단위의 조직 활성화는 어떻게 추진해야 할까요?

P코치가 종합서비스 회사의 대표이사를 맡고 있었을 때다. 그 회사는 빌딩과 같은 부동산 관리, 골프장 운영, 차량과 기사 관리 등 고객 서비스 업무를 하고 있었다. 그러다 보니 직원들이 다른 사람들을 돋보이게 하는 역할을 맡으면서 정작 자신들은 음지에서 일하는 구

조였다. 그런 탓인지 몰라도 전체적인 분위기가 늘 가라앉아 있었고 서로를 음해하는 투서가 많았다.

P코치는 회사의 조직문화를 바꾸는 데 역점을 기울였다. 직원들 간의 소통과 협업을 통해 행복을 추구하자는 취지의 '하오HAO 캠페인'을 전개했다. 하오의 HAO는 Happiness(행복), Assistance(도움), Observation(수호)의 첫글자를 딴 것으로 행복지킴이를 뜻한다. 풀어 설명하면, 직원들끼리 커플을 이루어 행복을 위해 서로 도와주고 지켜주자는 뜻이다. 안전하오, 건강하오, 공정하오, 감사하오, 성장하오 등의 다섯 가지 하오 활동을 동료 파트너와 같이 수행하고 그 결과를 공유했다. 재미있게 수행한 커플에게는 상을 줬다. "실천하는 만큼 행복해지는 하오, 행복이 가족에게 전해지는 하오!"라는 표어와 함께 적극적으로 참여하는 직원들이 점차 많아졌다. 직원들의 표정도 점차 밝아지기 시작했다.

P코치는 회사의 업무 특성상 전국에 흩어져서 근무하는 직원들을 일일이 찾아다니며 하오 활동의 사례를 듣고 격려했다. 직원과 회사의 미래를 위해 직원들 간에 신뢰와 협력의 문화가 얼마나 중요한지에 대해 반복해서 얘기했다. 주로 많이 활용했던 얘기의 소재가 『손자병법』에 나오는 '솔연率然 이야기'였다. 아무리 어려운 상황에 부닥쳐도 서로 신뢰하고 도와줄 동료만 있으면 그 조직은 천 년을 갈 수 있다는 '솔연 문화'에 대해 얘기를 많이 나누었다. 조직원 간의 소통과 협업을 통해 미래 환경의 불확실성에 대응하고 융합의 에너지를 발휘하자는 취지였다. 그 결과 점차 직장 내 소외되는 직원이 없어지

고 사기가 높아졌다. 언젠가 한 직원이 P코치에게 말했다.

"사장님, 우리 회사 동료와 같이만 한다면 중국이나 동남아 등 해외 어디를 가더라도 최고의 회사를 만들 수 있을 것 같아요."

조직문화에 문제가 생기면 재구축해야 한다

많은 경영자가 조직문화를 최우선 경영과제로 꼽는다. 그들은 환경 변화에 민첩하게 대응하는 조직문화, 올바른 의사결정을 내리고 신속하게 실행하는 조직문화, 유능한 인재를 유치하고 계속 조직에 남을 수 있도록 하는 매력적인 조직문화 등을 원한다. 그러나 현실적으로는 많은 기업이 조직문화로 인해 어려움을 겪고 있다. 더 큰 문제는 조직문화에 문제가 생겼어도 인식하지 못하는 것이다. 조직문화에 문제가 생기면 경고 신호가 뜬다. 고객의 요구에 대한 대응능력 부족, 고성과 직원의 이탈, 유기적 성장의 어려움, 리더십의 정체, 조직 분위기의 침체, 책임의 전가 분위기 만연 등을 들 수 있다.

이럴 때는 조직문화를 재구축해야 한다. 하지만 이 작업은 결코 쉽지 않다. 그 이유는 첫째, 조직문화는 조직의 전 구성원에게 광범위하게 영향을 미치기 때문이다. 따라서 조직의 최고경영자가 발 벗고 나서서 추진해야 성공할 수 있다. 둘째, 조직문화는 경영이념, 전략, 조직구조, 인재의 채용과 육성, 성과 평가 등의 종합적인 결과물이기 때문이다. 경영 전반에 걸쳐 한 방향 정렬이 필수적이어야 한다. 셋째, 조직문화의 재구축 작업은 하루아침에 일어나지 않는 매우 장기적인 작업이기 때문이다.

삼성그룹의 이건희 회장이 1993년에 주도한 신경영체제가 뿌리내리는 데도 10년이라는 오랜 시간이 걸렸다. LG그룹도 구본무 회장이 주도해 경영이념과 행동규범을 재설정하고 10년 넘는 기간 동안 내재화를 거쳤다. 그렇게 한 덕분에 고객을 위한 가치 창조, 인간 존중의 경영, 정도경영이라는 조직문화를 구축할 수 있었다. 이와 같이 조직문화의 재구축 작업은 CEO의 주도로 4~5년 이상 장시간이 걸리는 매우 어려운 작업이다. 따라서 최고경영자의 의지, 경영 요소의 한 방향 정렬, 리더의 솔선수범과 지속적인 추진력이 필수적이다. 경영 계획을 만들고 실행하는 것과는 달리 어떤 기업의 문화를 변화시키는 것은 조직 내 사람들의 감정적이고 사회적인 역학과 불가분의 관계가 있다. 따라서 조직문화의 변화를 위해서는 다음의 네 가지 사항을 집중적으로 추진할 필요가 있다.

1. 조직문화의 방향성을 명확히 소통하라

새로운 조직문화를 재구축하는 작업은 공개적인 논의와 진단을 통해 현재의 문화를 분석하는 데서 시작해야 한다. 리더들은 문화가 만들어내는 결과가 무엇이고, 문화가 현재 그리고 예상되는 시장과 경영 환경과 얼마나 일치하는지를 이해해야 한다. 예를 들어 현재 주요한 문화 유형은 결과와 권위인데 산업이 급격하게 변화하고 있다면 배움과 창의성으로 변화하는 것이 적절할 수 있다. 변화는 현재의 경영적 도전과 기회뿐만 아니라 열망과 트렌드 관점에서 체계화될 수 있다. 바람직한 조직문화를 구축하기 위해서 최고경영자가 하는 일 중에서 가장 중요한 것은 '의미'를 부여하는 일이다. 따라서 조직이 미션, 비전, 핵심가치, 행동규범 등을 정비하는 것이 조직문화 변화의 출발점이다.

조직문화의 재구축 방향을 명확히 이해하고 실행하기 위해서는 직원들이 변화에 대해 서로 이야기하는 것이 중요하다. 현재의 문화와 원하는 문화 유형이 무엇인지, 최고경영자가 나아가고자 하는 방향과 어떤 차이가 있는지를 토론해야 한다. 직원들은 리더들이 매출 증가와 일방적 지시 대신 혁신과 소통을 이야기하고 있다는 점을 인식하기 시작하면 다르게 행동하기 마련이다.

2. 목표로 하는 문화와 그에 맞는 리더들을 발굴하라

기업에서 구성원에게 주는 가장 강력한 메시지는 어떤 사람이 승진하느냐 하는 문제이다. 아무리 최고경영자가 조직문화의 변화에 대해 설파하더라도 승진자의 면면이 이러한 주장과 일치하지 않고 구태의연하다면 신뢰는 무너지고 복지부동이 돼버린다. 리더들은 모든 영역에서 변화를 장려하고 실제 업무 영역에서 심리적 안정감을 조성함으로써 변화를 위한 중요한 촉매 역할을 해야 한다. 따라서 리더 후보자들은 조직이 지향하는 문화와 얼마나 일치하는지를 기반으로 평가돼야 한다. 원하는 변화를 지지하지 않는 현재의 리더들은 교육을 통해 변화에 참여시킬 수 있다. 조직문화 변화의 타당성과 유익성, 개인적 영향력을 이해하고 나면 기존의 리더들도 변화를 지지하게 된다. 하지만 변화를 가속화하기 위해서는 새로운 문화에 맞는 리더의 발굴과 육성 그리고 외부 인재의 영입도 필요하다. 조직문화의 근본적인 변화가 필요할 때는 외부에서 최고경영자를 영입하는 방법도 효과적이다. IBM을 부활시킨 루 거스너가 대표적인 케이스이다. 그만큼 조직문화의 변화에는 최고경영자의 역할이 필수적이다.

3. 조직 구성 요소의 정렬을 통해 원하는 변화를 강화하라

기업의 전략, 조직구조, 제도와 시스템이 원하는 문화와 일치하고 지지될 때 새로운 문화 유형과 행동들을 추구하는 게 훨씬 쉬워진다. 예를 들어 창의적이고 민첩한 조직문화를 원한다면 수평적 구조로 바꾸고 소규모 팀 중심으로 운영해야 한다. 아울러 구성원들에게 더 많은 권한을 부여하고 정례평가 대신 구성원들 간의 상호 피드백을 활성화해야 한다. 새로운 아이디어를 통해 신사업을 창출하기 위해서는 사내 벤처를 활성화하고 유망한 사업을 육성하기 위한 제도와 시스템을 구축해야 한다. 그리고 인재를 뽑을 때도 관리형이 아니라 기업가형 인재를 발굴하고 육성하는 HR제도의 정립과 운영이 필요하다.

4. 솔선수범과 우수사례의 발굴로 혁신동력을 유지하라

조직문화 재구축 작업은 시간이 오래 걸린다. 따라서 장기간에 걸쳐 혁신동력을 유지하는 것이 성공의 관건이다. 경영자는 우리 조직에서 성공하기 위해서는 어떤 태도와 행동이 필요한지를 지속적으로 상기시키고 모범을 보여야 한다. 현장의 우수사례를 적극적으로 발굴하고, 스토리텔링을 통해 효과적으로 전파함으로써 조직의 롤모델과 DNA로 체화시켜 나가야 한다.

훌륭한 조직문화를 구축했다고 하더라도 새로운 최고경영자가 와서 다른 가치관으로 행동을 하게 되면 조직문화는 하루아침에 무너질 수 있다. 훌륭한 조직문화를 존중하고 지키는 것이 성공하는 경영자의 필요조건이라는 점을 잊지 말아야 한다.

팀 문화는 팀 코칭을 통해 재구축해야 한다

사업 단위나 팀 단위의 조직문화는 상대적으로 쉽게 재구축이 가능하다. 전반적인 조직문화의 영향을 받을 수밖에 없지만 단위 조직 리더의 역량과 리더십에 따라 얼마든지 차별화가 가능하다. 따라서 대기업의 경우, 사업부나 팀 단위별로 조직문화와 분위기가 상당히 차이가 날 수 있다. 팀 단위로 조직문화의 재구축 작업을 추진하고자 할 때는 토대 구축하기, 참여 유도하기, 생산적으로 반응하기의 3단계 프로세스로 진행하면 효과적이다.

토대 구축하기는 진단을 바탕으로 업무를 바라보는 프레임을 짜는 단계이다. 따라서 팀 문화의 현재 상태에 대한 정확한 진단이 필수적이다. 이러한 진단을 바탕으로 무엇이 중요하고 무엇이 문제이며 누구를 위한 일인지를 구분한다. 참여 유도하기는 말 그대로 구성원들의 참여를 적극적으로 유도하는 단계이다. 구성원들과 대화의 기회를 늘리고 좋은 질문을 던지고 답변에 경청하는 문화를 만들어야 한다. 그래야 구성원들이 심리적 안정감을 가지고 의견을 숨김없이 제안할 수 있다. 구성원들의 제안을 활성화하기 위해 구조와 절차를 확립하는 것이 좋다. 생산적으로 반응하기는 구성원들의 참여와 제안에 대해서 적극적이고 실질적으로 반응하는 단계이다. 구성원의 목소리에 귀를 기울이고 문제 제기를 인정하고 감사를 표시하는 것은 매우 중요하다. 훌륭한 제안은 시상하고 공유함으로써 선순환 구조를 만들어내야 한다.

필자의 코칭 사례를 들어보겠다. K사의 새 사업부장이 현장 혁신을 하고자 찾아왔다. 그는 필자와 상의한 후 안전관리를 현장 혁신의 출발점으로 잡았다. 안전사고로 인해 인명피해는 물론, 작업 손실과 불량 발생으로 인한 손실 규모가 매우 큰 것에 초점을 맞춘 것이다. 그는 현장의 구성원들에게 안전을 최우선하고 준칙을 철저히 준수하고 강화하기 위한 제안을 적극적으로 하도록 요청했다.

K사의 사업부장은 구성원들이 간편하게 제안할 수 있도록 절차를 간소화하고 또 제안된 사항은 반드시 일주일 이내에 관리자가 답변하도록 제도화했다. 이에 따라 현장에서는 과거와 달리 많은 아이디어가 제안을 통해 들어왔고 사업부는 훌륭한 제안에 대해 실질적으로 감사를 표시했다. 그 결과 안전을 위해 일하는 방식이 바뀌고 많

은 프로세스 개선이 이루어짐으로써 생산성이 향상됐다. 인명피해는 물론이고 불량 발생으로 인한 손실 규모가 대폭 축소되었다.

필자는 팀 코칭을 통해서 팀 문화를 재구축하는 작업도 진행하고 있다. 이를 위해 먼저 리더와 함께 인정, 경청, 질문, 피드백과 여타의 변화가 필요한 사항을 선정한다. 이 중 계속해야 할 사항, 새롭게 도입해야 할 사항을 정리한 '해야 할 목록To Do List'과 중단해야 할 사항을 정리한 '하지 말아야 할 목록Not To Do List'을 작성한다. 이들 목록과 구성원의 의견을 수렴해 그라운드 룰을 수립함으로써 토대를 구축한다. 그다음 일정 정도 실행(3개월) 기간을 두고 리더가 솔선수범해 그라운드 룰을 실천하고 또한 구성원들이 동참하도록 유도한다. 그리고 리더는 구성원들의 활동을 관찰하고 성공 사례를 발굴하고 인정과 칭찬을 함으로써 생산적인 반응을 보여준다. 가장 생산적인 반응은 구성원들의 피드백을 받아서 반영하는 것이다. 그라운드 룰은 초기에는 비교적 간단한 실행사항을 중심으로 쉽게 실천할 수 있도록 하는 것이 효과적이다. 그라운드 룰에 익숙해지면 보완해서 더 높은 수준의 행동 계획을 세우도록 한다.

조직문화는 경쟁력의 중요한 요소이다. 그러나 강한 조직문화가 기업 환경의 변화나 기업의 전략과 불일치될 때는 상당한 골칫거리가 될 수 있다. 많은 기업이 4차 산업혁명 시대를 맞아 조직문화를 바꾸고 싶어하지만 대부분 실패한다. 여전히 20세기형 효율성 위주의 경영 전략을 고집하면서 조직문화만 따로 떼어내서 바꾸려고 하기 때문이다. 조직문화를 변화시키기 위해서는 조직구조와 같은 표면적 요소를 변경하는 것만으로는 부족하다. 먼저 조직에 만연해 있는 기본적인 가정을 파악해야 한다. 그다음 가치관을 재정립하고 이와 일치하는 조직구조, 일하는 방식, 리더들의 솔선수범이 필수적으로 뒤따를 때 조직문화의 재구축 작업은 성공할 수 있다. 어떤 조직이든 문화를 변화시키는 것은 녹록지 않다. 하지만 불가능하지는 않다.

3장
인재육성

EXECUTIVE COACHING

인재육성은 농사일과 흡사하다. 수확이 풍성하려면 우선 종자가 좋아야 하지만 이 것만으로는 안 된다. 종자가 무럭무럭 크기 위해서는 비옥한 토양, 알맞은 날씨, 그리고 농부의 한결같은 지극 정성이 있어야 한다. 기업에서도 우수 인재를 뽑고 나서 핵심인재로 성장시키기 위해 제도, 문화 등 인프라를 견고하게 구축해야 한다. 최고경영자부터 핵심인재 육성에 심혈을 기울여야 한다. 학습조직의 구축과 함께 강점에 초점을 맞추고 구성원의 잠재력을 극대화하는 것이 인재경영의 핵심이다.

|1|
HR은 무엇을 해야 하는가

| 핵심 질문 |

- 귀사의 HR 철학과 운영 방향은 무엇입니까?
- 귀사는 HR을 전략적으로 활용하고 계십니까?
- 귀사의 4차 산업혁명 시대 HR 전략은 무엇입니까?
- HR 제도가 미션, 비전, 핵심가치, 전략과 정렬됐습니까?
- HR 제도에 대한 구성원들의 주된 목소리는 무엇입니까?

Y코치가 포스코 인사실장 시절의 일이다. 당시 경쟁사가 제철소 건립을 추진하고 있었다. 이로 인해 앞으로 회사 경영에 미칠 영향을 심각하게 고민했다. 인력 유출 문제가 매우 중요할 것으로 판단하고 부서 내부적으로 대책을 마련하도록 했다. 그리고 이구택 회장에게

작업한 결과를 보고드리니 회장은 관심을 표명하며 다음과 같이 지시를 했다.

"보고서 토씨 하나 고치지 말고 그대로 시행하세요. 회사가 이와 같이 전폭적으로 지원하는 만큼 기술연구원장은 연구개발 인력 유지에 만전을 기하세요."

Y코치는 HR 이슈를 전략적으로 판단해 자발적으로 미리 작업했다. 그럼으로써 회장의 인정을 받을 수 있었고 직원들에게 전략적인 HR의 필요성을 각인할 수 있었다. HR 분야가 주 경력인 필자는 누구보다도 HR의 전략적 역할을 강조했다. 사람과 관련한 업무는 대체로 준비 기간이 오래 걸리는 특성이 있으므로 선견과 선제적 대응이 참으로 중요하다. 채용, 보직, 평가 등 HR의 각각의 기능을 올바르게 운영함과 아울러 회사 성장을 견인할 수 있는 HR의 전략적 미션을 진지하게 고민해야 한다. 다시 말해, "회사의 글로벌 사업 확장에 대비해 HR은 무엇을 미리 준비해야 하는가?" "리더들이 직원들의 자발적인 몰입도를 높일 수 있도록 HR이 무엇을 지원해야 하는가?" "임직원들이 핵심가치를 체화하게 하려면 HR은 무엇을 해야 하는가?" 등 HR이 선제적으로 대응해야 할 전략적 미션에 대한 본질적 질문을 던지고 솔루션을 찾기 위해 노력해야 한다.

자본주의 시대가 가고 인재주의 시대가 온다

2012년 세계경제포럼에서 '향후 사업 확장에 가장 큰 걸림돌이 무엇인가?'라는 질문에 세계 각국 CEO들의 53퍼센트가 '인재 부족'을 꼽았다. 클라우스 슈밥Klaus Schwab 회장은 향후 자본보다는 창의와 문제해결 능력이 중시된다고 강조하며 "자본주의Capitalism 시대는 가고 인재주의Talentism 시대가 올 것이다."라고 전망했다. 롱우드대학교 연구팀은 다양한 조직에서 인간의 수행 능력을 분석하고 이런 결과를 내놓았다. "전체 생산성의 10퍼센트는 상위 1퍼센트의 구성원에게서 나오고 26퍼센트는 상위 5퍼센트에게서 나온다." 즉 상위 1퍼센트가 평균적인 직원 열 명 몫을 하고 상위 5퍼센트의 직원이 직원 네 명 몫을 한다는 의미다.

램 차란Ram Charan은 저서 『인재로 승리하라』에서 회사의 미래를 결정짓는 킹핀King Pin은 바로 인재라고 했다. 더불어 G3 체제를 운영할 것을 거듭 강조했다. G3는 최고경영자CEO가 최고재무책임자CFO, 최고인사책임자CHRO와 경영 현안을 정기 논의하며 운영하는 것을 의미한다. 보통의 경우, HR을 경영 지원 역할 정도로 여기는 것을 고려할 때 G3는 획기적인 경영체제가 아닐 수 없다. 최고경영자 중 HR 출신은 거의 찾아보기 힘들다. 그동안 HR이 주로 지원 역할에 치중했기 때문이다. 그러나 경영자는 기업을 인재가 머물고 싶은 곳으로 만들어나가야 한다. 그런 의미에서 최고인사책임자의 주도적인 역할이 점점 더 중요해지고 있다. 내부 인재들이 자신들의 끼와 역량을 마음껏 발휘할 수 있게 해주고 외부 인재들이 매력을 느낄 수 있을 만한 회사로 가꾸어야 한다. 인재 영입은 세심하게 진행돼야 한다.

기업들의 인수합병 중 절반 이상은 실패로 돌아간다. 그건 인수 기업의 중요한 핵심인재들을 고려하지 않았기 때문이다. 기업을 인수한다는 것은 그 기업의 핵심 경쟁력을 거머쥐고 있는 인재를 영입한다는 의미이기도 하다. 따라서 최고인사책임자는 인수합병 과정에서 효과적인 방법을 마련하고 인수합병 전체 과정에서 주요한 역할을 감당해야 할 것이다. 빌 게이츠는 인재 한 명을 영입하기 위해 기업을 통째로 인수하기도 했다. 현대판 삼고초려인 셈이다. 글로벌 기업들의 인재경영 철학과 운영 방식은 각기 다르지만 공통된 특징이 하나 있다. 바로 HR을 전략으로 삼고 있다는 점이다.

▍HR과 경영 성과 간의 상관관계가 높다

누가 인사人事의 중요성을 모를까? 그러나 사람에 대해 깊이 고민하지 않는 최고경영자들이 의외로 많다. 앞으로 크게 될 회사인지를 보려면 그 회사의 최고경영자가 HR을 어떻게 활용하는지를 보면 된다. HR 부서에 전략적인 역할을 요구하는지, 아니면 운영 위주의 역할만 맡기는지를 보면 미래를 가늠해볼 수 있다. 특히 요즘과 같은 초불확실성 시대에는 더욱 그렇다. 액센추어가 2011년 글로벌 기업 임원 대상으로 조사한 결과 고성과 기업군은 87퍼센트가 HR의 미래 준비에 긍정 응답을 했다. 반면 저성과 기업군은 28퍼센트에 그쳤다. HR과 경영 성과 간의 상관관계가 매우 높음을 알 수 있다.

CEO의 뚜렷한 인재 철학은 기업 성장에 큰 영향을 미친다. 포스코건설 사내 벤처 회사로 출발해 분사 창립한 마이다스아이티는 4무無 즉 스펙, 상대평가, 정년, 징벌이 없는 인본 경영을 꾸준히 펼치고 있다. '사람이 답이다.'라는 CEO의 철학이 회사 내에 흐른다. 그 결과 건축물 시뮬레이션 분야 세계 1위가 됐다. 중견 기업이지만 입사 경쟁률은 국내 굴지의 대기업 이상이다. 예산은 신청하는 만큼 전액 지급되고 직원 식당은 호텔 카페테리아급이다. 1인당 식사 비용이 연간 1,000만 원 수준이라고 한다. 리더들이 매년 산속 깊숙이 위치한 사찰에서 리더로서 성찰의 시간을 갖는 것도 인상적이다. 마이다스아이티 창업자 이형우 대표는 2019년 초 대표이사직을 내려놓고 인재 채용과 육성 그리고 직원들의 행복을 책임지는 최고행복책임자CHO, Chief Human & Happiness Officer를 맡았다. 그는 "인재를 올바로 뽑고 육성하는 것이 자신의 마지막 소임이라고 생각했기 때문이다."라고 했다.

창립 7년 만에 유니콘 기업이 된 우아한형제들은 '구성원들이 자발적으로 일할 수 있는 환경을 만들어주면 회사 성과는 자연스럽게 좋아진다.'라는 신념으로 주 35시간 근무제 운영, 개인 평가와 성과급 미운영, 임직원 구분 없는 사무실 운영, 무제한 책 구매 지원 등의 제도를 시행하고 있다.

그들의 HR 제도가 표준은 될 수 없다. HR 제도는 기업의 특성, 규모, 지향 가치에 맞게 설계돼야 한다. 최고경영자가 확고한 철학을 바탕으로 HR 시스템을 구축해 일관되게 운영하면 회사는 독특한 조직문화와 뛰어난 조직역량을 갖추면서 빠르게 성장할 수 있다. 인재 전쟁 시대에 최고경영자는 HR이 회사 성장을 견인할 수 있는 여건을 만들어야 한다. HR 부서는 채용, 평가, 보상 시스템 등의 개별 제도를 견고하게 하는 동시에 전체를 잘 아우를 수 있어야 한다. 각 제도 간의 유기적 연결을 통해 업무 몰입도를 높이고 창의와 협업의 업무 환경을 조성하는 것이 중요하기 때문이다.

다음의 질문에 답하며 최고경영자의 역할, 제도의 적합성, 연계성, HR 부서 역량 등을 종합적으로 점검해보자.

· 회사 미션과 가치에 맞는 인재를 제대로 확보하고 있는가?
· 구성원 중 몇 퍼센트가 즐겁게 출근해 일에 몰입하는가?
· 서로 신뢰하고 소통하며 협력하는 업무 환경인가?
· HR 제도는 투명하고 공정하게 운영되고 있는가?
· 구성원들이 외부 사람들에게 입사를 권유하는가?

흔히 인재를 키우는 일은 그보다 훨씬 더 급해 보이는 일에 우선순위가 밀리기 십상이다. 그래서 우선순위를 두고 꾸준히 밀어붙이는 결단력이 필요하다. 또한 아직은 보이지 않는 직원들의 잠재력에 대한 믿음도 필요하다.

최고경영자 시절 A코치의 고민은 보험회사의 가장 중요한 포지션인 지점장 직책에 대해 많은 직원이 기피한다는 점이었다. 현장 관리자로서 실적 부담과 함께 가장 중요한 영업조직인 설계사의 증원과 육성에 대한 부담 때문이었다. 특히 본사에서 근무하다 지점장으로 발령받은 직원들은 현업 적응과 성과 발휘에 많은 어려움을 겪게 되면서 현장의 사기를 떨어뜨리는 주요 원인으로 지목될 정도였다. 회사의 성공을 좌우할 핵심인재군의 의욕과 역량이 미흡할 경우 경영자의 고민은 깊어질 수밖에 없다.

그간 인사관리 차원에서 여러 우대조치를 취했음에도 지점장이 되는 걸 기피하는 분위기를 바꿀 수 없었다. A사장은 이러한 분위기가 반전되지 않고는 강한 현장을 만들기 어렵다고 판단하고 지점에 근무하는 여성 매니저들에게 주목했다. 그들은 업무지원 직군으로 관리자인 지점장 직군보다 승진율이 매우 낮았다. 그러다 보니 장기근속에도 불구하고 관리직으로 승진하지 못하는 경우가 대부분이었다. 당연히 현재 처우에 대한 불만과 승진에 대한 욕구가 컸다. 그들을 관찰해보니 동기부여를 잘하고 제대로 교육하면 지점장으로 성공할 요소가 많았다. 오랜 현장경험으로 실무에 익숙하고 영업조직의 특성을 잘 이해하고 있었다. 하지만 현장 리더로서의 리더십과 자신감이 문제였다.

A사장은 인사팀에 우수 지점장 자원을 발굴하고 체계적으로 육성함으로써 지점장 자원의 선순환 구조를 만드는 데 더 힘을 집중하도록 요청했다. 여성인력 개발 계획을 수립하고 예비 지점장 교육과정 개발과 인사 우대 등의 조치와 함께 현장의 우수 매니저를 중심으로

지점장 후보를 발탁하도록 했다. 또한 최고경영자가 직접 특강을 하면서 여성인력 개발에 대한 회사의 방침을 설명하고 격려했다. 특히 선배 여성 지점장들의 성공 사례를 발굴해 교육과정에서 선배 지점장들의 경험담을 공유함으로써 '나도 할 수 있다.'라는 자신감을 고취했다. 여성 지점장 가운데 톱 10을 선발해 지역 단장의 비전을 제시하기도 했다.

A사장의 판단은 적중했다. 여성 직원들의 잠재력과 욕구가 분출됐다. 그들의 현장 감각과 여성 리더십이 결합된 결과는 놀라웠다. 영업실적, 설계사의 증원과 육성에 걸쳐 수많은 성공 사례와 함께 여성 지점장들이 스타로 대거 부상됐다. 이렇게 되니 현장의 매니저 출신뿐만 아니라 본사에 근무하던 여성 직원들의 지점장 지원이 늘어났다. 성공은 또 다른 성공을 낳아 많은 여성 인재가 지점장을 지원하도록 하는 선순환을 만들었다. 이제 지점장 포지션은 더는 직원들이 피하는 자리가 아니라 꿈을 펼치는 디딤돌로 인식됐다. 이렇게 발굴된 우수한 여성 지점장은 본사의 영업지원 부서, 업무 부서와 인사 부서 등 주요 부서의 장으로도 발탁됨으로써 현장 중심의 조직문화와 도전적인 사풍을 조성하는 데 크게 기여했다.

HR에도 디지털 변혁이 필요하다

'모든 것은 변합니다. 그러나 근본은 변하지 않습니다.'

명품 브랜드 에르메스의 모토이다. 명품의 혼은 지키면서 세상의 변화에 맞게 진화해 나간다는 의미이다. 세상이 복잡해지고 빠르게 변하고 있다. 창의, 융합, 민첩 등이 조직 운영의 키워드로 주목받고 있다. HR도 근본 철학은 견지하되 시대 변화에 대응해 제도와 시스템을 바꿔나가야 한다. 제도 개선의 큰 흐름을 보면 스펙보다 인성과 잠재력을 중시한 채용, 자기 주도형 학습 활성화, 맞춤형 인재육성, 권한위임 확대 등이다. 그리고 금전적 보상과 승진 등의 외재적 동기부여보다 일의 즐거움과 의미에 초점을 맞춘 내재적 동기부여에 많은 관심이 집중되고 있다.

HR은 전통적으로 경험과 직관의 의존도가 높았다. 문제는 HR 책임자가 바뀔 경우 인재관리의 품질을 고르게 유지하기 어렵다는 것이다. 이제 HR에도 디지털 변혁Digital Transformation이 필요하다. 글로벌 기업들은 HR 데이터 분석 시스템을 통해 전사적 인재관리를 한다. 직원들이 직접 경력을 관리하고 자신에게 필요한 학습 과정, 경험, 지식을 공유하며 HR을 보다 능동적인 시각으로 즐기고 있다. 우리 기업들도 하루빨리 디지털 변혁에 박차를 가해 고도의 분석력을 겸비한 HR로 거듭 태어나야 한다.

비단잉어 코이는 환경에 따라 몸집의 크기가 달라진다. 작은 어항에서는 손가락 마디 하나 정도밖엔 크지 않지만 강에서는 양팔을 벌려야 잡을 수 있을 정도로 자란다. 이와 같이 인재도 어느 조직에서 육성되는지에 따라 그 크기가 사뭇 달라진다. 조직의 역량 자체를 키워놓아야 할 이유다. B급 조직에서는 '탁월한 B급' 인재가 나올 뿐이다. 탁월한 성과를 지속적으로 낼 수 있는 A급 조직이 되려면 프로세스, 시스템, 역량, 문화가 모두 짜임새 있게 선진화돼야 한다. A급 조직을 만들어야만 A급 인재가 나오게 됨을 명심하자.

| 2 |
채용은 엄격하게 육성은 정성 들여 하라

| 핵심 질문 |

- 채용 과정에서 가장 중요시하는 점은 무엇입니까?
- 경영자로서 면접 등 채용에 얼마나 참여하고 계십니까?
- 귀사의 채용 브랜드를 객관적으로 평가하면 어떻습니까?
- 귀사의 핵심인재 육성 시스템의 주요 특징은 무엇입니까?
- 임직원들이 보상 시스템에 대해 어떻게 생각하고 있습니까?

Y코치가 인사실장을 하던 당시에는 대규모 채용이 빈번해 일주일 내내 면접만 보기도 했다. 인재를 뽑기 위해 정성을 들인다고 해도 항상 시간이 문제였다. 짧은 기간에 많은 지원자를 면접하면 아무래도 채용에 실패할 가능성이 커질 수밖에 없다는 우려가 컸다. 그래서

채용 프로세스를 과감히 바꾸어 실무 면접 단계에서 지원자들의 학업적 역량Academic Intelligence보다 실질 문제해결 역량Practical Intelligence을 심도 깊게 검증할 수 있도록 개선했다.

Y코치는 개별 지원자들의 분석력, 문제해결 역량, 발표력 등을 평가하는 분석발표 면접Analysis & Presentation과 롤플레잉Role Playing을 통한 의사소통, 논리적 설득력, 공감 수준 등을 심사하는 그룹토론Group Discussion 그리고 전문가 심층 면접 등을 새롭게 도입했다. 당시에는 획기적인 방식이었다. 차·과장급 우수 사원들을 면접관으로 선발해 면접 역량 향상 교육을 했다. 그들이 면접을 볼 때 지원자들의 출신학교 등을 알 수 없도록 해서 스펙에 따른 인지편향 등의 비합리적인 영향을 최소화했다. 그러나 문제는 역시 시간이었다. 이러한 실무 면접을 하려면 지원자들이 최소 2일 정도의 시간을 내야 한다는 점이었다. 고심 끝에 시행키로 하고 포항 인재개발원에 지원자들을 모아서 1박 2일간 실무 면접을 진행했다.

지원자들이 까다로운 채용 프로세스에 불만이 크면 어쩌나 하는 마음에 지원자들에게 "이번 면접이 어땠어요?"라고 조심스럽게 물어보았다. "이 정도로 투명하고 합리적으로 검증하면 본인이 탈락해도 하등 서운하지 않겠는데요." "이번 면접을 통해 어디에 중점을 두고 구직 준비를 해야 하는지 깊이 실감했습니다." 우려와 달리 지원자들의 만족도는 높았다. Y코치는 그때 어떻게 채용의 방향성을 잡고 프로세스를 설계해야 하는지 확신하게 됐다.

인재 채용이 전부다

인사가 만사다. 경영의 핵심은 인사이고 인사의 핵심은 채용이다. 채용이야말로 경영의 알파이자 오메가다. 최고경영자는 채용에 능동적이어야 한다. 짐 콜린스는 『좋은 기업을 넘어 위대한 기업으로』에서 버스가 '어느 방향으로 갈지'보다 버스에 '어떤 사람을 태울지'를 먼저 결정해야 함을 강조했다. 채용이 가장 중요하다는 얘기다. 채용이 왜 가장 중요할까? 사람의 기질이나 성격은 쉽게 변하지 않기 때문이다. 한 번 잘못 뽑으면 회사는 30년 넘게 고생한다. 첫 단추가 잘못 끼워지면 그 후에는 어떻게 해도 안 되는 것과 마찬가지이다. 피터 드러커는 "당신이 채용에 5분만 사용한다면 잘못 채용된 사람으로 인해 5,000시간을 사용하게 될 것이다."라고 했다. 전혀 과장된 표현이 아니다.

HR 업무의 70퍼센트는 채용이 차지한다. 구글의 채용은 거의 집착에 가까워 90퍼센트라고 보고 있다. HR 예산에서 직원 '교육훈련비'를 10퍼센트 미만으로 배정하는 대신 '채용'에 큰 비용을 투자한다. 직원 한 명을 뽑는 데 150~500시간을 투자하고 있으며 채용 기간이 길어져 업무가 차질을 빚어도 적격자를 찾을 때까지 참고 또 참는다.

구글은 4,000명의 채용을 위해서는 4,000개의 채용공고를 내고 각각의 채용 절차를 진행한다. '구글 상반기 공개채용' 같은 것은 없다. 우리 기업들도 이제 공채보다는 개별채용으로 채용의 전문화를 이루어나가야 한다. 과거 압축 성장, 고속 성장 시대에는 대규모 정기 공채가 당연한 일이었다. 그러나 이제는 상황이 바뀌었다. 초불확실성의 4차 산업혁명 시대에 적합한 다양한 인재를 수시로 뽑는 게 바람직하다. 2016년 한국경영자총협회가 전국 306개 기업을 조사한 결과 대졸 신입사원의 1년 이내 퇴사율이 27.7퍼센트였다. 300인 이상 기업은 9.4퍼센트, 300인 미만 기업은 32.5퍼센트에 이른다. 예전부터 신입사원의 퇴사율은 다른 직급에 비해 높았지만 4명당 1명의 퇴사는 회사와 직원 모두에게 시간 낭비이고 돈 낭비다.

미국의 리더십 전문기관 지에이치스마트ghSMART가 채용 실패로 인한 평균 비용을 직접 경비와 생산성 감소로 추산했더니 해당자의 기본급보다 15배가 많았다. 연봉 10만 달러인 직원 1명을 잘못 뽑았을 때 기업은 150만 달러 이상의 손실을 본다는 뜻이다. 금융 기업 캐피털원Capital One의 전 CEO 리처드 페어뱅크Richard Fairbank는 "많은 기업의 실수는 2퍼센트 시간을 들여 사람을 뽑고 75퍼센트 시간을 이들을 관리하는 데 사용한다는 것이다."라고 했다. 하버드대학교 경영대학원은 5만 명 이상의 직장인을 대상으로 한 연구에서 '나쁜 후보자'를 한 명을 걸러내는 것이 '탁월한 후보자' 한 명을 뽑았을 때보다 재무적으로 2배 정도 긍정적인 효과가 있음을 밝히기도 했다.

인재를 확보하려면 '지피지기'가 필요하다. 그러기 위해서 회사의 비전, 핵심가치, 전략 등이 채용 프로세스에 투영돼야 한다. 채용에서 가장 명심해야 할 점은 간판의 유혹에서 벗어나는 것이다. 그럼에도 채용 실패의 위험은 곳곳에 도사리고 있다. 아무리 매의 눈으로 걸러낸다고 하더라도 채용 단계에서 확인했어야 할 입사 지원자의 민낯을 보지 못하면 낭패를 볼 가능성이 크다. 면접관으로서 스펙에 비중을 두면 채용이 쉬워진다. 그러나 화려한 스펙만 보고 뽑았다가는 채용 실패로 이어지기 십상이다. 글로벌 기업들은 높은 수준의 직무 역량도 중요하게 보지만 그보다 올바른 태도와 가치관을 가진 인재를 중요시한다. 즉 훌륭한 직무 역량과 더불어 기업의 가치나 문화에 맞는 태도와 가치관 등의 소프트한 역량을 겸비한 올바른 사람 Right People 을 뽑는다는 말이다.

구글도 인성이 나쁜 사람을 걸러내는 데 총력을 가한다. 일명 '직장 또라이'를 들어오지 못하게 하는 것을 인재를 채용하는 것보다 더 중시한다. 경력상 똑똑하고 실적이 좋다 하더라도 또라이 3대 원칙에 해당하면 과감히 탈락시킨다. 3대 원칙에 해당하는 사람은 누가 시켜야만 선한 행동을 하는 사람, 지적 겸손이 없는 사람, 평범에 머무르는 사람이다. 그들은 자발적으로 좋은 인성을 드러내는 인재를 원한다. 원래 확고한 견해를 가졌더라도 새로운 정보가 입수되면 언제든지 자신의 견해를 바꿀 수 있는 유연성을 갖춘 인재를 원한다. 새로운 것을 시도하고 차별화를 추구하는 사람들을 찾는다.

어렵게 뽑으면 쉽게 나가지 않는다. '입사는 어렵게, 관리는 쉽게 Hire Hard, Manage Easy.'라는 표현이 딱 맞다. 어렵게 입사한 직원일수록 조직에 대한 애착이 강하다. 따라서 집안에 며느리나 사위를 들이는 심정으로 채용을 진행해야 한다. 그러려면 회사가 원하는 직무 역량,

품성, 가치관 등을 명확히 설정하는 것이 먼저다. 그리고 인턴, 오디션, 다단계 면접 등을 통해 역량과 품성을 다각적으로 검증해 인재를 뽑되 만약 적합한 인재가 없으면 뽑지 않고 다음으로 미루는 게 바람직하다. 최근에는 채용에 빅데이터와 인공지능을 활용하는 기업들이 급증하고 있다. '에이브릴'은 인사 담당자 열 명이 하루 8시간을 꼬박 일주일간 살펴야 할 1만 명의 자기소개서를 단 8시간 만에 빠르고 정확하게 평가했다. 마이다스아이티의 인공지능 면접관 '인 에어'는 카메라를 통해 지원자를 관찰하고 질문을 던진다. 표정을 분석하고 심장 박동과 뇌파까지 체크해 면접 결과를 내놓는다.

   기업의 채용 브랜드를 강화해야 한다. 우리 기업이 뽑고 싶은 인재는 다른 기업도 뽑고 싶을 것이다. 우리 기업의 채용 브랜드가 약하면 애초에 인재가 지원하지도 않을 것이다. 서강대학교 경영대학의 양동훈 교수는 채용 브랜드의 6가지 요소로 경제적 가치, 경력 개발적 가치, 사회적 가치, 다양성, 기업과 CEO의 평판, 윤리적 가치를 꼽았다. 채용 브랜드가 강한 기업의 직원들은 회사의 미션, 경영진, 상사, 조직문화를 긍정적으로 평가하고 업무 몰입도 역시 높은 편이다. 2012년 글로벌 인사 컨설팅 기관 타워스왓슨Towers Watson은 한국 직장인 1,000명을 대상으로 업무 몰입도, 채용 브랜드, 인사 제도 효과성을 조사했다. 고몰입 직원의 70퍼센트가 회사의 채용 브랜드를 긍정적으로 평가했다. 반면 저몰입 직원은 12퍼센트에 그쳤다. 채용 브랜드를 긍정적으로 평가한 직원들은 그렇지 않은 직원들 대비 리더십, 보상, 문화, 조직문화 등에 대해서도 40~50퍼센트 포인트 더 긍정적으로 응답했다. 강력한 채용 브랜드를 갖는다는 것은 조직관리 전반에서 경쟁력을 갖추는 것이다.

구글의 CEO는 주 5일 중 하루는 채용에 사용한다. 구글에 입사한 직원들은 CEO의 최종 결정을 통해서 입사한다. 이것은 래리 페이지Larry Page가 구글의 약 5만 명의 데이터를 최소 한 번씩 모두 봤다는 것을 의미한다. CEO가 인재 채용에 얼마나 정성을 기울이는지 보면 그 회사의 미래를 예상할 수 있다. 삼성그룹 이건희 회장은 "우수한 인재가 1만 명을 먹여 살린다."라며 사장들에게 우수 인재 채용을 강조했다. 삼성전자에 진대제, 황창규, 권오현 등을 영입해 메모리 사업을 세계 1위로 만든 것이 좋은 사례이다. 삼성은 사장 평가 항목에 우수 인재 채용이 포함돼 있어 사장들은 해외 출장 시 시간을 쪼개어 우수 인재 채용을 위해 노력하고 있다. CEO가 그런 열정을 가지고 있다면 핵심인재는 마음을 열고 함께할 것이다. 빌 게이츠가 세계적인 소프트웨어 개발자 아눕 굽타Anoop Gupta를 스카웃하기 위해 자신의 특별 전용기로 만찬에 초대한 일화는 유명하다. 그런데도 그가 끝내 이직을 거절하자 소속 회사를 통째로 사버렸다.

핵심인재 육성에 심혈을 기울여라

최고경영자부터 핵심인재 육성에 심혈을 기울여야 한다. 기업에서 우수 인재를 뽑은 뒤 핵심인재로 성장시키기 위한 제도와 문화 등의 인프라를 견고하게 구축하는 게 중요하다. 실제 기업에서 보면 5내지 10퍼센트의 인재들이 조직 성장을 이끌며 회사 미래를 결정짓는 밸류 드라이버Value Driver이다. 기업들은 저마다 성장을 이끌 핵심 인재를 육성하기 위해 잠재력이 뛰어난 젊은 인재부터 최고경영자 후보군을 선발해 청년 중역회의, 경력 개발, 계층별 리더 양성교육, 액션 러닝, 코칭 등 다양한 프로그램을 체계적으로 운영하고 있다.

포스코는 2000년 초부터 영보드Young Board 제도를 지속 운영하고 있다. 영보드는 차·과장급 중심의 우수 사원으로 구성되며 정기적인 미팅을 하면서 회사 미래에 대해 진지하게 토론하고 개선안을 만들어 최고경영층과 정책 토론회를 한다. 그동안 영보드의 제언 중 상당수가 시행될 정도로 회사 경영에 실질적인 도움을 주는 인재육성 프로그램이다. 멤버들은 영보드 활동을 통해서 여러 부서의 멤버들과 교류하고, 회사 전체를 볼 수 있는 넓은 시야를 갖추며, 최고경영층과 직접 만나 경영철학과 식견을 몸소 체험할 수 있는 일석삼조의 효과가 있다. 실제 영보드 출신 중 상당수가 임원으로 승진했다. 필자들 중 P코치와 Y코치도 영보드 멤버로서 활동했다.

경력 개발 제도는 핵심인재 육성 프로그램 중 가장 효과적이다. 포스코는 주원료 전량을 수입하고 해외 판매 비중이 절반에 가까워 전 세계 곳곳에 생산 공장과 판매 조직을 둔 명실상부한 글로벌 기업이다. 따라서 글로벌 인재 확보와 육성이 HR의 핵심미션이다. 회사는 글로벌 역량을 갖춘 리더들을 육성하기 위해 해외 근무 경험을 임원 승진의 필수조건으로 천명하고 미래 성장성이 높은 인재들이 해외 근무를 선호할 수 있도록 꾸준히 노력했다. 그 덕분에 현재 임원진은 전문역량과 글로벌 식견을 고루 갖춘 리더들로 구성돼 있다.

포스코는 최고경영자나 고위 임원으로 성장 가능성이 큰 인재에게 일찍부터 전략적으로 개인별 맞춤형 경력 개발을 지원한다. 가령 자신의 경력 분야를 뛰어넘는 보직, 그룹의 새로운 TF 미션, 그룹사나 해외법인의 대표나 주요 직책 등을 맡겨 경영 역량을 배양하고 자질을 철저히 검증한다. HR이 주 경력이었던 Y코치는 포스코건설 경영기획본부장을 맡게 됐다. 본인의 경력상 가장 큰 도전이었다. 아무리 일 좀 한다고 HR 출신을 경영기획본부장을 시키는 게 맞느냐는 주변의 우려가 있었다. 하지만 그는 그런 우려를 불식하겠다는 각오로 매진해 그 기대에 부응했다. 회사 살림살이를 책임졌던 3년의 최고재무책임자 경험이 훗날 최고경영자 역할을 하는 데 결정적인 도움이 됐다.

▍평가보상제도는 육성과 협업을 목표로 한다

한국 기업 대부분은 전통적으로 상대평가를 시행해왔다. 상대평가는 강제 할당 방식으로 평가등급을 매기게 되므로 공정성이나 수용성 면에서 논란이 끊이지 않는다. 그럼에도 불구하고 오랫동안 상대평가가 유지돼 온 것은 성과주의 강화 차원에서 제도적으로 차별화가 유리했기 때문이다.

사람들은 보통 자신을 상대적으로 우수하다고 생각한다. 그러다 보니 평가 결과에 만족하는 사람보다 불만족스러운 사람이 많게 마련이다. 불만족스러운 평가 결과는 업무에 대한 의욕 저하로 이어지고 직원들은 평가에 민감해져 정보와 노하우 공유나 협업에 소극적으로 될 수밖에 없다. 난처함은 평가자 입장에서도 마찬가지다. 업적의 차이가 크지 않은데 누구는 A등급이고 누구는 B등급을 주기가 참으로 어렵기 때문이다. 인사실장으로서 평가의 공정성을 강조했던 필자도 평가 시즌만 되면 골치가 아팠다. 인사평가 시즌에 앞서 어떤 직원이 눈에 띄는 사고를 저지르거나 현저하게 성과가 떨어지면 고마운 마음이 들 정도였다. 누군가에겐 C등급를 주어야 하는데 자타가 인정할 만한 사유를 만들어주니 말이다. 이를 보완하기 위해 '캘리브레이션Calibration(최상위와 최하위 집단을 리더들이 토론을 통해 정하는 방식)' '등급 유연제' '평가 이의 신청 활성화' 등과 같은 시스템을 도입했다. 상대평가의 틀 안에서 운영하다 보니 기대만큼의 효과는 거두지 못했다.

물론 절대평가로 전환한다고 해서 상대평가로 인한 평가의 불공정성이 바로 해결되는 것은 결코 아니다. 평가자들이 수시로 피드백하면서 객관적인 데이터를 바탕으로 신중하고 진정성 있게 평가해 피평가자들이 이해할 수 있어야 한다. 인사평가에 대한 임직원들의 불만이 고조되었기 때문에 필자는 혁신 차원에서 전사적인 프로세스 혁신PI, Process Innovation을 시도하고자 상대평가를 절대평가로 전환한 적이 있었다.

시스템 보완과 부서장 대상 평가 경향 피드백 등 절대평가를 내실 있게 운영하기 위한 각고의 노력을 기울였다. 하지만 평가등급의 인플레이션 현상은 갈수록 심해졌다. 처음에는 부서장들이 나름 공정하게 평가하려고 노력했다. 그런데 상향 평가를 한 옆 부서 직원들이 상대적으로 유리해지자 직원들의 압력에 밀려 점점 많은 부서장이 상향 평가를 하게 된 것이다. 인사평가의 주요 기능인 변별력이 크게 훼손돼 할 수 없이 상대평가로 회귀했다. 합리적인 평가 프로세스와 시스템을 갖추어도 평가자들의 평가역량과 성숙된 의식이 부족한 상태에서 의욕에 앞선 나머지 섣불리 절대평가를 도입해 낭패를 보고 말았다.

구성원들의 기여도에 따라 보상을 차등하는 건 맞다. 하지만 회사가 상대평가 결과를 바탕으로 연봉 차등을 크게 두면서 업무 몰입도와 협업을 강조하는 것은 모순이다. 요즘과 같이 창의, 융합, 민첩성이 크게 요구되는 4차 산업혁명 시대에 공정성과 수용성 면에서 논란이 끊이지 않는 상대평가를 기반으로 개인별 보상을 크게 차등하는 것은 비합리적이다. 평가의 주요 기능을 성과 관리Performance Management에서 성과 개발Performance Development로 전환하고 보상도 개인별 차등보다는 협업을 지향하는 방식으로 개선하는 것이 바람직하다. 또한 우리는 그동안 연봉이나 승진과 같은 외적 동기부여에 의존해 조직을 관리해왔다. 일의 의미와 즐거움 등 구성원들의 내적 동기부여를 높이는 데는 소홀히 해온 게 사실이다.

2005년까지만 해도 미국 기업의 49퍼센트가 상대평가를 운영했지만 최근 그 비율이 12퍼센트로 크게 낮아졌다. 특히 구글, MS, GE 등 글로벌 기업들이 좀 더 적극적으로 시대 변화에 맞는 인적자원 관리를 하고 있다. 상대평가를 과감히 폐지하고 리더와 구성원 간 생산적인 피드백을 바탕으로 육성과 협력 지향의 평가보상제도를 도입해 운영하고 있다. 국내에도 LG전자와 두산 등 일부 기업들이 절대평가로 바꾸었다. 그러나 여전히 많은 기업이 개선의 필요성은 인정하면서도 상대평가 제도를 유지하고 있다. 이제는 평가 보상의 기본 개념과 운영 방향을 다음과 같이 바꾸어야 할 때다.

기존	변경
상대평가	절대평가
연 1, 2회 피드백(조사 중시)	상시 피드백(육성 중심)
정량 평가 위주(결과 중시)	정량 + 정성 평가(결과와 과정 모두 중시)
단기성과 위주	단기성과 + 중장기 기여도(특히 임원 계층)
개인 인센티브 중시(단기 위주)	팀 인센티브 중심(단기~중기 혼합)

평가보상제도를 공정하게 운영하기 위해서 합리적인 시스템, 리더의 성숙한 의식과 함께 리더와 구성원 간 상시 피드백이 내실 있게 진행돼야 한다. 필자는 코칭 때 리더들에게 구성원들과 피드백을 어떻게 하는지를 물어보곤 한다. 그러나 선뜻 자신 있게 대답하는 리더가 거의 없다. 구성원들과 신뢰를 공고히 하며 성과 창출과 역량 개발을 효과적으로 하는 데 피드백의 역할은 실로 크다. 리더들은 피드백에 대한 확고한 철학을 가지고 운영 기준을 잘 정립해 정성스럽게

운영해야 한다.

피드백은 크게 수시 피드백과 정기 피드백으로 나눈다. 수시 피드백은 일상 업무의 진척 정도 점검과 이슈 해결을 위한 아이디어 공유 등을 중심으로 대면 또는 온라인으로 실시한다. 정기 피드백은 적정 주기별로 실시하며 연간 목표 달성도 점검이나 경력 개발, 개인 애로사항 해결 등을 다룬다. 의미 있는 정기 피드백이 되려면 피드백 시간을 사전에 정하고 면담자와 피면담자 공히 사실에 기반한 자료를 모으며 성실하게 피드백을 준비하는 게 중요하다. 또한 리더는 구성원에게 피드백하는 것만이 아니라 솔직한 역피드백도 받아야 한다. 그래야만 소통과 개발 지향의 피드백 문화가 정착될 수 있다. 그리고 수시 또는 정기 피드백의 내용을 축적해 직원 개발과 평가에 활용해야 한다.

피드백 결과를 축적 활용하는 데는 IT 시스템을 개발하고 운영하는 것이 효과적이다. 실시간 소통을 위한 IT 인프라를 구축해 온라인으로 대화하거나 대화 내용을 축적하고 관리할 수 있는 시스템을 개발하는 것이다. GE는 PD@GE 앱을 개발해 실적 관련 의견을 마치 SNS를 이용하듯 이모티콘과 짧은 코멘트를 통해 교환하고 있다. 이러한 온라인 피드백을 바탕으로 상사와 직원 간에 역량 개선에 대해 언제 어디서든 논의할 수 있다.

평가보상제도의 궁극적인 목적은 구성원들을 동기부여해서 업무에 몰입하도록 하는 것이다. 또한 회사 성과 창출에 이바지하며 회사와 구성원이 함께 성장하는 것이다. 이 관점에서 그간 평가보상제도를 잘 운영해왔는지 자문해보자. 우리는 상대평가를 통해 파이를 어떻게 나눌지에 초점을 두었지 더 큰 파이를 만드는 데 소홀했다. 그러다 보니 제도가 실질을 지배하는 상대평가의 부작용을 알면서도 어쩔 수 없는 것으로 치부했다. 인재가 가장 중시되는 4차 산업혁명 시대에 핵심 성공 요인은 바로 구성원들이 즐겁게 일에 몰입하고 서로 긴밀하게 협업하면서 시너지를 크게 창출하는 것이다. 평가보상제도가 이를 잘 뒷받침할 수 있도록 과감한 관점 전환과 제도 혁신이 필요한 시점이다.

|3|
학습 민첩성과 감성지능을 갖춰라

| 핵심 질문 |

- 인재육성에 대한 철학과 전략은 무엇입니까?
- 귀사의 학습조직 운영의 우수 사례를 소개해 주시겠습니까?
- 평소 귀사의 학습 민첩성에 대해 얼마나 고민하고 계십니까?
- 구성원들의 감성지능을 높이기 위해서는 어떻게 해야 할까요?
- 인재육성에 디지털 기술들을 얼마나 잘 활용하고 있습니까?

2020년 세계경제포럼WEF이 발표한 「일자리의 미래」 보고서에 따르면, 미래 인재의 핵심 역량 10가지는 다음과 같다.

1. 복합 문제 해결 Complex Problem Solving

2. 비판적 사고 Critical Thinking

3. 창의력 Creativity

4. 인적자원 관리 People Management

5. 협업 Coordination with Others

6. 감성지능 Emotional Intelligence

7. 의사결정 Judgment and Decision Making

8. 서비스 지향성 Service Orientation

9. 협상 Negotiation

10. 인지적 유연성 Cognitive Flexibility

부동의 1위는 복합 문제 해결 역량이며 2, 3위는 비판적 사고, 창의력 순이다. 초불확실성 시대에 새로운 상황이나 예기치 못한 이슈에 대응해 최적의 솔루션을 찾아내는 역량들이다. 4~6위는 인적자원 관리, 협업, 감성지능으로 타인을 이해하고 함께 노력하며 시너지를 만들어낼 수 있는 대인관계 역량을 꼽았다. 한마디로 4차 산업혁명 시대는 '명석한 머리'와 '따뜻한 가슴'을 고루 갖춘 인재를 원한다는 뜻이다. 기업에서 이러한 인재를 효과적으로 육성하기 위해 구성원들의 학습 민첩성 Learning Agility 제고와 감성지능 개발에 집중해야 함을 강조하고 싶다.

▍학습 민첩성이 인재의 공통 역량이다

구글의 전 인사 담당 임원 라즐로 복Laszlo Bock에게 구글 채용에서 공통으로 중요한 하나의 역량을 물었다. 그는 '학습 능력'을 꼽았다. 학습 능력이 입사 후 구글에서의 성공 여부를 가장 잘 예측할 수 있는 요인으로 본 것이다. 세계적인 리더십 전문기관 크리에이티브 리더십 센터CCL, Center for Creative Leadership의 롬바르도Michael M. Lombardo와 아이싱어Robert W. Eichinger는 2000년에 중요한 논문을 발표했다. 그들은 유수 글로벌 기업에서 높은 성과를 달성한 수백 명의 리더를 대상으로 심층 면접을 하고 행동 특성을 도출해 육성 모델을 개발하고자 했다. 하지만 공통의 성공 요인으로 묶이는 게 별로 없었다. 제각각 요인이 달랐기 때문이다. 그러나 마지막으로 하나의 공통요인이 남았다. 바로 학습 민첩성이다. 변화가 빠르고 변수가 많은 환경에서는 새롭게 배워야 할 것들이 넘쳐난다. 그래서 요즘 기업은 재무적 자본보다는 학습 민첩성이 뛰어난 인재 확보에 더 관심을 기울인다. 인재와 아이디어만 있으면 돈의 조달이 예전보다 쉬운 시대가 됐기 때문이다.

글로벌 초일류 기업의 공통 DNA는 바로 학습조직이다. 피터 센게Peter Senge 교수에 따르면 학습조직이란 조직 구성원들이 진정으로 원하는 성과를 달성하도록 지속적으로 역량을 확대하고 새롭고 포용력 있는 사고 능력을 함양하며 학습 방법을 공유하면서 지속적으로 배우는 조직이라고 정의했다. 조직이 진정한 학습 조직화가 되기 위해서는 학습 민첩성을 갖추어야 한다. 학습 민첩성이란 조직 구성원들이 열린 자세로 배우고자 하는 태도를 말한다. 이를 갖추기 위해서는 구성원들의 열린 마음, 자발성, 몰입을 끌어내는 분위기 조성과 학습하는 문화가 필요하다. 초일류 기업 DNA 실현을 위해 학습조직이 필요조건이라면 학습 민첩성은 충분조건이다.

3M은 지속적인 혁신을 통해 장기간 성장해온 가장 모범적인 학습조직 기업이다. 근무시간의 15퍼센트는 업무 외의 다른 일을 할 수 있도록 해 신제품 아이디어 개발을 유도하고 있다. 이 회사는 기술적인 지식경영 시스템을 잘 갖추고 있으며, 지식공유와 새로운 지식의 창출을 활성화하는 조직의 메커니즘이 제대로 정립돼 있다. 특히 구성원 간 접촉 기회를 늘려 전사 차원의 인적 네트워크를 형성하게 한다. 아울러 지식 창출과 공유를 활성화하는 강력한 지원과 인정 프로그램을 운영하고 있다.

구글이 1등이 될 수 있었던 비결도 학습조직 덕분이다. 구글의 제도, 조직문화, 복지 등 모든 것이 학습을 장려하는 문화와 연결돼 있다고 해도 과언이 아니다. 학문적인 커뮤니티와의 활발한 연구 활동을 유지하고, 20퍼센트 규칙을 통해 근무시간의 20퍼센트를 자신의 일과는 상관없는 일을 하도록 허용하고 있다. 구글은 이러한 제도를 통해 직원들이 창의성을 발휘하고 혁신적이 될 수 있도록 권한을 위임하고 실패를 허용한다. 많은 프로젝트가 실패하지만 그 실패를 통해 뭔가를 배우게 된다. 그런 과정을 통해 성공한 프로젝트는 매력적인 비즈니스로 탄생하고 있다.

포스코는 돈, 기술, 인력이 부족한 3무無에서 출범했으나 '자원은 유한, 창의는 무한Resources Limited, Creativity Unlimited'을 모토로 끊임없이 배우고 개선하는 학습 문화를 구축해 글로벌 최고의 철강 경쟁력을 유지하고 있다. 근래에는 온라인 학습 플랫폼을 운영해 직원들이 서로 배우며 성장하는 공간으로 활용하고 있다. 지식 공유 채널인 '포스위키POS-We:Key'는 임직원 참여 기반의 온라인 백과사전으로 우리We를 키우는 성장의 열쇠Key라는 의미를 담고 있다. 업무지식이나 경력 개발과 관련해 묻고 답하는 플랫폼이다. 그리고 직무 노하우를 영상 콘텐츠로 직접 개발하는 '포스튜브POSTube'를 통해 학습 콘텐츠를 공유하고 있다.

▌디지털 학습 플랫폼을 활용하라

주 52시간제로 교육의 제약이 커졌다. 현장의 학습 니즈가 갈수록 다양해지고 한 분야의 지식의 절반이 쓸모없는 것으로 바뀌는 데 걸리는 시간의 길이, 즉 지식 반감기가 점점 짧아지고 있다. 회사의 전통적인 교육 훈련만으로는 역부족이다. 학습 운영의 주체를 과감히 현장 중심으로 바꿔야 한다. 디지털 기술 덕분에 마이크로 러닝, 소셜 러닝 등을 통해 언제든Anytime, 어디서든Anywhere, 무엇이든Anything 가능한 3A's OK 교육이 이루어지고 있다. 그리고 대규모 온라인 공개강의MOOC와 유튜브 등 외부의 우수한 과정들을 쉽게 활용할 수 있다.

따라서 학습 콘텐츠의 직접 생산뿐만 아니라 양질의 외부 콘텐츠를 적절히 큐레이션하는 역량을 갖추어야 한다.

직원들의 학습 니즈가 실로 다양하므로 현장 부서별로 학습체계를 자체 운영할 수 있도록 권한을 위임할 필요가 있다. 아울러 직원들이 스스로 역량 개발을 할 수 있도록 사내외 과정들을 자유롭게 선택하게 하는 방안을 추천한다. HR 부서는 꼭 필요한 과정 중심으로 정규 교육을 내실 있게 추진하고 다양한 사내외 학습 과정을 모은 디지털 학습 플랫폼을 만들어 역량 진단, 과정 설계 지원, 자기 주도의 맞춤형 학습 상담을 할 수 있도록 지원하는 것이 바람직하다.

직원들은 무엇을 통해 성장할까? '70(일):20(관계):10(교육 훈련)'의 인재육성 모델을 보면 70퍼센트는 실제 업무 경험을 통해서, 20퍼센트는 타인과의 상호작용을 통해서, 그리고 10퍼센트는 전통적인 교육을 통해서 성장한다. 경력 개발, 도전 과제, 코칭, 멘토링, 실행 공동체 등 일터(70+20)에서 벌어지는 무형식 학습의 중요성을 강조하는 모델이다. 최신 디지털 기술의 급속한 발전으로 인해 교육의 공간, 시간, 방법 등이 획기적으로 바뀌면서 현장의 다양한 무형식 학습이 빠르게 부상하고 있다. HR은 70(일)+20(관계)+10(교육 훈련)의 합이 100을 상회할 수 있도록 시너지를 극대화하는 지혜가 필요하다. 교육 훈련 비중이 10이라고 해서 소홀히 하는 것은 어리석다. 몸이 건강해지려면 영양소를 고르게 섭취해야 하는 것과 같은 이치다. 일과 관계를 통해 인재육성이 효과적으로 이루어질 수 있는 것에 초점을 맞춰 교육 훈련 프로그램을 운영하는 게 바람직하다.

최근 국내외 교육 전문기관들이 디지털 기술을 활용해 학습 방법과 콘텐츠 면에서 기업이 따라가기 어려운 전문성과 민첩성을 갖춘 프로그램들을 많이 선보이고 있다. 이를 적극적으로 활용하기 위해 HR 직원들은 '노웨어Know-where'역량을 갖추어야 한다. 국내외 콘퍼런스와 전문가 포럼에 수시로 참여해 에듀테크의 발전 동향을 제때 파악해야 한다. 아울러 외부와의 파트너십을 통해 기업에 가장 적합한 프로그램을 선별해 학습 포트폴리오를 지속적으로 보완해가야 한다. 그래야만 현장의 학습 민첩성을 촉진하는 학습 큐레이터로 인정받을 수 있을 것이다.

감성지능 개발에는 오랜 시간이 걸린다

감성지능이란 타인의 입장에서 그 사람을 진정으로 이해하고 관계를 좋게 유지하는 능력이다. 기쁨, 슬픔, 우울, 설렘 등의 감수성과는 다른 개념이다. 자신의 감성을 활용해 이성적 능력을 강화함과 아울러 타인의 감성을 파악해 인간관계에 효과적으로 활용하는 능력을 말한다. 쉽게 말해 눈치가 빠른 사람이 감성지능이 높은 사람이다. 상대방의 감정을 잘 읽어내는 사람은 상대가 무엇을 원하는지 간파하는 능력이 뛰어나다. 리더는 자신의 감정을 잘 다스리고 구성원들의 욕구와 정서를 제대로 파악하고 관리하면서 목표를 달성해야 한다. 감성지능이 높을수록 당연히 성공할 확률이 높아진다.

리더십 전문가인 토머스 네프Thomas J. Neff와 제임스 시트린James M. Citrin은 저서 『최고가 되려면 최고를 만나라』를 통해 미국에서 가장 성공한 비즈니스 리더 50명의 15가지 공통 자질을 제시했다. 그중 3개만이 지적 자질과 기술적 자질이고 나머지 12개는 감성적 자질이다. 지적 자질과 기술적 자질은 성공하는 리더가 되는 필요조건이긴 하나 충분조건은 아니다. 진정으로 성공하는 리더가 되려면 감성지능이 우수해야 함을 의미한다. 심리학자 대니얼 골먼Daniel Goleman의 주장에 따르면 성공한 리더와 그렇지 못한 리더의 차이는 지능지수IQ보다 감성지능지수EQ에 의해 크게 좌우된다. 리더는 약 80퍼센트의 감성지능과 20퍼센트의 지능이 적절히 조화를 이룰 때 리더십을 가장 효과적으로 발휘할 수 있다. 지능은 선천적으로 타고나는 기질이다. 노력해도 거의 변하지 않는다. 반면 감성지능은 노력 여하에 따라 충분히 향상할 수 있다. 다만 감성지능 개발은 오랜 시간의 훈습薰習 과정을 거쳐야 해서 지속적인 관심과 부단한 노력이 필요하다.

리더는 물론, 실제 중추적으로 일을 수행하는 구성원들의 감성지능도 높여야 한다. 그래야 구성원들이 서로 신뢰하고 협업하며 탁월한 성과를 창출하는 건강한 조직을 만들 수 있다. 또한 감성지능 개발은 기나긴 훈습이 요구되는 만큼 리더가 되고 나서 감성지능을 향상하려는 것은 자칫 만시지탄晩時之歎이 될 수 있다. 리더가 되기 전부터 사람들과 어울리며 그들을 이해하고 니즈나 관심사를 잘 간파할 수 있도록 감성지능 개발에 관심을 갖게 해야 한다. 그러기 위해서 먼저 리더들이 솔선수범해 코칭 리더십을 아낌없이 발휘하는 게 중요하다. 시집살이를 호되게 한 며느리가 더 엄한 시어머니가 되듯이 지시와 통제 중심의 보스형 리더 밑에서 커온 사람들에게 높은 감성지능을 기대하는 것은 무리다.

리더는 인정과 칭찬 그리고 효과적인 피드백을 통해 구성원들의 업무 몰입도를 높이고 일의 의미, 즐거움, 성장 등 내적 동기를 부여하며 부분의 성과보다 전체의 성과를 중시해야 한다. 그런 리더와 함께 일을 하는 구성원들은 리더들을 보고 배우면서 감성지능이 자연스럽게 몸에 배게 될 것이다. 구성원들은 '리더가 하라는 대로 하는 게 아니라 리더가 행동한 대로 따라 한다.'

그리고 긍정적인 조직문화 구축을 위해서도 전사적인 노력을 기울여야 한다. 필자의 경험으로는 회사 전반에 긍정적인 분위기를 확산하는 데 '감사 나눔'만한 게 없다고 본다. 세계적인 감사 권위자인 미국 캘리포니아대학교 데이비스 캠퍼스의 로버트 에몬스Robert A. Emmons 교수가 50여 개국의 192개 회사를 대상으로 감사가 조직에 미친 영향을 조사한 결과 직무 만족, 생산성 향상, 팀워크 향상 등 조직문화 전반에 긍정적인 영향을 크게 미쳤다고 한다.

포스코ICT 사례를 소개해보겠다. 포스코ICT는 2010년 1월 포스코 그룹 내 IT 회사인 포스테이타와 시스템 엔지니어링 회사인 포스콘이 합병돼 출범한 회사다. 설립 초기 양사 출신 간에 갈등이 마치 물과 기름과 같이 심했으며 2009년 업무 몰입도가 겨우 43퍼센트로 그룹 내 꼴찌였다. 현재 전문 코치로 활동 중인 허남석 당시 최고경영자는 감사 나눔을 통해 조직문화를 쇄신하기로 하고 '1일 5감사' '소중한 사람에게 100 감사 쓰기' '감사일기' 등을 전사에 확산했다.

그 결과 2011년 말 업무 몰입도가 84퍼센트로 나오면서 500여 일 만에 그룹 내 꼴찌에서 최고로 탈바꿈하는 놀라운 변화를 보여주었다. 포스코는 이를 계기로 그룹 차원에서 감사 나눔 운동을 본격 시작하게 됐다. 포스코가 2014년 업무 몰입도 결과를 분석해보니 감사 나눔을 적극적으로 실천한 직원과 그렇지 않은 직원 간의 업무 몰입도는 각각 88점과 46점으로 나타났다. 회사는 감사 나눔이 업무 몰입도에 실로 큰 영향을 미치게 됨을 깨닫게 됐다.

기업이 고성과를 지속 창출하기 위해서는 똑똑함과 건강함을 고루 갖추어야 한다. 글로벌 컨설팅 업체 맥킨지에 따르면 똑똑함과 건강함 중 하나만 갖춘 기업보다 둘 다 갖춘 기업이 훨씬 높은 결과를 창출해냈다. 우리가 명석하면서도 따뜻한 가슴을 갖춘 인재를 육성해야 하는 이유는 이들이 없이는 '똑똑하고 건강한 조직 만들기'는 한낱 구호로만 그칠 수 있기 때문이다.

공자는 '학이시습지 불역열호學而時習之 不亦說乎'라고 말했다. 리더들은 솔선수범을 보이며 학습 민첩성을 조직의 핵심 역량으로 강화해야 한다. 아울러 진정성 있는 코칭 리더십을 발휘해 배려와 협업으로 긍정적인 조직문화를 구현하는 데 앞장서야 할 것이다. 그러한 환경에서 성장해 명석함과 따뜻함을 겸비한 인재들은 격변의 시대에 위기를 새로운 도약의 기회로 삼으면서 밝은 미래를 선사할 것이다.

|4|
강점에 집중하고
약점은 관리하라

| 핵심 질문 |

- 본인의 강점과 약점은 무엇입니까?
- 본인의 강점과 약점을 어느 정도의 비중으로 관리합니까?
- 평소 구성원들의 강점 개발을 위해 어떤 지원을 하고 계십니까?
- 강점 기반의 조직문화를 구축하기 위한 방법은 무엇입니까?

필자들이 신입사원에서 최고경영자까지 경력을 쌓으며 성공할 수 있었던 요인은 무엇일까? 그건 자신의 강점에 초점을 맞추고 역량과 리더십을 개발했기 때문이라고 생각한다. 우리뿐만 아니라 훌륭한 리더들은 모두 약점이 없는 게 아니라 강점이 큰 사람, 즉 강점으로 약점을 보완한 사람이라고 말할 수 있다. Y코치는 2018년 8월 강점 코치 전문과정에 들어와서 강점 진단을 받은 결과 톱 5 재능 테마가 수집, 개별화, 발상, 성취, 지적 사고였다. 그는 그 결과에 다소 놀랐다. 하지만 자신의 회사 생활을 돌아보니 이해가 됐다.

그가 1983년 8월 포스코에 입사한 후 첫 번째로 맡게 된 과제가 '광양 제철소 건설 인력 계획 수립'이었다. 처음에는 어떻게 해야 하나 막막하고 답답했지만 방대한 자료들을 열심히 모아 공부하고 선배들에게 하나하나 배워가면서 과제를 수행했다. 치열한 학습과 고민을 하며 3개월간 보고서를 작성했다. 상사들은 그 보고서를 보고는 칭찬을 아끼지 않았다. '수집'의 재능이 빛을 발하는 순간이었다. 그 후로도 괜찮은 자료들만 보면 '나중에 내 일과 어떤 관련이 있을까?' '나중에 어떤 작업에 활용할 수 있을까?'를 생각하며 자연스럽게 수집에 열을 올렸다. 그러한 자료들을 필요 시 유감없이 활용해 짧은 기간에 훌륭한 성과를 만들어냈다. 되돌아보면 수집이라는 재능을 자연스럽게 강점으로 활용했다. 그러다 보니 줄곧 상사들의 인정을 받으며 최고경영자까지 오를 수 있었던 게 아닐까 하는 생각이 든다.

'개별화'의 재능 또한 그때는 몰랐다. 인사팀장 시절의 일이다. 매년 정기 승진 발령을 내야 하는 의례적인 일 앞에서 문득 '이왕이면 기쁜 소식을 기쁘게 전달하자.'라는 생각이 들었다. IT 부서에 자초지종을 설명하고 승진자들이 출근해 PC를 켰을 때 축하 메시지가 팝업창에 뜨게끔 했다. 축하 메시지는 회장, 사장, 제철소장의 승진 축하 편지였다. 이게 직원들에게 예상치 못한 감동을 주면서 빅히트를 쳤다. 또한 보임이나 해외 요원 선발 시 탈락한 직원들에게는 일일이 전화해 탈락 사유를 설명해주고 '다음에 어떻게 하면 잘될 것'이라고 조언과 격려를 해주었다. 무미건조하게 결과만 통보하더라도 아무도 이상하게 생각하지 않았을 일이지만 Y코치의 '개별화'의 재능이 강점으로 작용했다.

아잔 브라흐마Ajahn Brahmavamso Mahathera는 영국의 케임브리지대학교 이론물리학과를 졸업하고 뜻한 바가 있어 불교에 귀의했다. 현재 존경받는 명상 스승인 그는 통찰력 있는 법문으로써 힘든 시기를 보내는 사람들에게 깊은 영감을 주고 있다. 30년 이상 수행승으로 지내면서 겪은 얘기 중 초창기에 태국의 아잔 차 스승과 왓농파농 숲속에 처음 절을 지으면서 일어난 실화를 소개한다.

절터를 닦고 벽돌을 쌓아 절의 외관을 만들기 위해 한 번도 해보지 않은 벽돌 쌓기에 혼신의 힘을 다했다. 마침내 한쪽 벽면을 완벽히 만들었다. 남들보다 더 큰 노력을 들여 완성한 벽을 바라보며 스스로 감탄하던 중 각도가 약간 어긋난 벽돌 두 장이 눈에 거슬리는 것이 아닌가. 그 벽돌 두 장이 벽 전체를 망치고 만 것이다. 다시 허물고 새로 시작하려면 또 많은 시간과 노력을 들여야만 했다. 결국 그 못난 벽을 그대로 둔 채 절을 완성하고 방문객을 받았다. 브라흐마 스님은 최대한 그 벽이 보이지 않도록 신경을 썼다.

어느 날 한 방문객과 함께 절을 거니는데 방문객이 그 벽을 보고서 "매우 아름다운 벽이군요."라고 말했다. 스님은 "두 장의 벽돌이 전체를 망쳐놓은 것은 안 보이시나요?"라고 답했다. 그러자 방문객이 "물론 내 눈에도 두 장의 벽돌이 보이지만, 더없이 훌륭하게 쌓아 올린 998장의 벽돌도 보입니다."라고 말했다. 이를 계기로 브라흐마 스님은 자신과 삶을 보는 시각을 근본적으로 바꾸게 됐다. 그는 여러 강연에서 잘못된 벽돌 두 장에 대한 경험을 소개했다.

혹시 당신도 벽돌 두 장에 연연하고 있지 않은가? 실수로 잘못 쌓아 올린 벽돌을 부끄러워하면서 숨기고 있지는 않은가? 부하들이나 조직 전체를 그러한 시각으로 바라보고 있지는 않은가? 벽은 전혀 흉한 모습이 아니었다. 그 방문객이 말한 대로 '매우 아름다운 벽'일 수 있다. 어쩌면 수많은 건축물의 특별한 점은 바로 '최선을 다한 실수'일지도 모른다.

▍강점을 활용하지 못하는 게 비극이다

강점에 대한 통찰은 역사가 깊다. 1700년대 벤저민 프랭클린은 "인생의 진짜 비극은 천재적인 재능을 타고나지 못한 것이 아니라 이미 가진 강점을 제대로 활용하지 못하는 것이다."라며 강점의 중요성을 피력했다. 1967년 피터 드러커는 저서『피터 드러커의 자기경영노트』에서 "사람은 약점을 통해서 성장할 수 없다. 더 좋은 결과를 얻기 위해서는 모든 사용 가능한 강점들을 이용해야 한다. 강점이야말로 진정한 기회다. 강점을 개발할 때 우리 삶은 더 풍족해진다."라고 말했다.

그럼에도 여전히 많은 조직이나 사람들은 약점 보완에 관심을 더 기울인다. 강점 컨설턴트인 대니 리Danny Lee는 이와 관련해 이렇게 말했다.

"미국의 UCLA 대학교에서 신입생을 대상으로 실험을 하나 했어요. 종이를 주고 자기 약점을 적게 했습니다. 그다음에는 강점을 적으라고 했어요. 그 둘을 비교했더니 약점 리스트가 무려 6배나 더 길었습니다. 명문대에 이제 막 들어온 당차고 능력 있는 친구들조차도 자신의 강점에 대한 인식이 약점보다 현저히 떨어졌습니다."

약점을 극복하는 데 집중하는 건 바람직하지 못하다. 약점은 결코 강점이 될 수 없다. 음악적 재능이 없는 아이에게 많은 돈과 시간을 투자해 바이올린을 가르쳐도 탁월한 연주자가 되기 어렵다는 게 정설이다. 천부적 재능을 기반으로 치열하게 기량을 닦을 때 위대한 챔피언이 될 수 있다. 그러나 주위를 살펴보면 자신의 재능이 무엇인지조차 모르거나 무관심한 사람들이 의외로 많다.

갤럽은 50년 넘게 재능, 강점, 성공에 관해 연구하면서 탁월한 성과를 내는 요인을 밝혀냈다. 바로 약점 보완에 치중하지 말고 강점 개발에 집중해야 한다는 점이다. 여기서 강점은 특정 분야에서 일관되게 완벽에 가까운 탁월한 성과를 낼 수 있는 능력을 말한다. 또 하나 유의할 점은 스트렝스 파인더Strength Finder는 강점이 아니라 재능을 측정한다는 점이다. 톰 래스Tom Rath와 도널드 클리프턴Donald O. Clifton의 공저『위대한 나의 발견 강점혁명』을 보면 재능을 찾는 궁극적인 목표가 바로 강점을 만드는 것이기 때문에 이름이 '탤런트 파인더'가 아니라 '스트렝스 파인더'가 됐다. 스트렝스 파인더는 총 4개 분야 34개 재능 테마로 구성돼 있다. 다음은 진단 결과 분야별로 재능이 많이 나온 순으로 정리한 것이다.

분야	재능 테마
실행력	성취, 책임, 복구, 정리, 공정성, 심사숙고, 신념, 집중, 체계
영향력	최상화, 커뮤니케이션, 사교성, 승부, 행동, 존재감, 주도력, 자기확신
대인관계 구축	절친, 화합, 공감, 적응, 긍정, 개발, 개별화, 포용, 연결성
전략적 사고력	배움, 전략, 수집, 발상, 분석, 미래지향, 지적 사고, 회고

강점 진단을 받으면 누구나 34개 재능에 1에서 34의 서열이 매겨진다. 서열이 높을수록 일상생활에서 자연스럽게 발현되고 서열이 낮을수록 발현의 정도가 떨어진다는 뜻이다. 재능은 자연스럽게 생각하고 느끼고 행동하는 반복적 패턴이다. 가령 힘들이지 않고 처음 보는 사람들과 자연스럽게 대화를 시작하는 사람은 '사교성' 테마가 강하고, 우선 생각하기보다 당장 실천하기를 원하는 사람은 '행동' 테마가 뛰어나고, 일을 진행하는 데 여러 대안을 잘 만드는 사람은 '전략' 테마가 강한 것이다.

보통은 세월이 지나면 사람이 바뀐다지만 과연 그럴까? 뉴질랜드에서 1,000명의 아동을 23년간 관찰한 결과 3세에 보였던 성격과

26세가 됐을 때의 성격이 놀라울 정도로 유사했다고 한다. 그래서 스트렝스 파인더의 재능 테마들은 모두 변화 가능성이 낮은 성격 요소들로 구성돼 있다.

강점에 집중해야 탁월해진다

미국 네브래스카대학교 연구팀이 3년간 1,000명이 넘는 학생들을 대상으로 읽기 속도를 측정했다. 읽기 속도가 평범한 학생들은 분당 평균 '90단어'를 읽었고 읽기 속도가 뛰어난 학생들은 분당 평균 '350단어'를 읽었다. 약 4배 정도로 뛰어난 성과를 보였다. 연구팀이 그들에게 속독 훈련을 하고 다시 측정해보니 놀라운 일이 벌어졌다. 평균인 학생은 '150단어'까지 읽을 수 있게 돼 애초보다 1.7배 정도 향상된 것에 반해 분당 '350단어'를 읽었던 학생들은 '2,900단어'까지 읽으면서 무려 8.3배가 향상된 것이다. 재능이 있고 없음의 차이가 극명함을 보여주는 좋은 사례이다.

2021년 6월 기준 전 세계적으로 2,500만여 명이 강점 진단을 받았다. 강점 진단을 통해 알게 된 A코치의 5개 재능 테마는 배움, 성취, 미래지향, 승부, 수집이다. A코치는 강점 진단을 통해 본인의 재능 테마들이 그동안 어떻게 자신의 커리어에 영향을 끼쳐왔는지 명확히 알게 됐다. 특히 배움 재능은 A코치가 경영자로 성공하는 데 가장 큰 역할을 했다.

A코치는 자신의 인생에서 가장 큰 화두가 '배움'이었다고 한다. 그는 새로운 과업을 맡는 것을 두려워하지 않았고 무엇을 배울 수 있을까 하는 호기심이 앞서 즐겁게 임했다. 또 회사에서 모두가 꺼리는 새로운 업무를 기꺼이 맡아서 성공적으로 추진하는 원동력이 됐다. 법인고객 중심의 영업 환경에서 개인보험이 급성장하는 전환기를 맞이했을 때는 현장 혁신 프로젝트를 담당해 개인영업의 주력인 설계사 채널과 지점망을 확충하고 연고 영업 중심에서 개척 영업을 활성화했다.

은행의 보험 판매를 허용하는 방카슈랑스 도입기에는 기존의 영업본부들이 방카슈랑스에 대해 무관심하게 대응하자 기획 담당 임원으로서 방카슈랑스 본부장을 겸임하며 방카슈랑스 영업채널에서 손보업계 1위의 입지를 확고하게 구축했다. 법인영업 총괄 부사장 시절에는 혁신을 통해 천수답 형태의 영업을 수리안전답 영업으로 전환했다. 법인영업은 B2B 영업을 담당하는 채널로 개인영업을 담당하는 채널과는 보험 종목과 영업 방식이 다르다. 법인영업 부문을 처음으로 맡게 되자 서점에 가서 B2B 영업에 관한 책을 모두 사서 학습을 했다. 그중에 이마무라 히데아키가 지은 『보스턴컨설팅그룹의 B2B 마케팅』이라는 책의 택시 기사에 관한 내용이 관심을 끌었다.

실적이 좋은 기사는 다른 기사들보다 지혜롭게 돈을 더 벌고 있다. 그들의 영업전략을 보면 세 가지 특징이 있었다. 첫째, 택시를 이용할 사람이 나올 확률이 높은 도심빌딩의 출입구나 거리를 시간대별로 도표화해 승객이 하차한 위치에서 가장 가까운 곳으로 향한다. 둘째, 자신만의 단골고객을 만들어서 휴대전화로 연락을 받고 마중하러 가거나 주말에 골프장으로 왕복 운행하는 이른바 자가용화 전략을 활용한다. 셋째, 업무상 빈번히 상경하는 유력한 고정고객을 전국적으로 만들어서 상경했을 때는 시내의 발로서 반드시 자신의 택시를 이용하도록 만든다. 이처럼 실적이 좋은 기사의 노력은 일일이 열거할 수 없을 정도인데 공통점은 단순하다. '과연!'이라는 생각이 들 만큼 이치에 맞는 필승 패턴을 지니고 있다는 점, 나아가서 이러한 필승 패턴을 지속적으로 업그레이드한다는 점이다. 이와 같은 마케팅 로직을 가졌는가 아닌가가 실적을 결정적으로 좌우한다.

이러한 관점에서 법인영업 부문의 영업 형태를 살펴보니 부서별 영업실적이 한 해가 좋으면 그다음 해에는 나빠 고전하는 패턴을 반복하고 있었고 영업 형태도 잠재고객의 발굴 없이 개인적인 성향과 네트워크에 따라 매우 비체계적이었다. 따라서 현재의 영업 형태를 비체계적인 영업 또는 천수답 영업으로 규정하고 과학적 영업 또는 수리안전답 영업으로 혁신하고자 했다. 그러기 위해 몇 가지 원칙과 시스템을 정립하고 체질화에 집중했다.

첫째, 소멸성 보험에 치중하기보다 매년 갱신되는 보험에 영업력을 집중했다. 둘째, 지속적으로 잠재고객을 발굴하고 그중에서 타깃 고객을 선정해 체계적으로 영업활동을 전개했다. 셋째, 영업활동을 6단계(정보 수집과 거래처 선정, 거래처 접촉, 니즈 파악과 주요 요인 확인, 제안과 허들의 제거, 조건 협의와 계약 체결, 사후 관리)로 체계화한 시스템을 구축해 관리했다. 그리고 우수사례를 발굴해 시상하고 공유했다. 넷째, 임원과 법인영업 총괄이 전략적 거래처에 대한 영업활동을 적극적으로 지원했다. 이러한 원칙을 수립하고 체질화함으로써 천수답 형태의 영업을 수리안전답 형태의 영업으로 전환했다.

혁신은 많은 것을 바꾸었다. 영업직원들의 사기가 진작되고 성과가 큰 폭으로 향상되었으며 영업직원들의 변명이 사라지게 됐다. 영업실적이 부진한 것은 본인의 잠재고객 발굴이 부진하거나 영업활동의 체계화가 미흡하기 때문이라는 점이 분명하게 드러났다. 배움의 재능은 기존과는 다른 시각으로 현상을 보고 해결책을 마련하는 습관을 통해 평범한 일을 비범하게 할 수 있는 비밀병기가 됐다.

재능은 강점이 될 확률이 높지만 자칫 강한 약점이 될 수도 있다. 과유불급의 이치다. '성취 테마'를 예로 들어보자. 에너지가 왕성하며 좀처럼 지치지 않고 열심히 일한다는 특징이 있다. 그런데 이게 지나치거나 잘못 발현되면 일을 과도하게 중시한 나머지 사람보다 일을 더 중요하게 생각하거나 무리해 자신을 돌보지 못할 가능성이 있다. 강점 코칭을 하다 보면 고객들이 자신의 재능 테마가 과하거나 잘못 발현돼 나오는 취약성에 무척이나 공감한다. 재능이 잘못 발현되고 있다는 의미이다. 몸짱이 되려면 근육을 꾸준히 단련하고 식이요법을 해야 하듯이 재능을 강점으로 만들기 위해서는 연습과 개발에 많은 공을 들여야 한다. 잘 발현되는 재능이라고 해서 그대로 내버려두면 강점이 되지 않는다.

기업이나 개인 누구나 강점과 약점을 갖고 있다. 전문가들은 강점 개발에 80, 약점 보완에 20을 투자하라고 권한다. 약점에 집중하면 실패 위험은 줄일 수 있어도 성공은 보장되지 않는다. 강점에 집중해야 성공 가능성이 확실히 높아진다. 그러면서 약점을 보완하는 것은 성공에 방해가 되지 않게끔 관리하기 위함이다. 열심히 하면 잘할 수 있다. 하지만 강점을 기반으로 열심히 하면 탁월해질 수 있음을 명심하자.

강점을 기반으로 팀워크를 구축하라

"인류 역사상 가장 위대한 발명품은 무엇일까요?"

필자가 강의나 코칭에서 하는 질문이다. 대부분 문자, 바퀴, 전기 등을 답한다. 필자는 '조직'이라고 생각한다. 유사 이래 위대한 발명품들은 혼자가 아니라 여러 사람이 협업과 시너지를 통해 만들어냈기 때문이다.

조직은 단순히 사람들이 모인 집합체가 아니다. 조직의 힘은 구성원 모두가 협력해 시너지를 크게 만들어낼수록 강력해진다. 만약 강점을 기반으로 구성원들이 서로 보완하면서 협업하게 하면 어떻게 될까? 갤럽에 따르면 매일 강점에 집중하는 팀은 생산성이 12.5퍼센트나 더 높고 강점에 기반한 피드백을 받는 팀은 수익성이 8.9퍼센트 이상 향상됐다고 한다. 구글, 마이크로소프트, JP모건 등 『포춘』 선정 500대 기업 대부분이 강점 기반의 조직문화 구축에 공을 들이는 이유이다.

조직은 성격, 스타일, 재능이 각기 다른 구성원들이 함께 모여 일하는 집단이다. 사람마다 차이가 나는 건 당연하다. 서로의 다름을 조직의 강점으로 만들어내는 게 바로 리더십이다. 따라서 리더는 구성원들이 서로의 강점을 이해하고 보완하고 지혜롭게 협업할 수 있도록 이끌어야 한다. 예를 들어 발상과 주도성이 높은 직원은 큰 방향만 제시하고 나머지는 위임하는 게 바람직하다. 세부적으로 지시하면 자신의 주도성을 인정받지 못한다고 받아들여 오히려 생산성이 떨어지게 된다. 반대로 체계성과 책임감은 강하지만 아이디어가 떨어지는 직원은 함께 회의하면서 구체적인 방안을 주는 게 바람직하다. 심사숙고형 직원이 맡으면 진행 과정에서 빈틈이 없을 것이다. 하지만 막바지에 추진력이 떨어질 수 있다. 그때는 행동력이 강한 직원을 적기에 투입하면 성공적으로 마무리할 수 있다.

피터 드러커는 "매니지먼트란 구성원들이 협업해서 성과를 낼 수 있게 하고 강점이 발현되도록 하며, 약점이 작용하지 않도록 하는 것이다."라며 강점 중심의 협업을 강조했다. 인재가 조직의 미래를 결정하는 것은 자명한 사실이다. 경영자는 강점에 기반한 조직역량을 키워야 인재를 훨씬 효과적으로 육성할 수 있다는 것을 명심해야 한다. 강점에 기반한 조직 개발에 힘써야 한다. 그러면 강점이 꽃피우는 기쁨을 만끽하게 될 것이다.

3부
코칭 경영의 혁신

1장
전략과 실행

EXECUTIVE COACHING

전략과 실행은 수레의 양 바퀴이다. 한 바퀴가 없으면 수레가 전복하거나 길에서 벗어나게 된다. 실행에 집중하고 성과 창출을 위한 모멘텀을 만들어가도록 하라. 이해관계자 관리를 통해 실행에 우호적인 환경을 조성하고 걸림돌을 미리 제거하라.

|1|
전략적 사고로 신의 한 수를 만들어라

| 핵심 질문 |

- 전략적 사고란 무엇이라고 생각합니까?
- 전략적 사고역량을 어떻게 키울 수 있을까요?
- 장단기 관점의 조화를 어떻게 실현할 수 있을까요?
- 어떻게 하면 전략적 유연성을 높일 수 있을까요?

대한항공은 코로나19 여파로 벌어진 여객기 운행 중단 사태를 화물운송 노력으로 극복했다. 전략적 사고의 대표적인 사례이다. 대한항공은 여객기 140대를 개조해 화물운송에 투입해 여객 수요 침체 장기화 상황을 극복하는 기회로 삼았다. 화물 영업, 운항 신고, 자재 구매, 공간 정비, 운항 지원 등 부서 간 협업이 유기적으로 이루어진 성과이다. 2020년 2분기 델타항공, 루프트한자, 싱가포르항공 등이 대규모 적자를 면치 못할 때 대한항공은 이와 같은 노력을 통해 1,485억 원의 영업이익을 냈다.

미국 자동차 시장에서 품질 문제와 판매 부진으로 고전하던 현대차가 재도약할 수 있었던 반전 계기는 1998년 도입한 '신차 10년 10만 마일 무상보증'이었다. 일반적으로 3년 3만 마일을 보장하고 길게는 도요타가 5년 6만 마일을 보장하는 상황에서 현대차가 10년 10만 마일 카드를 들고 나오면서 시장에 던진 충격은 컸다. 무리수라는 지적도 있었다. 하지만 현대차에 대한 소비자 신뢰도는 급상승했고 현대차 브랜드 이미지와 판매도 급상승했다.

현대차가 기사회생 기회를 잡게 된 '10년 10만 마일 보증'은 뜻밖에도 미국에서 전설적인 자동차 판매왕으로 불리는 딜러 겸 CEO 릭 케이스Rick Case의 아이디어였던 것으로 알려졌다. 릭 케이스는 1996년에 품질 문제와 판매 부진으로 심각한 위기에 처한 현대차에 소비자 신뢰를 얻기 위해 뭔가를 하지 않으면 위기에서 벗어날 수 없다며 파격적인 보증 서비스를 제안했다. 현대차는 이후 2년 넘게 준비를 하고 1998년 이 아이디어를 전격 도입해 실행했다. 이때부터 현대차가 미국 시장에서 재도약하기 시작했다.

전략적 사고를 다른 말로 표현한다면 '신의 한 수'라고 할 수 있다. 우리는 도저히 불가능한 것으로 보였던 문제가 해결되는 효과를 경험하게 될 때 전략적 사고의 중요성에 감탄할 수밖에 없다. 전략적 사고는 콜럼버스의 달걀이기도 하다. 발상을 전환하기만 하면 사태를 반전하는 기회를 잡을 수 있기 때문이다. 리더에게 필수적인 스킬 중 하나가 바로 전략적 사고이다. 특히 임원의 경우 반드시 요구되는 자질이 전략적 사고 능력이다. 그러나 많은 경우 임원으로 승진한 이후에도 전략적 사고를 하지 못하고, 과거의 일하는 방식을 고수하고 업무량만 늘리는 경우를 종종 보게 된다. 본인뿐만 아니라 그 밑에서 일하는 직원들에게도 불행한 일이다.

전략적으로 사고한다는 것은 날마다 되풀이되는 업무에서 벗어나 마치 산의 정상에 서서 바라보듯이 자신의 비즈니스 환경을 폭넓은 시각으로 두루두루 둘러보는 것이다. 리더는 회사와 업계에서 당연하게 받아들여지는 관행에 도전하는 질문도 과감하게 던져야 한다. 때로는 복잡하고 모호한 데이터를 모으고 분석해 자신만의 통찰력으로 합리적인 행동 방침을 결정해야 한다. 또한 팀이 시간을 투자할 곳을 매일 결정하고 그에 따라 트레이드오프가 발생한다는 사실을 이해해야 한다. 또한 조직 구성원들의 활동과 조직의 목표를 같은 방향으로 정렬해야 한다. 비즈니스 환경에 들이닥치는 트렌드의 변화를 감지하고 목표가 변경될 때마다 노선을 자유자재로 변경할 수 있는 민첩성도 필요하다. 일상적인 업무는 과감하게 위임하고 긴급하지는 않지만 정말 중요한 일에 힘을 집중하는 것이 전략적 사고의 기본이다.

▎상식의 틀을 깨는 질문을 하라

조직에서 일하다 보면 자연히 그 조직이나 업계의 상식에 젖게 된다. 고객에 대한 서비스와 이익의 추구가 아니라 현재 존재하는 업계나 조직의 질서와 유지가 최대의 목적이 돼버린다. 조직의 관행과 업계의 상식에 매몰된 채로는 새로운 전략과 혁신을 끌어낼 아이디어가 도출되지 않는다. 이러한 관행을 깨기 위해서는 '왜?'라는 질문을 끈질기게 반복해야 한다. '왜?'라고 묻는 것은 초보자처럼 보일지도 모른다. 그러나 이러한 초보자의 질문이 문제의 본질을 건드리는 데 가장 유효하다.

물어보아야 할 것은 지식의 양을 늘리는 '무엇What'이 아니다. 노하우나 절차에 관한 '어떻게How'도 아니다. 물어보아야 할 것은 '왜Why'이다. 업계의 전문가라고 하는 사람들이 가진 막대한 지식이라는 것은 결국 무엇과 어떻게의 덩어리에 불과하다. 그들은 상식의 틀 안에서만 생각하고 새삼스럽게 '왜?'를 다시 질문하려고 하지 않는다. 환경이 바뀌어 지식이 점점 진부해져 가는 상황에서는 업계의 전문가에게 문제해결과 올바른 의사결정을 기대하기가 어렵다.

상식에 얽매인 조직과 전략적 사고를 철저하게 무시한 조직의 말로가 얼마나 어리석고 무서운지 알 수 있다. 이러한 속박에서 벗어나기 위해서는 과거가 아니라 미래에 초점을 맞추는 것이 필요하다. 지금까지 또는 지금 이러하니까 이렇게 된다고 할 게 아니라 장래에 이렇게 되고 싶으니까 이렇게 해야 한다고 생각하는 것이다. 미래에 갖추어야 할 모습에서 역산해 지금 해야 할 것을 생각함으로써 전략적 사고력을 높일 수 있다.

줌 인과 줌 아웃에 능숙해져라

리더들이 세상을 들여다볼 때 쓰는 렌즈는 뛰어난 전략적 결정을 내리는 데 큰 도움이 되기도 하고 방해가 되기도 한다. 사물을 자세히 들여다보고자 할 때 쓰는 줌 인Zoom In 기능으로는 전체를 파악할 수 없다. 그리고 전체를 바라볼 수 있게 해주는 줌 아웃Zoom Out 기능으로는 세부 사항과 뉘앙스를 놓치게 마련이다. 어떤 현상을 파악하고 이해하려면 두 가지 눈을 모두 갖춰야 한다. 하나는 바닥에서 올려다보는 벌레의 눈이고 다른 하나는 하늘에서 내려다보는 새의 눈이다. 어떤 관점을 취하든 간에 지켜보기에 좋은 위치에서 관찰해야지 한 군데 머물러 있으면 안 된다. 리더는 다양한 관점을 취하며 전체상을 완벽하게 파악해야 한다.

전략적 사고에 능한 최고의 리더들은 줌 인과 줌 아웃 기능을 자유로이 작동한다. 문제가 발생하면 줌 인 버튼을 눌러 문제를 깊이 있게 분석하고 줌 아웃 버튼을 눌러 주변에서 비슷한 사례와 근본적인 원인을 찾아보고 같은 혼란을 되풀이하지 않도록 원칙이나 정책적 대응을 모색한다. 전략적 사고가 뛰어난 리더는 다른 사람도 시야를 확대하도록 "그 문제를 줌 인 해서 키워놓고 디테일을 봅시다." "줌 아웃 해서 거시적인 관점에서 봅시다."라고 장려한다. 줌 인과 줌 아웃을 바탕으로 체크리스트를 작성해놓으면 문제해결의 적절한 포인트를 찾아낼 수 있다. 개인적인 판단을 지나치게 개입해 문제를 확대해 해석할 때는 몇 단계 위로 거슬러 올라가 원칙에 집중하라는 조언을 한다. 반대로 멀찍감치 뒷짐 진 채 강 건너 불구경하듯이 문제를 너무 일반화해서 관망할 때는 몇 단계 아래로 내려가 더 현실적인 상황에 비춰 바라보라는 조언을 한다. 여기서 관건은 하나를 버리고 다른 하나를 선택하는 양자택일이 아니다. 하나의 옵션을 또 다른 옵션의 연장선 측면에서 바라보면서 원근을 조절하며 옮겨 다니는 노하우를 터득하는 일이다.

리더들이 줌 인과 줌 아웃을 조절하는 역량을 키운다면 위기를 예방할 수 있을 것이다. 이러한 역량은 장기적으로 원칙을 갖고 지속가능한 제도를 운용해가면서 새로이 출현하는 기회를 한껏 품을 수 있도록 버팀목이 돼준다. 빠른 변화 때문에 규율 있는 사고와 행동을 버려야 하는 것은 아니다. 변화가 빨라서 올바른 의사결정을 위해서 더욱 열심히 줌 아웃을 해야 하고, 빠르면서도 훌륭하게 실행하기 위해 줌 인을 해야 한다.

▎전략적 자유도를 넓혀라

전략적 자유도란 경영 전략을 세울 때 여러 가지 상황에 대응할 수 있는 사고의 유연성이다. 또한 '전략을 세워야 할 방식의 수'를 말한다. 구체적으로는 목적을 달성할 방법을 가능한 한 많이 끌어내 그 안에서 경쟁상대가 따라올 수 없는 전략적 우위를 점하는 방책, 지속 가능한 방책, 현재의 고착상태를 돌파할 수 있는 사고의 전환 등을 마련하는 것이다.

한때 우리나라는 산업의 바탕을 이루던 의류와 신발 산업이 사양길로 접어들었다. 그러나 '사양 산업은 없고 사양 기업만 있다.'라는 말과 같이 의류와 신발을 포함한 글로벌 패션산업의 강자들은 여전히 저력을 과시하고 있다. 그만큼 그들의 혁신을 통한 전략적 자유도가 우리 기업보다 훨씬 높기 때문이다.

패스트 패션계의 경우 다양한 방면으로 혁신적인 시도를 통해 전략적 자유도를 높이고 있다. 자라는 각 매장의 네트워크에서 받은 실시간 고객동향, 판매동향, 재고상황 등의 데이터에서 고객의 수요를 파악하고 단기 생산과 빠른 공급을 통해 시장 대응력과 유연성을 높이고 있다. 그러기 위해 과거 4년 동안 10억 유로를 IT 기술에 투입해 클라우드 컴퓨팅과 빅데이터의 활용, 무선주파수 인식 시스템RFID의 도입 등을 추진해오고 있다.

일본 유니클로의 야나이 다다시やないただし 회장은 "미래는 제조 소매업에서 정보 제조 소매업으로의 전환이다."라고 선언한 바 있다. 즉 '만든 것을 파는' 기업에서 고객이 요구하는 것을 실시간으로 파악해 상품화하는 기업으로 변모하겠다는 것이다. 인공지능 플랫폼에 고객의 요구를 집약하고 어떤 상품이 어디에서 얼마나 요구되는

지를 찾아낸다. 이 정보를 바탕으로 상품의 기획, 생산, 판매를 하는 것이 정보 제조 소매업으로서 유니클로가 목표로 하는 비즈니스 모델이다.

한편, 비즈니스 트렌드 등을 소개하는 웹사이트 스프링와이즈닷컴에 따르면 의류 분야에서도 스타트업들의 혁신이 눈길을 끌고 있다. 홍콩의 스타트업 다이리셔스는 음식물 쓰레기에서 의류 생산에 쓰이는 천연 염색제를 뽑아낸다. 이 염료는 자연적으로 분해돼 환경오염을 줄인다. 패션 소프트웨어 회사인 언메이드는 주문형 생산을 이끈다. 주문형 생산은 대량생산을 통한 낭비를 막을 수 있다. 이 기업들은 이러한 고객 니즈와 환경보호의 트렌드에 맞는 유연한 접근을 통해 전략적 자유도를 한층 높이고 있다.

패러다임을 전환하는 획기적인 아이디어, 기술, 비즈니스 모델을 개발할 때도 전략적 자유도가 커질 수 있다. 아날로그에서 디지털로의 전환을 계기로 한국 업체의 TV가 일본 업체의 TV를 능가하게 된 것도 기술의 전환기를 활용해 전략적 자유도를 높인 대표적인 사례이다. 전략적 자유도를 높이기 위해 해외 현지 사업의 기반을 확충한다거나, 가장 여건이 좋은 시장에서 신규 사업을 시험한다거나, 4차 산업혁명의 전개에 따라 새롭게 부상하는 분야에 과감하게 진출하는 등 다양한 시도를 모색해볼 수 있다.

가장 중요한 것을 정하고 힘을 집중하라

모든 것을 잘하려고 하면 아무것도 잘할 수 없다. 가장 중요한 한 가지를 결정하고 그것을 중심으로 힘을 집중할 때 더 큰 성과를 거둘 수 있다. 눈부신 성과를 내려면 조직에 막대한 성과를 가져다줄 파급효과가 큰 실행 아이템 위주로 조직원의 업무를 정렬하고 힘과 역량을 집중해야 한다. 하지만 안정적으로 잘 운영되는 조직에서조차 직원들의 업무가 제대로 정렬이 안 돼 있고 지나치게 목표가 광범위해 이해관계가 충돌되는 일에 매달려 있다.

신임 대표이사로 임명된 A사장은 기쁨만큼이나 걱정이 앞섰다. 과거 회사가 외형 중심으로 무리하게 영업을 추진하는 바람에 오히려 영업은 침체되고 조직의 사기가 매우 저조한 상태였기 때문이다. A사장은 가장 중요한 것은 현실을 직면하고 리더에게 주어진 과제를 명확히 하는 일이라고 생각하고 '지속가능한 성과 창출'과 피폐화된 '조직문화 활성화'를 과제로 선정했다. 상명하복과 복지부동의 조직문화를 활성화하는 방안으로 기본과 원칙 중시, 인재 발굴과 육성, 소통 리더십으로의 전환을 정하고 바로 실행에 옮겼다. 하지만 지속가능한 성과 창출은 단시간에 해결하기에 매우 어려운 과제였다. A사장은 지속가능한 성장을 위한 방안을 개발하는 것을 가장 중요한 핵심과제로 선정하고 집중하기로 했다.

손해보험회사의 영업 채널은 기업보험을 담당하는 법인영업 부문과 개인 고객을 대상으로 하는 개인영업 부문으로 구분할 수 있다.

가장 주력 채널인 개인영업 부문은 설계사와 대리점으로 구성된 전속 채널(한 회사에 소속돼 그 회사하고만 거래하는 직속 채널)이 중심인데 그간의 무리한 영업 추진으로 실적상의 거품이 상당히 커지고 조직의 피로도는 매우 높아진 상태였다. A사장은 조직의 정비와 전력 강화에 시간이 필요하다고 생각했다. 이에 따라 새로운 채널 개발을 시급하게 느꼈다. 그래서 주목한 것이 여러 회사와 거래를 하는 독립대리점, 곧 GA General Agency 시장이었다.

GA는 이미 상당한 규모로 존재하는 시장으로 상대적으로 성장 가능성이 높았다. 반면 보험회사들은 그간 여러 회사와 거래하는 GA를 견제하고 있었다. A사장은 회사에 TF팀을 구축하고 GA들의 니즈를 파악해서 전산, 교육, 상품 등 지원 시스템을 최고 수준으로 구축하도록 했다. 특히 전속 채널의 고참 지점장 중에서 성과는 부진하지만 업무경력과 대인관계에 능숙한 지점장들을 GA 지점장으로 전환 배치했다. 이로써 인력의 적재적소 배치를 통한 조직 활성화를 함께 추진했다. A사장 자신도 GA 법인 대표들과의 네트워킹을 강화함으로써 가장 신뢰할 수 있고 영업 지원이 잘되는 회사로 자리매김하고자 했다.

CEO가 참여해서 지원하는 프로젝트는 매우 성공적으로 진행돼 1년 만에 손해보험 GA 시장에서 확고한 1위의 지위에 오를 수 있었다. A사장의 예상대로 GA 시장이 전속 채널 시장을 능가하게 성장함에 따라 회사의 매출과 수익이 가파르게 상승했고 회사 전체의 분위기가 밝아지고 자신감을 회복할 수 있었다. 그 덕분에 A사장이 추진하는 조직문화 변혁 작업도 가속도가 붙었다. A사장은 올바른 핵심과제를 선정하고 이것에 힘을 집중하는 것이 문제해결의 핵심이라는 점을 절감했다.

찰스 두히그Charles Duhigg의 저서 『습관의 힘』에는 알코아의 성공 사례가 소개되어 있다. 알코아의 신임 CEO는 미국에서 가장 안전한 기업을 만들겠다는 전략을 가지고 사고율 제로를 목표로 실행에 옮겼다. CEO인 폴 오닐Paul H. O'neill이 취임하기 전에는 알코아의 거의 모든 공장에서 일주일에 한 건 이상의 사고가 발생했다. 하지만 오닐의 안전 계획이 시행된 후로는 사고 때문에 근로일수를 상실하는 노동자가 한 사람도 없이 수년 동안 운영되는 공장이 적지 않았다. 당연히 알코아의 산재율은 미국 평균의 20분의 1로 떨어졌고 생산성과 경영 성과는 획기적으로 향상됐다. 알코아가 구조적인 한계와 잠재적인 위험도가 높은 기업에서 안전의 요새이자 성공 기업으로 탈바꿈할 수 있었던 것은 하나의 습관을 공략한 덕분이다. '안전 습관'을 핵심적인 습관으로 삼아서 서서히 다른 영역에서 조직 전체에 변화가 파급되도록 독려했다.

기업과 개인의 삶을 개조하는 데 상대적으로 중요한 습관이 있다. 이른바 핵심 습관Keystone Habit이다. 핵심 습관을 분석해보면 모든 일을 빠짐없이 올바로 한다고 성공하는 것은 결코 아님을 알 수 있다. 우선 고려해야 할 것들을 찾아내서 강력한 수단으로 만들 수 있느냐 없느냐에 성공 여부가 달려 있다. 핵심 습관이 바뀌기 시작하면 다른 습관들도 덩달아 바뀌고 개조된다는 점에서 핵심 습관은 가장 중요한 습관이다.

경영자는 통상의 업무에 매몰돼서는 곤란하다. 통상의 업무는 시스템을 구축하고 과감한 임파워먼트를 통해 해결해야 한다. 그리고 본인의 시간의 상당 부분을 통상적이지 않은 업무와 시장의 변화를 파악하는 업무 등 정말 중요한 업무에 배분해야 한다. 그러한 가운데서도 현장의 소리를 듣는 경로를 마련해 현장이 어떻게 돌아가는지 정확하게 파악하고 있어야 한다. 경영자는 전략에 관해 이야기하기 전에 본인이 전략적 사고를 하는지를 먼저 점검하고 그 능력을 키워야 한다.

| 2 |
전략은 승패를 좌우하는 결정적 요소다

| 핵심 질문 |

- 전략의 핵심 요소는 무엇이라고 생각합니까?
- 전략을 어떻게 가치 창출로 연결할 수 있을까요?
- 스케일업 전략이란 무엇이며 왜 중요성이 높아진다고 생각합니까?
- 훌륭한 전략과 나쁜 전략의 특징은 무엇이라고 생각합니까?
- 회사의 미션, 비전, 핵심가치와 전략이 잘 연결돼 있습니까?

넷플릭스는 1997년 미국 캘리포니아주의 스콧밸리에서 온라인으로 DVD와 비디오를 대여하는 기업으로 출범했다. 2000년 초반까지만 해도 집에서 영화를 보려면 근처 비디오 가게에 가서 비디오테이프나 DVD를 빌려야 했다. 넷플릭스는 DVD를 집으로 배달해

주는 모델을 만들어 시장을 파괴했다. 넷플릭스 월정액 회원이 보고 싶은 영화를 온라인으로 클릭하면 DVD를 우편으로 보내주는 방식이었다. 회원은 영화를 다 본 후에 배달했던 봉투에 다시 담아 우체통에 넣으면 됐다. 연체료 없는 모델로 선풍적 인기를 끌어 2002년 상장을 했고 2005년 회원 수가 420만 명을 돌파했다. 넷플릭스가 승승장구하는 사이 미국 최대의 비디오 렌탈 체인 블록버스트가 파산했다. 한때 직원 6만 명, 미국에 약 8,000개의 대여점을 보유하고 있던 대형 체인 업체였다.

넷플릭스의 CEO였던 리드 헤이스팅스는 여기에 만족하지 않고 2007년 창업 10년 만에 온라인 스트리밍 서비스를 전격 론칭하는 '파괴적 혁신'을 단행한다. 누적 배송 10억 개를 달성해 캐시카우로 자리잡은 DVD 렌탈 사업을 뒤로 물리고 서버에서 콘텐츠를 직접 전송하는 스트리밍 서비스를 시작한 것이다. 영화 다운로드가 이용자들에게 익숙해진 트렌드조차 건너뛰고 실시간 스트리밍을 선택했다. 현재 전 세계 190개국에 비디오 스트리밍 서비스를 제공하고 있으며 독창적인 콘텐츠의 제작과 유통으로 글로벌 강자로 우뚝 섰다. 전 세계 1억 8,300만 명의 유료 가입자를 보유하고 있으며 미국을 제외한 글로벌 지역의 유료 가입자만 1억 명이 넘는다.

넷플릭스 서비스를 이용해보면 나도 모르는 내 취향을 꿰고 있는 듯하다. 넷플릭스에 새로운 영화가 들어오면 콘텐츠 분석 전문가들이 일주일 내내 그 영화를 보며 꼬리표를 다는 태깅 작업을 한다. 태깅된 영화는 인공지능이 각 사용자의 취향에 맞게 취향 그룹을 구성한다. 넷플릭스는 이처럼 감정을 가진 인간의 능력과 세밀하게 분류하는 인공지능의 기능을 적절히 활용한다는 평가를 받는다.

넷플릭스는 개별 영화를 여러 다른 소비자에게 판매하지 않는다. 대신 번들링 형태로 개별 고객에게 다양한 영화를 판매하는 사업을 한다. 넷플릭스는 번들링과 구독 경제를 결합해 대형 영화 스튜디오와 다른 유형의 가격 차별화 전략을 펼치고 있다. 넷플릭스는 소비자가 자사 서비스에서 어떤 특정 영화에 얼마나 높은 가치를 부여하는지 파악할 필요가 없다. 번들링이 수익을 창출하기 때문이다.

넷플릭스는 최근 비디오 스트리밍 서비스 시장 확대에 적극적으로 대응하여 세계 최고의 추천 시스템, 최상급 품질의 화면, 시청자의 편의를 극대화한 스트리밍 기술을 제공하고 고객이 선호하는 콘텐츠를 제작, 유통함으로써 빠르게 시장을 주도해 나가고 있다. 넷플릭스의 성공은 기본적으로 넷플릭스가 최우선으로 지키는 사용자 중심 경영방침, 데이터 기반 의사결정, 기술에 대한 통찰력과 미래를 내다보는 예측력을 발판으로 새로운 전략을 과감하고 끈질기게 추진한 결과이다.

경영자는 스스로 전략가가 돼야 한다

필자가 경영자로서 가장 심혈을 기울였던 분야 중 하나가 전략이다. 모든 성공 스토리의 이면에는 그 성공을 뒷받침하는 전략이 반드시 존재하기 때문이다. 경영자들이 가장 많이 쓰는 용어가 바로 전략이다. 하지만 전략에 대한 이해와 활용력은 경영자들 간에 격차가 크기 때문에 지속적인 연구와 노력이 필요하다. 전략의 수립을 전략 부서에만 맡겨서는 안 된다. 최고경영자를 비롯한 경영진이 전략가가 돼야 한다. 전략은 연례행사가 아니라 수시로 변화에 대응하면서 만들어가는, 경영진이 직접 주도해야 하는 힘든 여정이기 때문이다. 여기에서는 전략의 핵심이 무엇인지에 집중해서 논의를 진행하고자 한다.

『손자병법』은 전쟁의 승부를 결정하는 5사五事, 즉 도道, 천天, 지地, 장將, 법法을 이야기한다. 도는 명확한 목적과 목표, 천과 지는 외부와 내부의 여건, 장은 조직의 리더십과 실행력, 법은 가장 효과적이고 효율적인 방법을 의미한다고 할 수 있다. 5사를 기반으로 전략을 정의해보면, 전략은 목표를 달성하기 위해 나를 둘러싼 안팎의 요인들 속에서 내가 취할 수 있는 가장 효과적이고 효율적인 방안이라고 할 수 있다.

승부를 결정짓는 훌륭한 전략의 요소로는 전략적 의도, 빅픽처, 시스템, 실행력 등을 들 수 있다.

- **전략적 의도:** 분명한 목적의식 또는 강력한 목표를 가리킨다. 강대국을 이긴 군대나 거대기업을 무너뜨린 혁신기업에서 예외 없이 나타난 공통점은 승리에 대한 강한 의지와 자기확신이었다.
- **빅픽처:** 비전과 그것을 달성하기 위한 전략 시나리오를 가리킨다.

전략 시나리오는 특별한 아이디어를 기반으로 한 계획을 말한다. 『전쟁의 기술』의 저자 로버트 그린Robert Greene은 "대 전략Grand Strategy은 현재의 전투 너머를 보는 기술이다. 궁극적인 목표에 집중하고 그것에 도달할 수 있는 계획을 수립하라."라고 말한다. 바둑이나 체스를 예로 들면 게임에서 승리하기 위해서는 상대가 취한 행동에 대응하는 것은 물론, 전체 판의 진행을 머릿속으로 그려보며 총체적 전략을 세워야 한다.

- **시스템:** 전략을 구현하기 위한 구체적인 방법과 프로세스 등을 말한다. 위대한 전략은 그 자체로 완벽함을 갖추고 각 요소가 내부적으로 조화를 이룬 시스템이다. 시스템의 완벽함을 엄격함과 혼돈해서는 안 된다. 가치 창출 시스템은 유연하고 융통성을 지녀야 한다. 그리고 시스템의 각 요소를 쓸모없게 만들 수 있는 사업 환경이나 기업 내부의 변화를 예상하고 대응해야 한다.
- **실행력:** 리더십과 운영을 통해 성과를 창출하는 힘이다. 전략은 계획뿐만 아니라 실행을 통해 성과를 창출해야 한다. 차선이라도 최선을 다하면 더 큰 효과를 볼 수 있기 때문에 훌륭한 실행력이 전략의 완벽함보다 낫다고 할 수 있다.

전략은 단순한 열망이나 꿈을 넘어서는 것이다. 업계에 만연한 통념에 이의를 제기하고 변화를 일으키는 아이디어가 전략의 핵심이다. 그리고 실제로 아이디어를 구현하는 것은 가치 창출 시스템이다. 설득력이 있는 목적으로 단단히 연결돼 있는 전략은 기업이 어디에서, 어떻게 활동하고 무엇을 달성할지를 이야기한다. 하버드대학교 비즈니스스쿨의 신시아 A. 몽고메리Cynthia A. Montgomery 교수는 전략이 목적에 의해서 추진되는 가치 창출 시스템임을 강조했다. 리더가 자신의 기업이 무엇이 되길 원하는지에 대한 명확한 생각을 하고 있지 않으면 무엇을 해야 하고 성공을 어떻게 평가해야 할지 모르기 때문에 일관된 가치 창출 시스템을 구축할 수 없다. 최고의 시스템은 경쟁우위를 가지는 데 중요한 역할을 한다. 또한 독특하게 만들어지고 희소성이 있으며 시간이 흐르면서 발전하는 방식이기 때문에 모방하기가 힘들다. 이와 같이 전략이 힘을 발휘하려면 아이디어가 시스템을 통해 구체화되고 하부 시스템들이 상부의 목적과 잘 정렬되는 것이 중요하다. 사우스웨스트 항공, 이케아, 무인양품, 넷플릭스 등이 차별화된 경쟁우위를 통해 성공할 수 있었다. 그건 차별화된 아이디어가 고객에게 가치를 창출하는 훌륭한 시스템으로 구현될 수 있었기 때문이다.

가치 창출 시스템을 구축하기 위한 효과적인 도구가 바로 가치혁신 전략이다. 가치혁신 전략은 경쟁자를 이기는 데 집중하는 대신 고객과 회사를 위한 가치 도약을 이루어 새로운 시장을 창출함으로써 경쟁을 극복하는 전략이다. 전통적인 본원적 경쟁 전략은 원가 우위, 차별화, 집중화를 추구하기 때문에 원가 우위와 차별화의 개념이 서로 어긋난다. 그러나 가치혁신 전략은 원가 우위와 차별화를 동시에 달성하는 전략이다. 업계가 경쟁하는 요소를 제거하거나 줄이면서 비용은 절감되고, 업계가 아직 제공하지 못한 요소를 증가하고 창출

가치혁신을 위한 ERRC 분석 - 4가지 액션 프레임워크

제거 Eliminate	증가 Raise
업계에서 당연한 것으로 받아들이는 요소들 가운데 제거할 요소는 무엇인가?	업계의 표준 이상으로 올려야 할 요소는 무엇인가?
감소 Reduce	창조 Create
업계의 표준 이하로 내려야 할 요소는 무엇인가?	업계가 아직 한 번도 제공하지 못한 것 중 창조해야 할 요소는 무엇인가?

함으로써 고객가치는 상승된다. 시간이 흐름에 따라 우수한 가치가 대량 매출을 일으켜 규모의 경제가 시작되면서 비용은 더욱 절감되고 그 결과 비즈니스 모델의 완성도가 높아진다.

필자가 경영자 시절 가장 효과적으로 활용한 전략 도구가 ERRC 분석이다. 이를 통해 차별화 전략을 수립했다는 점을 강조하고 싶다. 일례로 넷플릭스의 사업전략을 ERRC 분석을 해보면 다음과 같다.

넷플릭스의 ERRC 분석

제거 Eliminate	증가 Raise
· 매장(비디오 대여점) · 연체 수수료 · 광고(중간 삽입 광고)	· 접근할 수 있는 영화 수 · TV 프로그램 몰아 보기 · 글로벌 사업 확장
감소 Reduce	창조 Create
· 최저 가입료, 낮은 요금 · 낮은 운영비용(규모의 경제)	· 번들링 형태의 영화 판매 · 영화 추천 프로그램(가족별) · 오리지널 콘텐츠 제작

▌스타트업 육성과 스케일업 전략을 세워라

왜 미국에서는 스타트업이 활발할까? 그건 신생기업을 위한 생태계가 잘 구축돼 있기 때문이다. 사업 초기 단계에는 엔젤투자가들이 활발히 투자한다. 스타트업이 성장하면 대기업에서 인수합병을 한 뒤 막강한 자금력과 경영 역량으로 그 기업을 스케일업한다. 구글이 승승장구할 수 있었던 것은 내부 혁신과 함께 유튜브나 안드로이드 같은 유망 스타트업을 인수합병하고 스케일업에 성공했기 때문이다.

과거 우리나라는 사정이 달랐다. 대기업은 스타트업이나 중소기업의 핵심 기술을 합당한 대가를 주고 사기보다는 자본력으로 핍박하거나 기술을 모방함으로써 생존 기반을 위협했다. 그리고 새로운 비즈니스 모델이 등장하면 기존 사업체들은 위협을 느껴 반발하고 법을 통해서 혁신이 성장할 수 있는 기반을 무너뜨렸다.

이제 우리나라도 새로운 성장 동력을 활성화하기 위해서는 새로운 기술과 비즈니스 모델에 대한 생태계 구축이 시급하다. 대기업에서는 유망한 스타트업을 지원하고 정당한 대가를 주고 인수합병을 한 다음 스케일업을 통해 사업을 발전시키는 전략이 필요하다. 많은 기업이 내부 혁신을 유도하기 위한 시스템을 구축하고 있으나 내부 혁신만으로는 부족하다. 외부의 혁신을 활용하는 열린 사고와 스케일업 전략이 현재의 비즈니스 환경에서는 더 유효한 전략으로 판단된다.

기존 사업의 유기적 성장 전략도 중요하다. 하지만 불확실성이 증가하고 사업의 본질이 급격히 변화하는 환경에서는 사업 다각화를 통한 성장의 모색도 매우 중요한 전략이다. 사업 다각화는 성공 확률이 상대적으로 낮으므로 그 특성을 고려해 사업을 전개해야 한다. 특히 스타트업의 육성과 스케일업 전략은 향후 경영자가 주목해야 할 성장 전략임을 인식하고 역량을 확보해나갈 필요가 있다.

나쁜 전략과 좋은 전략을 구분해야 한다

먼저 나쁜 전략의 특징을 살펴보면 괄호 채우기식 전략, 실적 목표만 가득 찬 전략, 현실진단이 없는 전략이다. 많은 리더가 3개년 또는 5개년 재무 목표를 놓고 전략이라고 말한다. 그것은 숫자를 나열한 것뿐이다. 실적 목표가 문제를 해결해주지는 않는다. 또한 직면하고 있는 문제를 인지하지 못하거나 정의를 내리지 못하거나 도전할 과제를 바탕에 두지 않는 해결책은 무용지물이다. 왜 많은 기업이 제대로 된 전략을 수립하지 못할까? 그건 나쁜 전략이 만연해 있는데 그것을 전략이라고 착각하기 때문이다.

좋은 전략을 만드는 핵심 요소에는 세 가지가 있다. 진단, 정책 방향, 일관된 행동이다. 현상에 대해 진단하고, 어떻게 접근할 것인지 정책을 세우고, 어떻게 일관성 있게 실행할 것인지 생각해야 한다. 좋은 전략의 특징은 다음과 같다.

- **분명하고 강력한 목적:** 자신이 어디로 가는지 모르는데 목적지에 도착할 수는 없다. 모든 구성원의 가슴을 설레게 하는 강력한 목적을 수립하고 구성원과 공유해야 한다.
- **진정한 가치 창출:** 중요한 차이를 가진 조직은 가치를 창출한다. 조직이 고객과 기업을 위해 어떤 가치를 창출하고 있는지 점검하고, 중요한 차이를 만들 방안을 마련해야 한다.
- **분명한 선택:** 한꺼번에 너무 많은 일을 하려고 시도하면 어느 하나도 잘 해내기 어렵다. 당신의 기업은 무엇을 하고 무엇을 하지 않기로 결정했는가? 그러한 결정으로 가치혁신을 이루었는가?
- **맞춤형 가치 창출 시스템:** 위대한 실행의 첫 단계는 하나의 아이디어를 행동 시스템으로 바꾸는 것이다. 행동 시스템은 여러 노력을 통합적 관점에서 조정하고 서로를 강화한다. 안타깝게도 대부분의 기업들이 이러한 시스템을 갖추지 못하고 있다.
- **열정:** 모든 훌륭한 전략의 핵심 개념이라고 할 수 있다. 가장 평범한 업종에서도 눈에 띄게 성공한 기업은 자신이 하는 일에 대해 깊은 관심과 열정을 갖고 있다.

경영에서 가장 자주 쓰는 단어가 전략이다. 하지만 가장 모호한 단어 또한 전략이다. 영국의 경제 전문지 『이코노미스트』는 1993년 3월호에서 "전략이 무엇인지 사실 아무도 모른다."라고 평가했다. 전략의 개념은 넘쳐 나지만 전략의 본질을 제대로 이해하지 못하고 있다. 그러나 성공 기업의 이면을 들여다보면 하나같이 우수한 전략을 가지고 있다. 전략의 본질에 대한 이해와 제대로 된 활용이 기업의 성공을 위해 필수적이라는 점을 강조한다.

▎기업의 영속성을 결정하는 것은 가치관 경영이다

누구나 알 만한 기업의 미션과 비전을 보면 한 문장으로 그 회사가 어떤 목표를 위해 나아가는지 쉽게 알 수 있다. 미션이 '오늘의 목표'라면 비전은 '내일의 목표'라고 할 수 있다. 모든 회사에서 미션과 비전은 매우 중요하다. 회사의 미래가치를 결정할 때 어떤 미션과 비전을 가지고 있고 또 그것을 투자자나 소비자가 신뢰하느냐가 비즈니스 모델과 사업의 성공 여부를 좌우하기 때문이다.

특히 스타트업은 비전을 제시해 투자를 유치하고 막대한 돈과 인력을 쏟아부어 현실로 만든다. 이들 기업은 전통적인 기업과는 달리 완성된 기술을 기반으로 성장하는 게 아니라 비전을 내놓고 퍼즐을 맞추듯 구체화해 나간다. 최근 주목받고 있는 테슬라 역시 전기 자율주행차에 대한 비전을 내놓고 창업 16년 만에 첫 이익을 냈다. 좌충우돌하던 테슬라가 성공 가도에 올라선 건 불과 2~3년 전이다. 자율주행 시스템온칩과 소프트웨어를 자체 개발하고 저가형 전기차인 '모델3' 양산에 성공하면서 티핑 포인트를 넘어섰다는 평가가 나온다. 우리 주위에서도 배달의민족, 쿠팡, 마켓컬리, 토스 같은 스타트업이 비전을 통해 성장하는 모습을 보며 그 중요성을 실감하게 된다.

가치관 경영이란 최고경영자를 비롯한 전 직원이 꿈꾸는 회사의 모습을 만들기 위해 회사의 미션, 비전, 핵심가치를 정립하고 그것을 모든 업무와 의사결정에 흔들림 없이 적용하는 경영 방법이다. 가치관 경영은 조직의 에너지를 집중해 모두가 열정적으로 일에 몰입하도록 하는 '경영의 마법'이다. 한 분야의 최고봉은 기능만 가지고 되는 것이 아니다. 그 기능의 깊이에 도달하게 하는 자기 나름의 철학과 지혜를 가지고 있다. 예술이든 스포츠이든 한 분야의 거장은 필히 자기 철학과 원칙이 있고 이것으로 인해 많은 공감을 불러일으킨다. 기업의 경영도 구성원들의 몰입과 고객의 사랑을 받는 탁월한 수준이 되기 위해서는 그 사업을 하는 이유, 비전, 원칙에 대한 경영자 나름의 분명한 생각이 있어야 한다. 이것이 바로 가치관 경영의 본질이다.

　기업 경영에서 가장 중요한 것은 사업을 하는 미션, 비전, 그리고 핵심가치를 세우는 일이다. 성공한 기업들은 단순히 돈을 버는 것 이상의 뜻을 가지고 사업을 시작했다. 기존 기업도 경영 환경에 중대한 변화가 일어났을 때나 기업에 전반적인 혁신이 필요할 때 기업의 비전과 가치관을 재점검하고 필요할 경우 재수립하는 것이 요구된다. 성공적인 기업 경영은 최고경영자 혼자의 힘만으로는 불가능하다. 임직원과 함께해야 한다. 그들과 함께할 때 비로소 목적한 바를 달성할 수 있고 명품경영이 가능해진다. 먼저 기업이 무엇을 위해 존재하며 어떤 꿈을 꾸고 있고 무엇을 소중하게 여기는지의 가치관을 점검해야 한다. 그리고 이를 중심으로 전략을 수립하고 시스템을 구축하고 마음을 모아야 한다. 가치관 경영은 이처럼 직원들로 하여금 자신이 하는 일이 어떤 의미를 갖는지 깨우치게 하고 그 의미를 통해 그들을 이끌어 가는 경영 방식이다. 상사가 시키니까 마지못해 일하는 것이 아닌, 직원들 스스로가 일하고 싶어 못 견뎌 하는 분위기를 조성하는 것이 바로 가치관 경영의 목적이다. 한 방향 정렬과 마음이 모였으면 새로운 방향으로의 전진은 생각보다 수월하다.

일류 기업의 전제조건을 들라면 명확한 비즈니스 모델, 미래가치, 가치관 경영 등 세 가지를 들고 싶다. 세계적 기업이나 국내 기업을 막론하고 잘나가는 기업은 모두 이 세 가지를 갖추고 있다. 이 셋 중에서 기업의 영속성을 결정하는 것은 가치관 경영이라고 생각한다. 아무리 훌륭한 비즈니스 모델과 미래가치를 가지고 있다고 해도 가치관 경영에 실패하면 기업의 존폐가 위협받게 된다. 엔론, 폭스바겐, 웰스파고의 사례가 대표적이다. 가치관 경영은 명품 경영의 출발일 뿐만 아니라 기업의 존속 여부를 결정하는 가장 중요한 요소라는 점을 모든 경영자가 가슴 깊이 새겼으면 한다.

|3|
리스크 관리 역량이 중요하다

| 핵심 질문 |

- 회사의 톱 5 리스크는 무엇이고 어떻게 관리합니까?
- 리스크 관리에 실패하면 어떤 영향을 받게 될까요?
- 리스크 관리를 위한 전사적 체계는 구축돼 있습니까?
- 기업의 리스크 관리 역량을 어떻게 강화해야 할까요?

Y코치가 리스크 매니지먼트를 관장하던 부사장 시절 당시, 회사가 해외 대규모 공사 프로젝트에 참여했는데 우선 협상 대상자로 선정됐다. 회사로서는 해외 시공 역량을 높일 절호의 기회였다. 하지만 발주처의 요구 조건이 너무 까다로워 리스크 매니지먼트 부서는 "회사가 리스크를 제대로 줄이지 않고 계약하면 큰 낭패를 볼 수 있습니

다."라는 의견을 적극적으로 개진했다. 사업 부서는 우선 협상 대상자로 선정된 만큼 리스크를 최대한 줄여 공사를 추진하겠다고 했다. 회사 전체 분위기도 마찬가지였다. 공사 규모가 수조 원대였다. 자칫 공사가 잘못되면 회사가 심각한 위기에 빠질 수도 있었다.

Y코치는 계약 시점이 다가오자 가만히 있을 수 없어 프로젝트 담당 임직원들과 개별 면담을 하면서 의견을 청취했다. 임원이나 간부들은 대체로 잠재 리스크는 인정하나 프로젝트는 반드시 추진해야 함을 역설했다. 젊은 직원들은 리스크가 너무 커서 이대로 계약하면 자신들은 퇴사할 수도 있다는 의견을 솔직히 개진했다. 과연 누가 옳은 것일까? 식견이야 임원이나 간부들이 훨씬 나을 것이다. 하지만 아무래도 현실을 직시하고 사심 없이 의견을 내는 것은 담당자들이라는 확신이 들었다. Y코치는 며칠간 밤잠을 설치면서 자신에게 성찰적 질문을 던졌다.

"먼 훗날 후배들에게 어떤 회사를 물려주어야 할까?"

그간의 고민을 통해 방향을 잡아 CEO에게 프로젝트 잠재 리스크의 심각성과 임직원 개별 면담 결과를 보고하고 "외부 기관과 합동으로 리스크를 객관적으로 진단함이 필요합니다."라고 건의했다. CEO는 "수조 원대 수주도 중요하나 회사가 훗날 큰 낭패를 봐서는 안 됩니다."라면서 리스크 정밀 점검에 힘을 실어주었다. 그 결과 리스크가 크다고 판단해 발주처와 적극적으로 협상했다. 하지만 발주처는 회사의 우선 협상 대상자 지위를 박탈하고 경쟁 입찰로 선회했다. 회사는 리스크를 감내할 수 있는 수준에서 입찰에 참여했다. 결국 가격 경쟁에서 경쟁사에게 크게 밀려 탈락하고 말았다.

"차려준 밥상도 제대로 못 먹는다."

Y코치는 한동안 주변의 비아냥 때문에 마음고생이 심했다. 그런데 수년 후 경쟁사는 그 공사로 인해 대규모 손실을 봤다. 만약 회사가 경쟁적으로 가격을 낮춰 공사를 수주했다면 경쟁사보다 훨씬 큰 손해를 보면서 회사 존립 자체가 흔들릴 수 있었다. 선공후사先公後私의 자세로 회사의 미래를 진정으로 염려하며 리스크를 객관적으로 평가하는 게 중요하다. 이를 기반으로 올바르게 의사결정을 하는 게 얼마나 중요한지를 깨달은 경험이었다.

리스크의 본질을 제대로 파악하라

"끔찍한 일이다. 왜 그 누구도 금융위기를 예견하지 못했는가?"

2008년 11월 글로벌 금융위기 당시 엘리자베스 2세 영국 여왕이 런던대학교 정경대학을 방문한 자리에서 한 말이다. 금융위기 역사에서 두고두고 인용되는 말이 됐다. 최근에는 코로나19 팬데믹으로 전 세계 모든 나라가 사회 경제적으로 큰 어려움을 겪고 있다.

특히 과거와 다른 점은 위기에 대한 회복탄력성이 비교적 강했던 선진국들이 큰 혼란과 어려움을 겪고 있다는 것이다. 현재의 코로나19 팬데믹에 대한 국가와 기업별 대응을 보면서 위험의 본질에 대한 올바른 인식과 위험관리 역량이 얼마나 중요한 경쟁력인지 깨닫게 된다. 최인호의 장편소설 『상도』에는 다음과 같은 구절이 나온다.

"위기를 위기로 직감하면 헤어날 방법은 반드시 있다. 그러나 위기를 위기로 인식하지 못하면 자신도 모르게 멸문의 길로 가게 된다. 모든 일이 순조롭게 잘 풀릴 그때가 위험한 고비일 수 있다."

리스크의 본질을 제대로 파악하는 것이 리스크 관리의 출발점이자 핵심이다. 회사에 치명적일 수 있는 위험이 무엇인지 미리 파악해야 제대로 된 대책을 세울 수 있기 때문이다. 위험의 본질을 모른 채 이루어지는 사업 추진, 투자나 금융상품 거래는 기업에 커다란 위험을 안겨준다. 경영은 매일매일 바람 잘 날 없는 리스크 대응의 연속이다. 비정상이 상시 발생하는 뉴애브노멀 시대에 기업이 직면할 리스크가 훨씬 다양해지고 그 수준도 예전과는 차원을 달리한다. 기업이 직면하는 다양한 리스크의 사례를 몇 가지 소개한다.

롯데마트가 중국에서 사업을 철수했다. 지난 몇 년간 중국 시장에서 산전수전 공중전까지 겪었다고 해도 과언이 아니다. 사드 부지를 제공했다는 이유로 중국 정부의 보복을 당했고 그 와중에 알리바바나 징둥닷컴 같은 IT 기업이 오프라인 시장에 뛰어들었다. 중국 시장은 피 튀기는 전쟁터를 방불케 했다. 유통업계 한 관계자의 말이다.

"롯데마트가 중국에 첫발을 디딘 11년 전엔 알리바바가 인터넷 전자상거래 사이트로 한 해 몇 배씩 성장했던 때이다. 심지어 사드 사태 이전 롯데마트가 중국 현지 점포 확대에 열을 올리던 시절에도 알리바바, 텐센트, 징둥닷컴 등 중국 IT 기업이 현지 백화점, 슈퍼마켓, 이마트 같은 대형 유통점을 사들이거나 전략적 제휴에 경쟁적으로 나섰다. 롯데는 중국에서 전자상거래가 오프라인 유통매장을 잠아먹을 거란 생각을 하지 못한 게 치명적이었다."

실제 중국 온라인 업체는 수년간 온오프라인을 상호 연계하는 O2O 서비스를 구현하기 위해 오프라인 시장으로 영향력을 확대해 왔다. 다시 말해 오프라인 단독으로만 성장하려 했던 롯데는 시장의 변화에 제대로 대응하지 못했다. 한국 최대 유통기업이란 자부심은 온데간데없이 '망가진 상호'란 이미지만 남았다. 중국 유통망을 제패하겠다던 롯데마트의 중국몽은 11년 만에 막을 내렸다.

2011년 3월 동일본 대지진 당시 후쿠시마 제1원자력 발전소에서 생긴 일이다. 대지진이 몰고 온 거대한 쓰나미는 후쿠시마 제1원자력 발전소를 정면으로 강타했다. 유례없는 대형 쓰나미에 발전소 부근의 소형 방파제는 아무런 역할도 하지 못했고 원자력 발전소는 순식간에 물바다로 변했다. 전력공급이 중단된 원자로는 여러 번의 폭발을 일으켰고 당시 발전소에 있던 수많은 근로자가 목숨을 잃었다. 더욱 충격적인 일은 핵연료와 방사성 핵종이 바닷물과 공기 중으로 유입됐다는 사실이다. 여기에 원자로의 노심용해까지 더해지자 인근 주민 수십만 명이 방사선 피폭을 피해 고향을 떠날 수밖에 없었다. 2012년 사고조사팀은 다음과 같이 결론지었다.

"제1원자력 발전소의 사고는 분명한 인재이며 사전에 충분히 예측할 수 있었다."

몇 년 전부터 이와 유사한 사고의 가능성이 언급됐다. 문제를 제기한 사람들은 하나같이 원자력 발전소의 붕괴 위험을 원천 차단하거나 줄일 각종 안전조치를 제안해왔다. 하지만 그들의 경고는 매번 근거 없는 주장으로 간주돼 무시됐다. 사고조사 보고서는 '후쿠시마 원전 사고는 약 500억 원을 들여 주변에 방파제만 더 높이 쌓았어도 충분히 막을 수 있는 사고였다.'라고 기록하고 있다.

2012년 구미 불산 누출사고는 작업자가 안전 규정을 지키지 않았던 것이 원인이었다. 당시 CCTV 영상에 의하면 작업자 두 명이 불산이 든 20톤 탱크로리 위에서 호스를 연결하다 사고를 당했다. 작업자들이 연료 밸브를 열어둔 채 에어호스를 연결하다 원료를 차단하는 손잡이를 발로 밟으면서 불산이 분출된 것이다. 이 사고로 근로자 5명이 사망하고 18명이 부상당했다. 또 가스 누출 이후 신속한 조치가 이루어지지 않아 산업단지 인근 지역까지 가스가 퍼지면서 농작물이 죽고 가축이 가스 중독 증상을 보이는 등 피해가 속출했다. 작은 기업에서 일하는 한 작업자의 실수가 엄청난 재앙을 불러왔다. 독일의 사회학자 울리히 벡Ulrich Beck은 언제든지 리스크가 발생할 수 있는 현대사회를 '위험 사회Risk Society'라고 규정했다.

▍체계적인 리스크 관리가 중요하다

리스크 종류는 매우 다양하다. 크게 보면 대외 리스크, 사업 투자 리스크, 운영 리스크로 구분할 수 있다. 환율, 금리, 유가 변동, 무역 전쟁, 테러, 자연재해, 팬데믹 등의 대외 리스크는 갈수록 예측이 어려워지고 있다. 기업으로서는 통제 불능이면서 제대로 대응하지 못하면 심각한 피해를 보게 되는 참으로 어려운 리스크이다.

반면 글로벌 진출, 수주, 인수합병 등의 사업 투자 리스크는 철저한 관리를 통해 최소화할 수 있다. 그러나 행여 지나친 낙관으로 의사결정을 잘못하면 기업의 존폐까지 걱정할 정도로 치명적일 수 있다. 금호아시아나가 2006년에 무리한 풋백옵션을 조건으로 대우건설을 인수한 후 큰 위기에 빠졌던 사례가 대표적이다. 무리해서 한 인수합병의 후유증이 얼마나 무서운지를 일깨워준다.

마지막으로 작업장에서의 안전규정 미준수로 인한 각종 사고, 비윤리, 컴플라이언스Compliance 등의 운영 리스크는 사업 투자 리스크와 같이 자체 노력으로 얼마든지 방지하거나 최소화할 수 있다. 하지만 소홀히 방치하면 심각한 결과를 가져온다. 1995년 영국의 베어링사가 딜러 한 명의 은폐와 조작으로 13억 달러의 손실을 입고 파산했다. 또한 2000년 초 LG카드는 IMF 외환위기 극복을 위한 정부의 경기부양 정책에 적극적으로 협조한다는 명분 아래 갚을 능력을 따지지 않고 실업자는 물론 고등학생에게도 카드 발급을 남발했다. 그러다 결국 파산해 2007년 신한카드에 통합됐다. 리스크 관리 부실과 도덕적 해이가 기업을 망하게 할 수 있음을 보여준다.

리스크는 피하는 것만이 능사가 아니다. 기업은 신중하게 리스크를 판단해 적정 수준은 수용하면서 극복해 나갈 때 성장할 수 있다. 일반적으로 취할 수 있는 리스크 대응 방법은 크게 4가지이다.

리스크	대응 방법
회피	특정 리스크가 제거되도록 활동 변경
이전	리스크의 일부 또는 전체를 다른 주체로 이전(보험, 제휴 관계 등)
완화	리스크 또는 손실의 심각성을 낮추기에 충분한 통제 또는 척도를 생성
수용	리스크 또는 제반 비용 수용

과거 우리 기업들이 글로벌 경쟁력 강화를 위해 해외 수주, 자원 개발, 인수합병 등을 적극적으로 추진하다가 경험 미숙과 시장 변화 등으로 쓰라린 경험을 많이 했다. 그 뒤부터 기업들은 저마다 투자와 수주 심의 조직을 보강하고 프로세스를 대폭 강화했다. 이제는 우리 기업들의 리스크 관리도 상당한 수준에 올랐다고 판단된다.

최근 임원 코칭을 하면서 얘기를 들어보면 일부 기업들은 사내 투자와 수주 심의 프로세스가 너무 까다로워 돌다리를 두드리며 가는 정도가 아니라 두드리기만 하다가 끝나는 경우가 많다고 한다. 이러다가 투자 미흡으로 회사 장래가 걱정된다는 목소리도 있었다. 이 세상에 리스크가 없는 사업은 없다. 경영진이 배임 이슈나 문책 등을 지나치게 의식해 투자에 너무 소극적이면 기업의 미래가 없음은 자명하다. 글로벌 초우량 기업들의 성장 과정을 살펴보면 자체의 핵심 역량을 바탕으로 한 유기적 성장 이상으로 사업의 변곡점에서 과감한 인수합병을 통해 비유기적 성장을 적극 추진했음을 알 수 있다.

관건은 리스크를 제대로 파악하고 차질 없이 관리할 수 있는 역량과 문화를 갖추었는가이다. 시대 흐름과 미래를 꿰뚫어 보는 통찰력,

냉철한 리스크 분석 역량, 두려움 없이 리스크를 솔직히 지적할 수 있는 소통 문화가 잘 어우러진 기업은 초불확실성 시대에 안팎의 다양한 리스크를 효과적으로 대응하면서 지속 성장할 수 있다.

우리 기업들은 IMF 관리 체계 이후 위험관리에 대한 필요성을 느끼기 시작했다. 최근 다시 국내외 상황의 불확실성이 높아지면서 전사적 위험관리, 즉 ERM(Enterprise Risk Management)이 주목받고 있다. 전사적 위험관리는 기업의 장기적 목적과 전략적 목적을 방해할 수 있는 경영상의 여러 위험들을 전사적 시각에서 통합적으로 인식하고 효과적으로 대응하는 일련의 시스템과 프로세스라고 정의할 수 있다. 전사적 위험관리에서 전사라는 용어는 두 가지 의미를 지닌다. 첫째, 위험 요인들을 관련 부문에서 개별적으로 관리하는 것이 아니라 회사 전체 차원에서 관리하는 것이다. 둘째, 여러 사업 부문을 가진 회사의 경우 사업 부문 간의 위험 포트폴리오도 고려한다는 것이다. 예를 들어 회사 내에 수출 부문과 수입 부문이 있다고 하자. 원화의 절상은 수출 부문에 위험이 되지만 수입 부문에는 기회가 되기 때문에 전사적 관점에서 봤을 때 위험 수준을 달리 평가할 수 있게 된다.

전사적 위험관리를 효과적으로 수행하기 위해서는 각 부문의 업무 범위를 뛰어넘는 권한을 가진 최고위험관리책임자(CRO)가 필요하다. 위험관리의 통합과 조정을 위해 최고위험관리책임자를 두고 이사회 내에도 위험관리위원회를 설치하고 정기적으로 운영하는 것이 바람직하다.

리스크 관리는 이렇게 하라

대외 리스크: 시나리오 경영과 리얼 옵션 전략

　대외 환경 변화가 기업에 미치는 영향이 갈수록 커지면서 미래 예측과 리스크 대응력이 기업의 핵심 역량으로 주목받고 있다. 미래학자 피터 슈워츠Peter Schwartz는 저서 『미래를 읽는 기술』에서 '준비하지 않는 개인과 기업에 미래란 없다.'라고 단언한 바 있다. 심도 있는 미래 예측을 통해 발생 가능한 상황들을 가정해 상황별 시나리오를 마련해 놓은 기업과 별다른 준비 없이 갑자기 위기에 닥친 기업 간의 미래는 극명하게 차이가 날 수밖에 없다. 미래는 불확실하지만, 그럼에도 불구하고 미래를 위한 준비는 반드시 필요하다.

　최근 빅데이터의 발전으로 더 깊이 있는 정량적 분석과 의사결정이 가능해졌다. 이를 적극적으로 활용해 초불확실성 시대에 미래 예측의 어려움을 극복해 나가야 한다. 미래 예측을 경영 전략 수립의 요식 행위로 인식하는 것은 곤란하다. 사내에 미래 전문가들을 두고 사회적 이슈, 기술적 이슈, 경제적 이슈, 환경적 이슈, 정치적 이슈 등을 추적 조사해 핵심 변화 동인을 찾아내야 한다. 이를 바탕으로 예상 시나리오별 전략적 대안을 마련하는 역량을 꾸준히 축적해가면 위기 상황이 오더라도 준비된 시나리오를 바탕으로 흔들림 없이 위기를 타개할 수 있다. 시나리오 경영은 예측하기 힘든 극단적인 상황에 대해서도 대응책을 마련할 수 있다는 점에서 유용성이 높다. 상상이 가능한 여러 미래에 대해 시나리오를 작성하는 자체가 조직의 준비 상황을 업그레이드하는 계기가 될 수 있다.

리얼 옵션 전략은 선택의 불확실성 속에서 최소의 리스크로 최대의 효과를 얻고자 하는 방법이다. 불확실성이 높을 때 복수의 대안별로 동시에 소규모로 투자를 하면서 각 대안에 대해 파악하고 단계적으로 성공 가능성을 재점검한 뒤 지속 여부를 결정하는 것이다. 즉 숨은 기회를 포착할 가능성을 열면서 실패 시 리스크를 줄인다는 장점이 있다. 리얼 옵션 전략은 사업 리스크에 대해서도 유효한 전략이다.

사업 리스크: 엄정한 리스크 관리와 치열한 실행의 조화

투자·수주와 심의는 창과 방패의 싸움이다. 투자·수주 부서는 프로젝트가 진행돼야 존재 의미가 있으므로 투자·수주를 최대한 되는 방향으로 검토하는 경향이 있다. 반면 심의 부서는 가능한 비판적인 시각에서 검토하려고 한다. 경험상 투자·수주는 애초 예상보다 훗날 환경이 나빠지는 경우가 훨씬 많고 잘못되면 회사가 큰 낭패를 보게 되므로 심의 부서의 비판적 접근은 마땅하다. 투자·수주 부서가 현장의 사정을 알아주지 않고 리스크만 강조하면 도대체 사업을 하자는 거냐며 볼멘 목소리를 내는 것도 충분히 이해된다. 하지만 만약 자신들의 안위 때문에 회사의 미래를 가벼이 여긴다면 이는 분명 근절돼야 할 심각한 도덕적 해이다.

투자·수주 부서와 심의 부서 간 상호 동등한 입장에서 건설적인 의견 대립과 충돌을 통해 합리적인 결론을 도출해내는 강건한 프로세스와 문화가 구축돼야 한다. 지나친 낙관이나 비관은 지양하고 리스크를 철저히 평가하고 예상 수익을 비교해 정말 추진할지 말지를 냉정하게 파악해야 한다. 또한 설령 일부 손해가 예상돼도 충분히 감내할 수 있으면서 시장 선점 또는 사업 역량의 조기 확보 차원에서 필요하다면 사업 추진을 결정하는 전략적 성숙함도 필요하다. 그리고 일단 사업 추진이 결정되면 모든 부서의 역량을 결집해 사업을 성공적으로 만들어가는 치열함이 필요하다. 또한 중도에 사업 추진이 잘못됐다고 판단되면 매몰 비용에 연연하지 않고 철수하는 과단성이 요구된다.

JP모건 체이스는 2008년 글로벌 금융위기 시 많은 금융사가 벼랑 끝에 몰렸을 때 홀로 56억 달러의 순이익을 기록하며 금융계의 1인자로 우뚝 설 수 있었다. 그 이유는 많은 금융사가 앞다투어 고위험 사업에 투자할 때 부화뇌동을 하지 않고 현장을 정확히 파악하며 자신만의 '수익과 리스크 관리의 기본 원칙'을 철저히 지켰기 때문이다. JP모건 체이스가 '누구나' 알고 있지만 '아무나' 쉽게 지키기 어려웠던 원칙을 제대로 지켰다는 점은 리스크 관리 관점에서 배울 점이 많다.

운영 리스크: 건전한 사풍과 두려움 없는 소통

대외 환경 리스크와 사업 투자 리스크에 비해 운영 리스크는 노력 여하에 따라 가장 확실히 줄이거나 없앨 수 있는 분야이다. 그럼에도 불구하고 소홀히 하면 그 여파가 기업의 존립과 명성에 치명적인 영향을 미치게 된다. 사업장은 안전기준의 정립과 준수, 안전장치의 설치를 통해 산업재해를 방지하는 것이 가장 기본이다. 또한 최근 이슈가 되는 비윤리, 성추행, 갑질 등에 대한 엄정한 규율과 일상에서의 반복 교육을 실천해 건전한 사풍을 조성해야 한다. 경영관리 선진화와 이해관계자 관리 강화를 통해 컴플라이언스와 평판 등의 대외 이슈가 발생하는 것을 원천적으로 방지하는 리스크 관리도 필요하다. 또한 리스크가 발생하면 숨기거나 축소하지 않고 최고경영층의 주도하에 모두가 한 목소리를 내며 대내외 이해관계자들과 원활하게 소통함으로써 리스크의 사회적 파장을 조기 진화해야 한다.

예상치 못한 리스크가 가장 무섭다. 마치 전투에서 매복한 적에게 허를 찔렸을 때 치명적인 피해를 보는 것과 같다. 따라서 모든 리스크는 철저히 열어놓고 정확히 평가해야 한다. 그러기 위해서는 지위고하를 막론하고 두려움 없이 리스크에 대한 솔직한 의견을 개진할 수 있는 문화가 조성돼야 한다. CEO부터 솔선수범을 보이며 현장 의견을 적극적으로 경청하고 의사결정 시 리스크를 가장 정확히 아는 실무자들이 참여할 기회를 반드시 주어야 한다. 리더들이 자신에 반하는 의견에 불편한 심기를 보이거나 자신의 의견을 밀어붙이면 실무자들은 리더 의향에 맞춰 의견을 개진하거나 아예 의견을 내지 않게 된다. 이러한 문화가 고착되면 훗날 회사는 큰 낭패를 볼 것이다.

다양한 리스크가 끊임없이 속출하는 여건에서 급하게 전진하는 것은 위험하다. 지나친 성장을 추구하기보다는 뭔가 좋지 않은 일들이 닥칠 수도 있다는 생각에 무리한 확장을 경계하면서 프로세스, 역량, 문화라는 삼박자의 리스크 관리 역량을 갖춘 건실한 경영만이 기업의 지속 성장을 보장할 것이다.

|4|
실행에 집중하라

| 핵심 질문 |

- 경영에서 실행이란 어떤 의미라고 생각합니까?
- 전략을 어떻게 일상 업무의 일부로 만들까요?
- 실행 시 어떻게 협력을 촉진할 수 있을까요?
- 이해관계자 관리는 왜 중요할까요?

필자가 해외여행을 할 때마다 우리나라 인천국제공항이 세계 최고 수준의 쾌적하고 훌륭한 시스템을 가지고 있음을 느낀다. 국제공항협의회ACI가 주관하는 세계공항서비스평가ASQ에서 12년 연속 1위를 한 바 있다. 영국 항공서비스 전문 조사기관인 스카이트랙스의 세계 최고 공항 순위에는 매년 톱 5에 들고 있다.

인천공항의 성공 비결로 인천공항만이 지닌 유기적 협업 시스템을 들고 싶다. 출입국을 위해 공항을 찾는 고객들은 기본적으로 항공권 발권, 출입국 심사, 세관 통과 등의 절차를 거쳐야 하고 상당 시간을 공항에서 체류하며 서비스를 이용한다. 이를 지원하는 업무는 인천공항공사를 비롯해 항공사와 출입국 관리사무소, 세관 등 공항 상주기관들이 담당한다. 공항을 운영하는 것은 오케스트라 연주와 비슷하다. 인천공항은 상주기관과 협력업체들이 모여 만들어진 곳으로 약 86퍼센트를 아웃소싱하고 있어 협력업체와의 조화가 매우 중요하다. 그래서 상주기관 협의체인 '서비스 개선 위원회'를 구성해 3만 5,000여 명의 인천공항 종사자 전체의 공동 목표 달성을 위해 소통을 지속하고 있다.

각 기관의 끊임없는 제도 개선과 상호협력 활동이 서비스 개선의 일등 공신이다. 분업 시스템을 잘 갖춘 외국의 주요 공항들과 달리 인천공항은 협업 시스템으로 업무 효율성을 극대화했다. 대표적으로 인천공항의 초스피드 출입국 절차는 협업 시스템이 만들어낸 작품이다. 현재 인천공항의 출국과 입국에 드는 시간은 각각 16분과 12분으로 국제민간항공기구가 제시한 국제 기준인 60분과 45분의 3분의 1도 채 안 된다. 인천공항은 1,700여 개에 달하는 세계 공항의 롤모델로 자리 잡았다. 개항 이후 매년 수천 명이 인천공항을 배우기 위해 다녀가며 공항 운영 노하우를 수출하고 있다. 이 모든 것이 세계 일등 공항의 비전과 이를 실현하기 위한 전략과 실행력의 조화가 빚어낸 결과이다. 특히 실행력은 인천공항의 경쟁력의 핵심이다.

▎실행력 없는 비전과 전략은 허구이다

"좋은 아이디어만 있으면 성공할 텐데."

많은 사람이 하는 말이다. 그런데 과연 그럴까? 새로운 아이디어만 있으면 곧 찬란한 성공으로 이어질까? 혹시 여러분은 알버트 아인슈타인Albert Einstein이 상대성 이론을 완벽하게 증명하기까지 10년 이상의 연구에 연구를 거듭한 사실을 알고 있는가? 그의 위대함은 천재적 직관보다는 집요하게 매달린 실행력에 있다. 유럽을 정복하며 프랑스의 꿈을 펼친 나폴레옹이 영웅 대접을 받는 진정한 이유도 실행력과 맥락이 닿아 있다. 알프스를 넘어 공격하겠다는 무모한 전략을 세우고 그 계획을 실행에 옮긴 것이 그의 위대함을 말해준다.

기업도 크게 다를 것이 없다. 새로운 사업의 전략, 사업 포트폴리오, 비즈니스 프로세스, 시스템, 조직구조 등 수많은 큰 그림의 아이디어와 전략적 목표를 세운다. 하지만 실제로 그것을 현실화할 실행에 대해서는 등한시하는 경우가 대부분이다. 그래서 사업이 실패하면 전략의 문제, 시스템의 문제, 조직의 문제 등에서 원인을 찾는다. 그런데 실제로는 비전과 전략의 차이보다 그것을 실제 성과로 구현하는 '실행력의 차이'가 기업 간 격차를 벌리는 근본 원인인 경우가 비일비재하다.

글로벌 기업의 평균수명은 몇 년일까? 글로벌 컨설팅 업체 맥킨지에 따르면 1935년에 기업의 평균수명은 90년이었으나 1975년 30년에서 1995년 22년으로 점차 줄었다. 급기야 현재는 15년 이하라고 한다. 한때 그 분야 세계 톱을 차지한 글로벌 기업의 몰락을 생각하면 컴팩, 휴렛팩커드, 모토롤라, 제록스, 노키아 등이 떠오른다. 이 제왕적 기업들은 어떻게 하루아침에 몰락의 길을 걷게 됐을까?

사람들은 CEO의 전략을 문제 삼기도 하고 비즈니스 환경 변화나 4차 산업혁명의 핵심 기술 등장이 원인이었다고 한다. 물론 맞는 말이다. 하지만 왜 전략이 실패했는지를 살펴보면 실행 과정의 오류나 리더의 비즈니스 환경에 대한 오판 때문이다. 실행은 하나의 체계이다. 실행을 비즈니스의 전술적 측면으로 이해해서는 안 된다. 전술이 실행의 한 부분임은 틀림없지만 그렇다고 실행을 전술과 동일시해서는 곤란하다. 실행은 전략의 토대를 형성하는 개념이며 조직에서 실행력을 충분히 파악하지 않고서는 결코 훌륭한 전략을 수립할 수 없다. 따라서 실행이란 목적과 방법을 검토하고 의문을 제기하며 끈기 있게 추진하고 책임 관계를 명확히 하는 체계적이고 엄격한 프로세스를 의미한다. 그리고 현실을 직시하고 그 현실에 대응하는 체계적인 방식이라고 말할 수 있다.

실행은 또한 리더의 책임이다. 업무를 실제로 이행하는 것과 같은 사소한 일들은 높은 지위에 있는 리더에게는 어울리지 않는다고 생각하는 리더들이 많다. 리더십을 자의적으로 해석한 결과이다. 리더의 가슴과 영혼이 조직 전반에 깊이 스며 있을 때 비로소 기업의 실행력이 향상된다. 실행 리더십은 미시적 관리나 적극적 간섭을 말하는 것이 아니며 권한 위임과 대치되는 개념도 아니다. 실행 리더십은 리더의 적극적인 관심과 참여를 의미한다.

전략을 일상 업무의 일부로 만들어라

오늘날 직원의 대부분은 자신의 업무가 전략과 어떻게 관련되는지조차 이해하지 못하고 있다. 전략의 실행에서 중간관리자의 참여와 수용은 필수적인 요소다. 경영진이 전략개발을 이미 시작했다고 하더라도 그 전략을 확정하기 전에 이해관계자를 참여시켜야 한다. 이는 시간과 노력을 기울일 만큼 충분히 가치 있는 일이다.

전략을 성공적으로 실행하려면 무엇이 필요할까? 회사가 어떤 역량을 갖추어야 하는지, 개인은 어떤 스킬이 필요한지 등 손에 잡히는 내용으로 전략을 구체화해서 일상 업무의 일부로 만드는 것이 중요하다. 그러면 회사는 적절한 인재의 양성에 집중하고 개인은 조직 내에서 자신의 업무와 역할이 전체적인 전략에 어떻게 들어맞는지 이해하게 된다. 또한 자신의 업무와 조직 간의 연계성을 보다 근본적으로 파악하는 데 도움이 된다. 성과 관리 방안으로 가장 주목을 받고 있는 목표에 의한 관리MBO, Management by Objectives, 균형 성과 관리BSC, Balanced Score Card, OKRObjective Key Results의 핵심은 바로 전략을 일상 업무의 일부로 만드는 데 있다. 이를 위해서는 조직 내 모든 구성원이 무슨 일을 해야 할지 정확히 이해하도록 소통해야 한다. 따라서 고성과팀은 내부소통을 자주 하면서 전략을 주축 삼아 조직을 정렬하고 일관된 메시지를 전체에 전파하는 일에 더 많은 시간을 투자한다.

목표를 실현하기 위해서 조직은 폭넓은 관점에서 구성원을 관리하고 개발해야 한다. 조직 내 코칭 문화가 구축되면 구성원들의 주도

성과 실행력을 높일 수 있다. 구글의 경우 지속적인 성과 관리의 도구로 코칭의 핵심 스킬인 CFR, 즉 대화Communication, 피드백Feedback, 인정Recognition을 활용한다.

- **대화:** 리더와 직원이 실행력 강화와 성과 향상을 위해 진행하는 솔직하고 다양한 의견 교환을 말한다. 피터 드러커는 리더와 직원 사이의 정기적인 일대일 대화의 중요성을 처음으로 강조했다. 앤디 그로브는 인텔에서 일대일 대화를 제도화한 장본인이다. 그는 "일대일 대화의 목적은 서로 조언과 정보를 나누는 것이다."라고 설명했다.

  일대일 대화 시 리더는 문제와 주변 상황에 대해 논의하는 동안 부하직원에게 자신의 노하우를 전수하고 문제해결을 위한 접근 방식을 제시한다. 동시에 부하직원은 자신이 무슨 일을 하고 있고 어떤 것에 관심이 있는지 구체적인 정보를 전한다. 일대일 대화를 통해 목표 설정, 합의, 지속적인 실행 상황 검토, 양방향 코칭, 경력 발전, 성과 검토가 이루어진다. 일대일 대화가 정책적으로 자리잡을 때 리더는 감독관이 아니라 코치가 된다.

- **피드백:** 발전 상황을 확인하고 향후 개선 방향을 잡기 위해 이루어지는 구성원 간 양방향 또는 네트워크 형태의 의사소통을 말한다. 피드백은 관찰과 경험으로부터 도출되는 의견이다. OKR을 가장 성공적으로 적용하고 있는 구글이 OKR의 장점을 온전히 실현하는 과정에서 피드백은 필수 요소이다. 자신의 성과를 정확

하게 알지 못한다면 성과를 개선하기 위한 노력도 할 수 없다.

오늘날 직원들은 명령이 아니라 자율과 동기를 원한다. 그래서 연말에 리더에게 피드백을 받을 때 자신도 리더에게 피드백을 줄 수 있기를 바란다. 또한 목표에 대해 주기적으로 논의하고 공유함으로써 자신의 발전 상황을 추적할 수 있기를 원한다. 성숙한 조직의 경우, 피드백은 실시간으로 다양한 형태로 진행되며 조직 내 모든 영역에서 구성원 간 열린 대화로 이루어진다.

- **인정:** 모든 형태의 기여에 대한 인식과 보상을 말한다. 지속적인 인정은 직원의 참여를 끌어내는 강력한 동인이다. 프로젝트 완성, 목표 달성, 기업가치 실현 등 특별한 노력과 성취를 보인 업무활동을 인정의 기준으로 삼는다. 직원들끼리 서로의 업무성과를 꾸준히 인정할 때 감사의 문화가 모습을 드러낸다.

구글에서 팀 구성원이 참석하는 금요일 회의는 놀라운 성과를 기록한 직원에 대한 동료들의 칭찬으로 끝난다. 이 과정에서 인정은 조직 전반에 활기를 불어넣는다.

협력을 촉진하고 시너지를 추구하라

전략은 여러 부서의 협력을 통해 실행된다. 따라서 부서 간 사일로 현상은 전략의 성공적인 실행을 막는 중요한 장애물이다. 한 조사에 따르면 무려 84퍼센트의 경영관리자들이 자신의 상사와 직속 부하직원들을 항상 또는 거의 대부분 신뢰할 수 있다고 답했다. 그러나 다른 업무를 담당하거나 타 사업 부문에 속한 동료들을 믿고 의지할 수 있다고 답한 비중은 절반에 지나지 않는다.

경영자나 관리자들이 타 부서나 다른 업무를 담당하는 동료를 믿고 의지하지 못하면 실행을 저지하는 역기능적인 행동을 하게 된다. 다시 수고하게 하거나 고객과의 약속을 지버리거나 실행 가능한 일을 미루거나 좋은 기회를 놓치기도 한다. 협력을 도모하는 데 실패하면 갈등을 일으키는데 이러한 갈등이 제대로 처리되지 못하는 경우가 3분의 2나 된다. 상당히 지체된 뒤에야 해결되거나 신속하게 대응하더라도 처리가 미흡하거나 곪아 터지도록 방치되기도 한다.

보통 기업들은 조직 내에서 목표를 수직적으로 하달하기 위한 효과적인 절차를 갖고 있다. 그에 반해 수평적인 협력과 성과를 관리하기 위한 시스템은 무력한 편이다. 부문이나 부서 간 협력을 촉진하고 이러한 성과를 관리하면 실행력을 보다 촉진할 수 있다. 사일로 현상을 파괴하기 위한 효과적인 수단으로는 다음과 같은 것이 있다.

· 주요 과제는 교차기능팀을 구성해서 시너지를 창출한다.
· 목표 부여와 평가를 할 때 관련 부서 간 협업을 추구한다.
· 부서장을 주기적으로 순환 배치한다. 특히 이해관계가 부딪치는 부서는 부서장을 상호 교차해서 배치한다.

기업이 전략을 성공적으로 추진하는 데는 내부 이해관계자뿐만

이 아니라 외부 이해관계자와의 협력과 관리도 매우 중요하다. 특히 최근 들어 정책당국과 입법기관인 국회, 시민단체, 환경단체, 지역주민들의 의견과 영향력이 점점 커짐에 따라 기업 경영의 영속성과 효과적인 사업 추진을 위해 이해관계자 관리의 중요성이 높아지고 있다. 문제가 되고 나서 관리하면 그 효과가 반감된다. 평소에 잠재적 위험 요소를 충분히 파악하고 선제 대응을 함으로써 우호적인 지원 세력을 확보하고 반대자를 설득해야 한다.

전략 개발에 관해 알려진 지침은 수천 가지인 반면 전략 실행에 관한 방법은 아주 드물다. 대기업에서는 전략을 성공적으로 실행하기가 어렵다는 사실이 심각한 장애물이다. 기업이 진짜 경쟁력을 확보하기 위해서는 좋은 전략과 함께 실행력이 있어야 한다. 따라서 기업으로서는 실행이 왜 중요한지, 리더는 그 실행에서 어떤 역할을 해야 하는지, 기업의 실행 문화는 어떠해야 하는지, 궁극적으로 전략 프로세스, 인력관리 프로세스, 운영 프로세스는 실행을 중심으로 어떻게 통합돼야 하는지와 같은 종합적인 시각으로 실행을 바라보아야 한다. 미국 최고의 경영 컨설턴트인 램 차란은 다음과 같이 말했다.

"실행은 단순한 전술이 아니라 하나의 문화이며, 하나의 시스템을 의미한다. 또한 기업의 전략과 목표 그리고 기업문화 속에 반드시 스며들어야 하는 요소이다."

전략과 실행은 수레의 양 바퀴이다. 한 바퀴가 없으면 수레가 전복하거나 길에서 벗어나게 된다. 실행에 집중하고 성과 창출을 위한 모멘텀을 만들어가야 한다.

2장
혁신과 창조

EXECUTIVE
COACHING

혁신은 피할 수 없는 과제이자 숙명이다. 우리 경제는 지금 '도약이냐, 추락이냐'의 기로에 서 있다. 지금까지 경험하지 못했던 전혀 다른 세상이 오고 있다. 이러한 격변에 제대로 대응하지 못하면 십중팔구 '점진적 죽음'이 불가피하다. 시장에서 서서히 몰락하면서도 왜 그런 결과가 왔는지 원인조차 밝히기 어렵게 될 것이다. 우리는 오히려 변화를 환영하며 선제적으로 대응해야 한다. 그러기 위해서 '과감한 변신'이 필요하다.

| 1 |

왜 많은 기업이 혁신에 실패하는가

| 핵심 질문 |

- 혁신 활동은 경영 성과 창출에 얼마나 기여합니까?
- 조직 구성원들의 혁신 수용도는 어느 정도입니까?
- 어떻게 혁신이 조직문화로 정착될 수 있을까요?
- 혁신 추진 시 주요 장애 요인들은 무엇입니까?
- 최고경영자는 어떤 역할과 지원을 해야 할까요?

글로벌 시가총액 순위는 지난 10년 사이 크게 지각변동을 일으켰다. 2011년까지 글로벌 10대 기업은 석유와 자원 기업들이 주를 이루었다. 2020년 2월에는 애플, 마이크로소프트, 아마존, 구글, 페이스북, 알리바바 등의 IT 기업들이 상위권으로 올라섰다. 불과 10년도 되지 않은 사이의 변화다. 산업 사회의 변화는 역사적으로 유례를 찾아볼 수 없을 만큼 빠르게 진행되고 있다. 경영자가 이러한 글로벌 흐름을 가볍게 여긴다면 기업의 핵심 경쟁력이 무엇인지 판단할 수 없다. 경영자는 유형 자원뿐만 아니라 창의와 혁신의 중요성을 놓쳐서는 안 된다.

2017년 3월 우리 정부는 멀티콥터 드론, 실감형 가상·증강 현실, 스마트 팩토리, 만물 인터넷, 3D 프린팅, 스마트 그리드 등 24가지의 미래 혁신기술이 2030년까지 모두 상용화된다고 예측했다. 이 기술들이 모두 상용화된다면 세상은 크게 바뀔 것이다. 우리 기업들은 디지털 혁신기술을 적극 활용해 비즈니스 모델 혁신에 적극적으로 뛰어들어야 한다.

혁신은 피할 수 없는 과제이자 숙명이다. 우리 경제는 '지금 도약이냐, 추락이냐'의 기로에 서 있다. 지금까지 경험하지 못했던 전혀 다른 세상이 오고 있다. 이러한 격변에 제대로 대응하지 못하면 십중팔구 '점진적 죽음 Slow Death'이 불가피하다. 시장에서 서서히 몰락하면서도 왜 그런 결과가 왔는지 원인조차 밝히기 어렵게 될 것이다. 우리는 오히려 변화를 환영하며 선제적으로 대응해야 한다. 그러기 위해서 '과감한 변신 Deep Change'이 필요하다.

혁신을 위한 혁신에서 벗어나라

보통은 혁신의 분야를 3가지로 꼽는다. 프로세스 혁신, 제품 혁신, 비즈니스 모델 혁신이다. 우리는 지난 반세기 압축 성장 과정에서 선진국의 기술을 배우고 개선해 사업을 하는 데 주력하다 보니 상대적으로 프로세스 혁신은 강하다. 반면 제품 혁신이나 비즈니스 모델 혁신은 약한 편이다. 우리 기업들도 오래전부터 다양한 혁신을 시도했다. 대부분의 기업에 혁신 전담부서가 있을 정도다. 그러나 많은 기업의 혁신 성과는 기대만큼 좋지 않다고 한다. 오히려 '혁신 피로감'을 호소하는 직장인들이 많다. 지난 2012년 11월 취업포털 사람인에서 조사한 바에 따르면 "직장인의 74퍼센트가 경영 혁신에 피로감을 느꼈다."라고 말했다. 왜 이런 현상이 일어나는 걸까? 4가지 이유를 들어보겠다.

첫째, 혁신을 위한 혁신이기 때문이다. 대부분 혁신의 필요성을 인식하면서도 진지하게 임하지 않는 '혁신을 위한 혁신'의 타성에 젖어 있다. 혁신에 대한 절박감이 없이 부가적인 업무로 취급한다. 경영자의 관심 부족에 구성원들의 역량 미흡과 보여주기식 행정 등이 어우러져 존재감 없는 '혁신 연극'을 펼치는 것이다. 혁신이 조직문화에 스며들지 못한 채 조직 명칭이나 홈페이지 홍보 등에 피상적으로 활용되는 경우가 많아 구성원들의 혁신 반감만 키우게 된다.

둘째, 발등의 불을 끄는 데 집중하기 때문이다. 장기적인 안목을 가지고 미래 준비를 해야 한다는 점을 모르는 경영자는 없다. 그러나 급변하는 경영 환경에 대응하다 보면 경영 현안과 단기성과에 매몰돼 미래 준비에 소홀하게 된다. 특히 임원들은 단기성과를 잘 내야만 연임이 되니 미래 준비를 남의 일로 보기 십상이다. '멀리 보라고 임원을 시켜놨더니 발끝만 보는 격'이다. 맥킨지의 '3 허라이즌 모델 Three Horizons Model'을 보면 지속 성장하는 기업이 되기 위해 최소한 조직역량의 30퍼센트를 새로운 사업 창출과 미래 혁신에 투자해야 한다. 하지만 90퍼센트 이상의 기업이 현재의 비즈니스 경쟁력에 매달리고 있는 게 현실이다.

셋째, 한 번 실패는 영원한 실패라고 생각하기 때문이다. 혁신이 쉽지 않다. 원래 그렇다. 본질적으로 성공 확률이 낮은데도 해야 한다. 그렇다면 우리는 혁신과 손잡고 있는 쌍둥이 동생의 이름을 알아야 한다. 그것은 바로 '실패'다. 혁신을 중요하게 여길수록 실패를 당연히 여겨야 한다. 강도 높은 혁신을 추구한다면 실패는 자주 일어나기 마련이다. 의미 있는 실패를 용인하지 않고 책임을 묻는다면 혁신다운 혁신은 구경도 할 수 없다. 의미 있는 실패를 환영하는 문화가 조직 전반에 스며들어야 한다. 건강한 실패를 미래 성공의 밑거름으로 활용하는 끈기와 축적의 지혜가 필요하다.

마지막으로 전임자의 혁신 활동을 무조건 밉상으로 보기 때문이다. 혁신이 제대로 된 성과를 내려면 상당히 오래 걸린다. 그러나 혁신을 조직문화로 승화하지 못하는 기업들은 CEO의 퇴임과 함께 그가 추진했던 혁신도 더불어 유명을 달리하는 경우가 많다. 신임 CEO가 전임자의 성과를 돋보이게 하는 데 인색하기 때문이다. 국내 CEO들의 평균 재임 기간은 짧은 편이다. 2020년 11월 CEO 스코어가 발표한 자료에 따르면 국내 500대 기업 전문 CEO들의 평균 재임 연수는 3.6년에 불과하다. CEO는 전임자의 정책을 이어받는 용기를 내야 한다. 자신이 모든 것을 새롭게 하기 위해 이전 것을 소홀히 하거나 부정적으로 보는 자세에서 벗어나야 한다. 위대함은 지속에서 나오기 때문이다.

개선과 창조는 비상을 위한 양 날개이다

최고경영자는 당장 기업의 생존을 책임져야 한다. 과감한 변신에만 몰두할 수는 없을 것이다. 하지만 기업의 근본적인 전투력 자체를 향상하지 못한다면 생존 자체를 위협받게 된다. 그러므로 비상을 위한 양 날개처럼 현재 하던 일을 점진적으로 개선해 나가는 동시에 DNA 자체를 바꿔야 할 정도의 혁신을 겸해야 한다. 일명 '지속적 개선Continuous Improvement'과 '창조적 혁신Creative Innovation'을 동시에 추진해야 한다.

지속적 개선은 주인의식을 가진 구성원들이 자신의 업무에 문제의식을 느끼고 끊임없이 개선하는 활동이다. 지속적 개선에 뛰어난 기업들의 특징은 변화 지향적이면서도 조직이 탄탄해 위기일수록 더욱 빛을 발한다는 점이다. 뿌리 깊은 나무는 강한 바람에도 쉽사리 뽑히지 않는 것과 같다. 리더들이 지속적 개선을 문화로 정착시켜야 하는 중요한 이유이다. 하지만 최근과 같이 시장이 크게 바뀌어갈 때는 지속적 개선만으로는 한계가 분명하다. 호텔은커녕 방 하나도 소유하지 않은 에어비앤비 같은 기업이 굴지의 국제적 호텔 체인을 능가하리라고 누가 생각했겠는가. 자동차 한 대도 소유하지 않은 우버가 택시 업계를 재편하게 될 줄은 아무도 몰랐다.

창조적 혁신이 시장의 경쟁 구도를 크게 바꾸고 있다. 지금 잘나간다고 안주하는 것은 절대 금물이다. 언제 어느 기업이 강력한 경쟁자가 돼 자신을 곤경에 빠지게 할지 모르는 세상이다. 시대의 변화를 미리 간파하고 미래 시장을 주도할 비즈니스 모델이나 상품을 개발하는 창조적 혁신을 중시해야 한다. 그런데 참신한 사업 모델이나 상품이라 할지라도 경쟁사의 모방으로 순식간에 과열 시장이 돼버린다. 따라서 적절한 때 새롭게 변신할 능력을 체화해 기업의 핵심 역량으로 장착해야 한다. 구글이나 아마존과 같은 글로벌 혁신기업들은 시장에서의 경쟁력은 언제든지 바뀔 수 있으므로 '끊임없는 성장과 전진을 멈추지 않겠다는 의지Always in Beta'를 늘 인식하고 있다.

여기서 주의할 사항은 기존의 조직에서 창조적 혁신을 함께 추진하면 구성원들의 저항이 커서 혁신이 제대로 꽃을 피우기 어렵다는 점이다. 새 술은 새 부대에 담으라고 하지 않던가. 창조적 혁신을 맡은 사람과 기존 체제에서 일해야 하는 사람 간 충돌은 혁신의 채산성을 떨어뜨린다. 기업 내 스타트업과 같이 소규모 조직을 별도로 두는 것이 바람직하다. 각 분야의 우수 인재들을 선발해 권한과 예산을 확실하게 보장하고 사업 가능성이 큰 결과를 내면 전사적 역량을 결집해 민첩하게 사업화를 추진해야 한다. 이것을 지휘할 책임이 바로 최고경영자에게 있다.

　기업 수명이 갈수록 단축되고 있다. '절대 강자'로 군림했던 수많은 기업이 역사 속으로 사라졌다. 지속가능 경영은 난제가 됐다. 지금과 같은 초불확실성 시대에는 위기로 보이는 것을 향해 오히려 달려들어야 한다. 비록 혁신이 가죽을 벗겨서 새롭게 하는 고통스러운 과정일지라도 미래를 창조해가는 가장 확실한 길이기 때문이다.

|2|
강한 현장이 강한 기업을 만든다

| 핵심 질문 |

- 귀사의 현장 혁신 활동의 특징과 성과는 무엇입니까?
- 어떻게 현장 직원들의 혁신 참여를 높일 수 있을까요?
- 최고경영자는 혁신 활성화를 위해 어떻게 솔선수범을 보였나요?
- 디지털 시대에 현장 혁신 활동은 어떻게 변해야 할까요?
- 그동안 현장 혁신 경험을 통해 얻은 교훈은 무엇입니까?

현장은 사람으로 치면 하체에 해당한다. 훌륭한 운동선수가 되려면 종목을 막론하고 하체가 튼튼해야 하듯이 강한 기업이 되려면 강한 현장은 필수다. 로마가 하루아침에 만들어지지 않았듯이 강한 현장 또한 마찬가지다. 현장 직원들이 매사에 문제의식을 느끼고 끊임없이 혁신 활동을 펼치면서 혁신 역량이 나이테같이 한 겹 한 겹 쌓여 응축돼야 비로소 강한 현장이 만들어진다. 강한 현장은 최고경영자에게 든든한 백이다. '현장 혁신'을 화끈한 단기 승부로 생각하면 큰 오산이다. 느리더라도 확실하게 혁신을 다져가는 호시우보虎視牛步의 통찰력과 끈기가 필요하다.

▍자발적 참여와 혁신이 강한 현장을 만든다

국내에도 모범 사례가 많지만 한화토탈과 포스코 사례가 돋보인다. 1988년 설립된 한화토탈은 지속적인 적자와 사고투성이 공장으로 낙인찍힌 상태에서 1997년 IMF 외환위기까지 맞아 회사가 파산 직전에 이르렀다. 회사는 더 이상 물러날 곳이 없다는 절박한 심정으로 일본 이데미쓰고산의 현장 혁신을 벤치마킹해 1997년 9월 종합적 설비보전 활동, 즉 TPM_{Total Productive Management}을 시작했다. 인간존중의 자율 혁신을 표방하며 구성원들의 자발적인 참여하에 '3정 5S'를 시작으로 TPM 단계를 하나씩 차곡차곡 밟아 올라가면서 회사는 몰라보게 달라졌다. 2001년 1,500억 원 적자를 기록했던 부실 기업에서 2012년 2,500억 원의 흑자를 기록하면서 전천후 흑자 구조의 초우량 기업으로 탈바꿈했다. 혁신의 스승 격이던 이데미쓰고산이 역으로 벤치마킹할 정도로 '강한 현장'의 대표 기업이 됐다. 지금도 여전히 진화하고 있다.

2005년부터 본격 시작한 포스코의 현장 혁신은 '퀵 식스시그마 Quick Six Sigma', 즉 QSS 활동이다. QSS는 지속적으로 낭비를 제거함으로써 부가가치를 창출하는 혁신 활동이다. QSS는 '3정 5S'를 시작으로 마이 머신My Machine, 마이 머신 앤드 세이프티My Machine & Safety 활동으로 진화하며 강건한 제철소를 만들어가고 있다.

마이 머신 활동은 쉽게 말해 단순한 설비 점검이 아니라 섬세한 설비 돌봄이라고 볼 수 있다. 자신이 맡은 설비를 도입 시의 기본 조건과 기능으로 복원하는 것이다. 이 활동은 크게 설비를 점검, 청소하고 오염, 불량, 장애의 발생원을 개선함과 아울러 청소, 점검, 급유 급지 등에 대한 기준서를 작성하는 것으로 구성돼 있다. 아무리 좋은 설비라도 관리하지 않으면 작은 결함들이 모여 큰 고장으로 이어진다. 깨진 유리창의 법칙과 같다. 직원들이 설비 강건화 과정을 자기 손으로 직접 하면서 설비를 소중히 여기게 되고 이는 곧 회사 사랑으로 이어진다.

마이 머신 앤드 세이프티 활동은 제철소 핵심 설비에 집중해 품질, 설비 안정, 안전 측면의 성능 개선을 반복 수행하는 활동이다. 품질 불량 제로, 설비 고장 제로, 안전 재해 제로의 '3제로'를 지향한다. 제철소 핵심 설비는 정비 기간을 제외하고 매일 24시간 연중 쉬지 않고 가동된다. 따라서 마이 머신 앤드 세이프티는 연간 수리 일정과 긴밀히 연계된다. 설비가 가동되는 동안에는 일상적으로 점검해 개선 계획을 정확하게 세워야 하며 이를 위해 조업 부서와 정비 부서 간 긴밀한 협력이 무엇보다 중요하다.

QSS의 기본 사상은 구성원들의 자발적인 참여이다. 제철소의 임직원 모두가 강한 책임감을 느끼고 현장 설비를 최상의 상태로 관리하는 데 헌신적이다. 포스코는 제조 원가의 60~70퍼센트를 차지하는 주원료를 전량 수입하는 불리한 여건에서도 지난 10년 이상 글로벌 철강사 중 종합 경쟁력 1위를 차지했다. 실로 QSS의 효과가 크다. 포스코는 중소기업 동반성장 활동의 하나로 거래관계가 있는 파트너사뿐만 아니라 직접 거래관계가 없는 2차 파트너사(파트너사의 거래 회사)도 정리 정돈, 품질 향상, 공정 개선 등의 QSS 혁신 활동을 지원하고 있다. 혁신 활동을 지원할 때는 임원과 직원, 혁신 전문가와 경우에 따라서는 해당 분야의 전문가도 같이 참여한다.

P코치는 동반성장 업무를 맡고 있던 당시, 혁신 전문가를 포함한 직원들과 함께 기계 부품을 제작하는 2차 파트너사를 처음 방문했다. 조그만 공장의 담벼락에 봄꽃이 올망졸망 핀 따뜻한 날이었다. 직원 다섯 명에 사장님 한 명으로 모두 여섯 명인 소규모 기업이었다. 잠시 사무실에서 K사장과 차를 마시며 나누던 이야기가 지금도 생생하다. K사장은 말이 사장이지 자신도 직원과 똑같이 일하고 생활한다고 했다. P코치는 K사장이 가장 걱정하는 사항이 무엇인지 물었다.

"안전사고입니다."

가끔 작업하다 압착이나 절지 사고가 나는 것이 제일 걱정이라는 것이다. 직원들도 같은 생각이었다. 다행히 사장님과 직원들의 관계는 좋은 편이었다.

P코치는 K사장과 함께 공장을 방문했다. 여섯 명이 일하기에 충분한 넓이의 공장이었다. 설비는 선반 1대, 밀링머신 1대, 그리고 용접기와 조그만 가공 설비가 전부였다. 그리고 자재와 제작품의 재고가 벽면 옆에 놓여 있었다. 직원 다섯 명이 각자 자리에서 열심히 일하고 있었다. 작업자 가까이 다가선 순간 P코치는 적잖이 놀랐다. 설비 옆에 산더미처럼 쌓여 있는 것은 '철 스크랩'이었다. 일명 철판똥이라고도 하는데 철판 가공 후 발생하는 폐기물이다. 한 달에 한 번 고철을 수거하는 사람이 오면 청소를 한다고 했다. 더욱 놀라운 것은 담배꽁초가 여기저기 섞여 있었다. 작업하면서 담배를 피우는지 물었다. 사장님이 작업하면서 담배를 피우다 보니 다른 직원들도 작업하면서 담배를 피운다고 했다. K사장은 시간을 절약하기 위해 작업하면서 담배를 피운다고 했다.

 다시 사무실로 돌아와 향후 계획을 협의했다. 우선 3개월간 작업 환경을 개선하기로 합의했다. 일주일에 한 번씩 매주 금요일은 전 직원이 포스코 직원들과 함께 혁신 작업에 동참하기로 했다. 그리고 한 달에 한 번 P코치와 K사장이 모두 참여하는 전체 회의를 열기로 했다. P코치는 가장 먼저 K사장의 약속을 받고 싶은 것이 있었다.

 "사장님, 작업장은 신성한 곳입니다. 여기에서 직원들과 가족들의 미래와 희망이 싹트기 때문입니다. 담배꽁초를 버리며 침을 뱉는 작업장을 귀하게 생각할 직원은 없습니다."

 담배 연기가 눈앞을 가리는데 어떻게 안전을 담보할 수 있겠냐며, K사장이 작업장에서 먼저 담배를 피우는 행위를 강하게 질책했다.

K사장은 다시는 공장에서 담배를 피우지 않겠다고 했다. 다음 모임 때까지는 공장 안에 담배꽁초가 한 개비도 없도록 하겠다고 약속했다. 다음 달에 P코치는 K사장과 같이 공장을 먼저 돌아보았다. 철 스크랩과 담배꽁초가 말끔히 치워져 있었고, 오랫동안 쌓여 있던 먼지를 닦고 또 닦아낸 흔적이 역력했다. 직원들의 표정도 한층 밝아 보였다.

남은 기간 동안 가공 설비 옆에 통로를 만들어 철 스크랩이 작업자 옆에 쌓이지 않고 수거통으로 수집되도록 공정을 개선했다. 그리고 설비에 정·부 책임자의 이름을 붙여 자신의 설비처럼 관리하도록 했다. 마지막 간담회 때 한 직원이 활짝 웃으며 얘기했다. 작업 환경도 깨끗해지고 설비 책임자에 자기 이름이 붙어 있으니 너무 좋다고 했다. 가족들에게도 일하는 모습을 자랑스럽게 보여주고 싶을 정도라고 했다. K사장은 현장의 혁신 작업 지원에 대해 진심으로 감사를 표했다.

"불과 3개월 만에 이렇게 작업 환경이 바뀔 수 있으리라고는 생각도 못 했습니다. 앞으로 언제든지 포항에 오시면 포항 물회는 제가 책임지겠습니다."

공장 담벼락 옆에 피어 있던 꽃들이 어느덧 녹음이 짙어져 있었다.

꾸준한 자발적 역량 강화로 현장 혁신을 이룬다

강한 현장의 모범 사례들을 보면 몇 가지 시사점을 얻을 수 있다.

첫째, 현장 혁신이 조직문화로 확고히 자리 잡아야만 기업의 강력한 소프트 경쟁력이 될 수 있다는 점이다. 세상에는 공짜가 없는 법. 토요타, 한화토탈, 포스코는 오랜 세월 시행착오를 거치며 현장의 혁신 성과가 축적돼 강한 현장이 만들어졌고 일신우일신日新又日新의 조직문화가 형성됐다. 오랜 기간 다져진 내공은 남들이 범접하기 쉽지 않으며 특히 위기 때 그 진가를 발휘한다. 한화토탈의 TPS 성공 사례를 소개한 『혁신, 사람이 첫째다』에서 2013년 당시 손석원 사장은 혁신의 지속성을 강조했다.

"혁신에 시작은 있지만 그 끝은 없습니다. 한 번 출발하면 먼 미래를 보고 쉼 없이 전진해야만 결과를 얻을 수 있기 때문입니다. 유수의 기업들이 다양한 방법으로 혁신을 시도하지만 명쾌한 성과를 얻지 못하는 이유도 여기 있습니다. 그렇다면 성공적인 혁신 활동을 위한 열쇠는 무엇일까요? 30년 이상의 현장경험을 통해 제가 찾아낸 혁신 성공 비결은 바로 '꾸준함'입니다."

둘째, 현장 직원들의 역량과 마인드가 탁월해진다. 직원들이 매사에 '5와이Five Whys'의 문제의식을 느끼며 끊임없이 개선 활동을 펼치면 자연스럽게 설비나 혁신에 대한 학습에 열중하게 된다. 그 과정에서 설비의 전문성과 문제해결력이 크게 향상되며 현장 전체가 거대한 학습조직으로 변모하게 된다. 또한 자신의 설비를 애지중지하며 최상의 상태로 유지 관리하다 보면 설비 사랑이 깊어지고 주인의식이 강해진다. 필자가 격려 차 현장을 방문해 현장 직원들과 얘기를 나누다 보면 자신들이 어떻게 활동을 해야 핵심성과지표KPI를 달성하는 데 기여할 수 있는지를 훤히 꿰뚫고 있다. 마치 오너와 대화를 나누고 있다는 착각이 들 정도였다.

셋째, 현장의 팀워크가 끈끈해지고 가족 같은 분위기가 형성된다. 지속가능한 고성과 조직이 되려면 똑똑함과 건강함을 겸비해야 한다. 구성원들이 신뢰를 바탕으로 긴밀하게 협업하며 부분이 아니라 전체 최적화를 추구하는 조직을 건강한 조직이라고 한다. 현장 혁신 활동은 서로 협력하며 해결해야 할 과제들이 대부분이다. 집단지성의 힘을 지혜롭게 활용해야 하는 이유이다. 현장 혁신 활동을 통해 팀원 간, 팀 간, 조업 정비 간 협업이 증진되고 고참과 신참 사원 간 멘토링이 활성화되면서 조직이 더욱 건강하게 발전한다. 또한 경영진이 강력한 스폰서십을 보이며 현장에 자주 방문해 격려 활동을 하면 현장의 사기가 크게 올라가기 마련이다. 마치 회사 전체가 한 가족 같아지며 마치 생선 가게의 팔딱거리는 신선한 생선과 같이 활력이 넘친다.

넷째, 내재적 동기부여의 위력을 실감하게 된다. 현장 혁신 활동을 하다 보면 자연스럽게 잔업을 해야 하는 경우가 발생한다. 그렇다고 잔업 수당 지급으로 독려하는 것은 현장 혁신의 기본 사상과 맞지 않을 수 있다. 현장 혁신에서 가장 중요시하는 것은 바로 구성원들의 자발적인 참여이기 때문이다. 사람은 싫어하는 일에 대해서는 아무리 강요해도 소극적이지만 좋아하는 일에 대해서는 시키지 않아도 열심히 하게 돼 있다. 한화토탈도 TPM 초기에 잔업 수당이 이슈가 됐으나 자율적으로 이루어지는 자기계발 활동이라는 점을 강조하며 수당을 지급하지 않기로 했다. 그 당시 이에 대한 불만이 적지 않았지만 자율 혁신의 TPM을 꿋꿋이 시행하면서 탄력을 받자 직원들의 생각과 행동이 크게 바뀌었다. 금전 보상 등 외재적 동기부여도 중요하지만 직원들이 스스로 혁신의 의미와 즐거움을 느끼며 혁신을 주도하게 하고 그 성과를 크게 인정하는 내재적 동기부여가 훨씬 효과적이다.

한화토탈은 현장 직원들이 어렵사리 기능 마스터가 되면 이를 축하하고 기리기 위해 공장단지 내 '기능 마스터 거리'를 조성했다. 이 거리에는 마을을 지켜주는 수호신 역할을 한다는 팽나무들이 심어져 있다. 팽나무 한 그루 한 그루 앞에는 각 기능 마스터의 이름과 사진이 새겨진 동판이 있다. 기능 마스터가 되면 가장 먼저 이곳에 와서 자신의 이름과 사진이 새겨진 동판 앞에서 팽나무 기념식수를 하는 것이 전통으로 자리 잡았다. 직원들에게 회사에 대한 자긍심을 고취하고 삶의 보람을 느끼게 한다는 점에서 어떤 금전 보상보다 훌륭한 제도이다.

마지막으로 아날로그형 현장 혁신은 디지털 혁신에 든든한 기반이 된다. 포스코는 2015년부터 고객 주문부터 생산과 고객 인도까지 전 과정을 디지털화하는 '스마트 제철소' 프로젝트를 본격 추진했다. 그 혁신 성과를 인정받아 2019년 세계 경제 포럼에서 주관한

'세계 제조업의 미래를 선도할 등대공장'으로 선정됐다. 등대공장은 어두운 밤하늘에 등대가 불을 비춰 길을 안내하듯 사물 인터넷, 빅데이터, 인공지능 등 4차 산업혁명의 핵심 기술을 적극적으로 도입해 세계 제조업의 미래를 혁신적으로 이끌어가는 공장을 뜻한다.

이러한 쾌거를 이룬 데는 QSS 혁신 활동이 큰 힘을 발휘했다. 스마트 제철소를 구현하기 위해서는 고품질의 데이터 확보가 매우 중요하다. 빅데이터를 기반으로 분석하고 예측한 뒤 인공지능으로 모든 공정을 최적화해 자동 제어를 하려면 데이터의 정도精度는 아무리 강조해도 지나치지 않다. 설비가 제대로 관리되지 않은 상태에서 얻은 데이터는 활용도가 떨어질 수밖에 없다. QSS 활동으로 설비의 성능 복원과 고도화를 통해 고품질의 데이터를 확보할 수 있었다.

|3|
디지털 변혁은 미래 생존의 필수이다

| 핵심 질문 |

- 4차 산업혁명 시대를 대비해서 어떤 준비를 하고 있습니까?
- 디지털 전환에 맞는 빅픽처를 어떻게 그리고 있습니까?
- 빅픽처 구현에 필요한 디지털 역량을 갖추고 있습니까?
- 디지털 변혁을 추진하는 데 장애 요인들은 무엇입니까?
- 최고경영자로서 어떤 역할과 지원을 하고 있습니까?

1900년대 초 운송 수단이 마차에서 자동차로 급격히 넘어갈 때 마차 산업의 두 회사는 경영진의 선택에 따라 운명이 극명하게 갈렸다. 당시 마차 산업을 선도했던 존 스티븐슨 컴퍼니John Stephenson Company는 패러다임 변화에 둔감한 채 말로 달리는 버스와 철로를 달리는 마차 등 기존 사업의 혁신을 고집하다가 시대 변화의 희생양이 되고 말았다. 1886년 플린트 로드 카트 컴퍼니Flint Road Cart Company를 설립해 마차 제조업에서 1위를 달리던 윌리엄 듀랜트William Durant는 새롭게 열리는 자동차 시대에 발 빠르게 적응했다. 1904년에 초창기 자동차 회사였던 뷰익Buick을 인수해 1908년에 제네럴모터스를 설립했다.

디지털 기술들이 현실과 가상이 융합된 초지능, 초연결, 초산업 사회를 만들면서 개인, 기업, 국가는 물론 인류 전체에 지대한 영향을 미치고 있으며 코로나19 팬데믹이 이를 가속화하고 있다. 당신의 기업은 이러한 격변의 파고에 얼마나 잘 대응하고 있는가? 행여 기존의 성공 방식에 매몰돼 변화에 소극적이지는 않은가? 4차 산업혁명 시대에 맞는 디지털 변혁을 적극적으로 추진하는 기업과 이를 게을리하는 기업의 운명은 동과 서의 차이만큼 클 것이다. 마치 100여 년 전 마차와 자동차처럼 말이다.

▍데이터가 새로운 경쟁력이다

데이비드 로저스David L.Rogers는 저서 『디지털 트랜스포메이션 생존전략』에서 아날로그 시대에서 디지털 시대로 넘어가면서 나타나는 경쟁의 특징을 크게 6가지로 정의했다. 이러한 특징은 IT 산업을 넘어 제조업과 유통업 할 것 없이 모든 산업에서 쉽게 목격할 수 있다.

기존	변화
정해진 업종 내 경쟁	업종을 뛰어넘는 경쟁
파트너와 경쟁자간 분명한 구분	파트너와 경쟁자 모호한 구분
제로섬 경쟁	특정 분야에서 경쟁자 간 협업
핵심 자산의 사내 보유	핵심 자산의 외부 네트워크화
제품의 차별화 특성과 장점 추구	플랫폼을 통해 파트너들과 가치 교환
분야별 소수 경쟁자의 공존	네트워크 효과에 따른 승자 독식 사회

전통 기업들에게 디지털 변혁은 훨씬 어렵고 복잡하다. 그런데도 시대 변화에 선제적으로 대응하며 디지털 변신에 성공한 전통 기업 사례들은 우리를 고무한다. 미국 조리기구 시장의 1위 마이어는 세상을 깜짝 놀라게 하는 디지털 혁신을 꾀하고 있다. 그들은 오히려 조리기구 시장에 이런 질문을 던진다.

"왜 모든 사물이 인터넷과 연결되는데 조리기구는 매년 새로운 색상을 내놓는 게 전부입니까?"

그들은 주방에도 속속들이 인터넷이 연결된 기기들이 들어오는 것을 보면서 냄비라고 예외일 수는 없다는 점에 착안했다. 그들은 조리할 때 사용하는 가열기구의 강약을 조절할 수는 있어도 조리사가 정확한 온도를 알 수 없음을 주목했다. 조리에서 온도는 무척 중요한 요소임에도 불구하고 말이다. 마이어는 '가이드 쿠킹 시스템'을 개발하기 시작했다. 회사 내에 별도의 푸드 스타트업이 된 것이다. 이 프로젝트에 아마존 출신의 엔지니어와 미슐랭 스타 셰프가 참여해 열을 세밀히 체크하고 음식이 가장 맛있게 되는 시점의 알고리즘과 빅데이터를 분석했다. 조리자가 굳이 서서 기다릴 필요 없는 스마트 조리 기술을 구현했다. 마이어는 조리기구라는 하드웨어보다는 조리법을 구독하는 소프트웨어 기업으로 거듭 태어났다.

몰스킨은 19세기 프랑스에서 시작된 전통적인 다이어리 브랜드이다. 다이어리 산업 분야의 애플과 같은 존재이다. 단순한 고품격 디자인으로 수첩 자체가 지식인의 상징이 됐으며 반 고흐, 헤밍웨이, 피카소 등 유명 예술가들이 애용했다고 한다. 그런데 디지털 펜이나 메모 기능이 탑재된 디지털 기기들이 많이 출시되면서 다이어리 산업은 사양화될 것이 자명해 보였다. 몰스킨은 디지털화와 파트너십을 통한 디지털 서비스 혁신을 추진했고 다이어리의 새로운 가치를 창출했다. 에버노트, 어도비 등과 협력하면서 기존 고객들이 몰스킨 다이어리에 쓰거나 그린 그림이 디지털화되고 어느 디지털 기기에서나 이용할 수 있게 했다.

또한 '아티스트 마켓플레이스'라는 디지털 비즈니스 플랫폼을 만들어 고객들이 디자인한 표지를 올릴 수 있게 했다. 플랫폼에 올라온 표지는 고객들이 서로 사고팔 수 있으며 맘에 드는 디자인의 표지를 다운로드해 자신만의 몰스킨 수첩을 만들 수 있다. 몰스킨 회사가 인기 있는 표지를 구매해 상품으로 출시할 수도 있다. 전통적인 아날로그 기업의 놀라운 디지털 변신이다.

디지털 변혁은 총체적 혁신이어야 한다

많은 전문가가 디지털 변혁의 개념은 쉬워 보이지만 실행이 실로 어렵다고 이구동성으로 말한다. 베인앤드컴퍼니가 2017년 전 세계 1,000개 기업을 대상으로 한 조사에 따르면 디지털 변혁을 추진한 기업 중 기대치를 달성 또는 초과했다고 답한 기업이 5퍼센트에 불과했다. 또한 2018년 말 맥킨지의 조사에서는 디지털 변혁을 시도한 기업의 70퍼센트가 실패했으며 특히 석유, 자동차, 제약 등 전통 산업의 성공률은 겨우 4~11퍼센트였다. 아울러 회사 규모에 따라 차이가 심해 직원 100명 이내의 회사가 5만 명 이상의 회사에 비해 2.7배 더 성공했다.

GE는 2011년에 제조업 중심에서 변신해 2020년 세계 10대 소프트웨어 회사가 되겠다는 비전을 선포했다. 산업 현장의 기계 장비에 산업 인터넷Industrial Internet 개념을 제시하면서 안팎의 개발자들을 위한 소프트웨어 플랫폼인 프레딕스Predix도 출시했다. 또한 그룹의 소프트웨어 사업과 인력을 모으고 6,000여 명의 인력을 신규 채용해 GE 디지털을 설립했다. 하지만 안타깝게도 작은 성공 경험도 없이 너무 크게 착수한 데다 내부 구성원의 공감대 부족, 고객가치의 불명확성 등의 사유로 기대했던 성과를 내지 못했다. GE 디지털은 분기별 실적 압박을 받으면서 제트엔진, 풍력터빈 등 자사 제품에 솔루션을 제공하는 데 급급하게 되었고 각 사업부의 개발팀 수준에 머물고 말았다. 결국 디지털 변혁이 아니라 기존 제품에 디지털 기술을 덧입히는 정도에 그쳤다는 평가다. 2016년 『뉴욕타임스』가 '124년 된 소프트웨어 스타트업'이라고 호평했던 GE의 과감한 도전을 현 시점 기준으로 실패했다고 단정하기는 어렵다. 하지만 특별한 반전이 없는 한 태산이 울리더니 겨우 쥐 한 마리 나왔다는 태산명동서일필泰山鳴動鼠一匹의 사례로 오래 회자될 것이다.

아디다스는 2015년 독일 안스바흐에 사물인터넷, 빅데이터, 머신 러닝, 3D 프린팅 등 4차 산업혁명 기술들을 총망라한 스피드 팩토리Speed Factory를 설립해 독일 제조업 부활의 신호탄이라는 찬사를 받았다. 하지만 4년 만에 구체적인 이유는 밝히지 않은 채 공장 중단을 발표하면서 "아디다스 제품의 90퍼센트 이상이 아시아에서 제조되고 있어 공급업체와 노하우 등이 모인 곳에 생산을 집중하는 것이 바람직하다."라고 했다. 전문가들은 아디다스가 생산 속도를 3배 이상 단축하는 것에 성공했지만 대량생산 방식으로 연결하지 못했다고 평가한다. 매년 수억 개 제품을 만들어야 하는 대량생산 방식에서 첨단 프린팅 기술이 아직은 '사람의 손'을 따라가지 못하는 것이다. 비록 스피드 팩토리는 중단됐지만 아디다스의 과감한 도전과 4년간의 공장 운영을 통해 얻은 방대한 데이터는 제2의 디지털 도전을 준비하는 데 귀중한 자산이 될 것이다. 아디다스의 스피드 팩토리는 훗날 더 큰 성공을 기약하는 의미 있는 실패라고 봐야 한다.

GE나 아디다스와 같은 글로벌 기업들이 디지털 변혁을 제대로 성공하지 못하는 것을 보면 그만큼 디지털 변혁이 어렵다는 방증이다. 하지만 어렵다고 이 시대의 필수 과제인 디지털 변혁에 주저할 수는 없지 않은가. 실패 사례들을 반면교사 삼아 핵심 성공 요인을 도출해 자사에 적합한 디지털 변혁을 추진하는 지혜를 발휘해야 한다.

왜 디지털 변혁이 실패할까? 그 이유는 첫째, 최고경영자의 디지털 변혁의 비전과 목표가 명확하지 않기 때문이다. 디지털 변혁을 왜 하는지가 분명하지 않은 채 무엇을 어떻게 할지에 집중하면 자칫 방향타를 잃으면서 사상누각이 되기 쉽다. 둘째, 디지털 기술 도입에 너무 치중하기 때문이다. 디지털 변혁은 하드웨어 시스템 도입이나 교체만으로 되는 게 아니라 기업 전반에 걸친 프로세스, 시스템, 일하는 방식, 인적 역량의 총체적 혁신 등이 필요하다. 셋째, 구성원들의 공감대 부족으로 자발적인 참여나 실행을 제대로 끌어내지 못하는 것이다. 조지 웨스터먼George Westerman의 『디지털 트랜스포메이션』을 보면 전 세계 391개 기업의 경영자 431명을 설문 조사한 결과 디지털 비전을 가진 고위 경영진 비율이 42퍼센트였다. 반면에 관리자들의 비전 공유 수준은 34퍼센트에 불과했다. 일반 구성원들의 공감대 수준이야 관리자와 비교해 훨씬 낮지 않을까? 마지막으로 디지털 변혁을 일정 기간의 TF 업무로 여기기 때문이다. 일회성 프로젝트가 아니라 급변하는 환경에 민첩하게 대응하며 궁극의 목표인 지능형 기업Intelligent Corporate을 만들어가는 힘들고도 기나긴 여정으로 받아들여야 한다.

디지털 통찰력으로 디지털 변혁을 꾀하라

디지털 변혁은 생존과 지속 성장을 위한 절체절명의 시대적 요구이자 절대 만만치 않은 과제이다. 디지털 변혁을 성공적으로 구현하기 위해서 5가지가 필요하다. 첫째, 최고경영자의 강력한 디지털 리더십이 필요하다. 디지털 변혁은 디지털 기반으로 기업의 전략, 조직구조, 프로세스, 비즈니스 모델, 일하는 방식, 문화 등을 근본적으로 바꾸는 작업이다. 회사 전반의 총체적인 변화를 이끌어 내야 새로운 비즈니스 모델 창출, 차별화된 고객 경험, 데이터 기반의 통찰력 있는 의사결정 등을 실현할 수 있다. 특정 부분의 개선 정도로는 결코 성공할 수 없다. 따라서 최고경영자의 명확한 비전과 확고한 의지가 없이는 첫 단추도 제대로 끼울 수 없다.

둘째, 자사에 맞는 디지털 변혁의 청사진을 마련해야 한다. 4차 산업혁명이 관련 산업에 미치는 영향을 자세히 분석하고 자사의 역량을 객관적으로 파악해 상황에 맞는 비전과 목표를 수립해야 한다. 디지털 변혁의 결과가 주는 긍정적인 효과를 진정 크게 바란다면 그만큼 사전준비를 철저히 해야 한다. 청사진이 실현되기까지 분명 엄청난 자원, 시간, 그리고 힘든 과정이 요구되기 때문이다.

셋째, 최고경영자를 위시한 디지털 리더십팀과 함께 디지털 변혁을 주도할 전담 조직을 신설하는 게 바람직하다. 디지털 변혁의 길은 어렵다. 오랜 기간이 필요하므로 체계적으로 조직화해서 움직이지 않으면 자칫 용두사미로 끝나 버리기 십상이다. 디지털 전략, 실행 과제, 로드맵을 수립해 최고경영자의 강력한 지원하에 강력한 실행체제를 구축해야 한다. 궁극의 목표는 크게 설정하되 처음부터 대규모 프로젝트로 추진하기보다는 작게 꾸준히 실행해 나가면서 고객들의 피드백을 적극적으로 활용하는 '크게 생각하고 작게 시작하라!Think Big, Act Small' 방식이 바람직하다. 그리고 많은 시행착오를 통해 얻은 교훈을 공유하며 디지털 역량을 끈기 있게 스케일업해 가는 축적 지향의 실행 문화가 필요하다.

넷째, 빅데이터 활용 능력을 극대화해야 한다. 앞으로 데이터가 돈이 되는 세상이다. 아무리 훌륭한 사물인터넷과 인공지능 등을 갖추어도 양질의 데이터를 확보하지 못하면 무용지물이다. 한마디로 '쓰레기를 넣으면 쓰레기가 나온다Garbage In, Garbage Out.' 빅데이터 역량 확보에는 왕도가 없다. 하루빨리 전담 조직을 구성하거나 전문가들을 배치해 시행착오를 겪으며 역량을 꾸준히 쌓아가는 게 가장 확실한 방법이다.

마지막으로 전사적 디지털 리터러시Digital Literacy를 확보해야 한다. 소위 디지털 문맹에서 벗어나야 한다. 디지털 변혁을 IT 부서의 일로 생각하는 것은 큰 오산이다. 지금은 융합과 연결의 디지털 기술이 제품이나 서비스는 물론 기업의 경쟁력을 좌우하는 시대이다. 따라서 경영진이 디지털 통찰력을 갖추지 못하면 구성원들에게 올바른 의사결정이나 방침을 주기 어렵다. 경영진이 디지털 기술의 본질을 깊이 이해해야 회사의 성장을 이끌 수 있다. 최고경영자를 위시하여 회사 내 모든 구성원들의 디지털 식견과 역량을 조기 배양하기 위해 계층별로 디지털 역량 향상 목표를 설정하고 디지털 학습을 강화하는 게 시급하다.

혹자는 디지털 변혁을 스포츠에 비유하면 마라톤보다 다카르 랠리가 더 적절하다고 한다. 둘 다 힘들기는 마찬가지지만 자기 페이스로만 달리면 되는 마라톤과 달리 다카르 랠리는 위험 가득한 사막 위에서 온갖 상황 변화에 민첩하게 대응하며 나아가야 하기 때문이다. 방대하고 어렵고 오래 걸리는 디지털 변혁을 성공적으로 구현한 기업만이 밝은 미래가 보장될 것이다. 디지털 기술 도입에만 신경 쓰는 편의적인 접근을 지양하고 프로세스, 시스템, 사업 모델, 문화 등 회사 전체를 철저히 디지털 환경에 맞게 바꾸어야 함을 거듭 강조한다. 머지않아 국내 기업들의 디지털 변혁 사례들이 세계적으로 널리 벤치마킹되길 바란다.

|4|
창조적 혁신 없이 미래는 없다

| 핵심 질문 |

- 현재 제품과 서비스를 계속한다면 10년 후 회사는 어떻게 될까요?
- 미래에 벌어질 수 있는 가장 비관적인 상황과 대비책은 무엇입니까?
- 새롭게 개발해야 할 비즈니스 모델, 제품, 서비스는 무엇입니까?
- 창조적 혁신 역량을 갖추기 위해서는 어떤 노력이 필요할까요?
- 최고경영자는 어떤 역할을 해야 할까요?

피터 드러커는 1996년 미국 경제지 『잉크』의 편집장과의 인터뷰에서 세계에서 기업가정신이 가장 충만한 나라로 주저하지 않고 한국을 꼽았다. 그는 일제 강점기에 이은 6·25 전쟁의 폐허 속에서 불과 40년 만에 놀라운 경제 성장을 일구어낸 한국의 기업가정신에 찬사를 보냈다.

한강의 기적은 기업가정신 덕분에 가능했다고 볼 수 있다. 삼성의 이병철 회장은 1983년 주위의 온갖 만류에도 불구하고 반도체 사업 진출을 결정하고 과감히 투자해 오늘의 삼성전자를 만들었다. 정주영 회장은 영국 바클리즈 은행으로부터 조선소 건립 차관을 얻는 과정에서 거북선이 그려진 500원짜리 지폐를 보이면서까지 관련 인사들을 설득해 마침내 현대중공업을 탄생시켰다. 이와 같은 도전적이고 창조적인 기업가들이 있었기에 한강의 기적이 가능했다. 하지만 2000년 글로벌 기업가정신 모니터에서 세계 2위를 차지했던 우리나라는 2019년 15위까지 추락했다. 그만큼 우리들의 도전 정신과 혁신 의지가 크게 떨어졌다는 얘기다.

우리 기업들은 지난 반세기 동안 온갖 열악한 상황들을 극복하며 눈부신 성장을 일구어냈다. 후발주자의 약점에도 불구하고 글로벌 경쟁력을 갖출 수 있었던 것은 '패스트 팔로어 전략'을 구사했기 때문이다. 선진 기술을 빨리 배우고 익혀 프로세스를 개선해 원가와 품질 경쟁력을 높이는 '점진적 개선Incremental Improvement'에 탁월했다. 하지만 이제는 이 방식만으로 글로벌 경쟁력을 유지하는 게 불가능하게 됐다. 선도자로서 새롭고 차별화된 것을 만들어내는 창조적 혁신이 절실히 요구된다. 안타깝게도 생각만큼 쉽지 않아 우리 기업들의 고민이 크다. 더 싸게, 더 빠르게, 더 편리하게 만드는 '더 나은 것Something Better'은 잘하는데 고객들의 욕구나 열망을 사로잡을 '새로운 것Something New'에는 약하다.

세계 최대 전자결제 기업 페이팔의 창업자인 피터 틸Peter Thiel은 저서 『제로투원』에서 일반적으로 사람들은 성공하려면 경쟁에서 이겨야 한다고 생각하지만 실은 0에서 1로 새로운 것을 창조해 경쟁할 필요가 없는 상태를 만드는 것이 중요하다고 강조했다. 물론 이미 만들어진 1을 N으로 확대하는 것도 필요하지만 이것만 가지고는 독보적인 경쟁력을 유지하기 어렵다. 쉽게 말해 1을 N으로 만드는 것은 한 개의 타자기를 보고 100개의 타자기를 만드는 것이고, 0에서 1을 만드는 것은 타자기를 보고 워드 프로세서를 만드는 것이다.

과거에는 운영의 탁월성Operational Excellence, 고객 친밀감Customer Intimacy, 제품 리더십Product Leadership 중 하나만 탁월해도 시장에서 통했다. 하지만 이제는 역부족이다. 원가와 품질은 여전히 중요하지만 그것만 가지고는 어렵다. 차별화된 비즈니스 모델을 개발해내야 한다. 이는 단순한 수익구조 개선을 의미하지 않는다. 시장과 사업을 새로운 시각으로 보고 기존의 사업 방식을 근본적으로 재해석해 시스템을 과감히 파괴하는 창조적 혁신을 해야 한다.

▌통찰력과 조직관리로 창조적 혁신을 이끌어 내라

테슬라의 등장은 지난 150년간 산업화를 이끌었던 내연기관의 종말을 예고했다. 자동차 산업 구조의 근본적인 변화가 일어나고 있다. 테슬라에서 디지털 기술을 기반으로 자동차가 설계, 제작, 판매

되자 기존 자동차 산업의 모든 것이 재정의됐다. 테슬라 전기자동차의 핵심은 바로 '인터넷에 24시간 연결된 스마트카'라는 점이다. 스마트폰처럼 기능을 수시로 업데이트할 수 있고 차량 내 탑재된 디스플레이에서 넷플릭스 영화를 볼 수 있다. 자동차 핸들과 브레이크와 가속 페달을 활용해 레이싱카 게임도 즐길 수 있을 뿐만 아니라 주행 중 주변 차량의 흐름을 인식하고 주행 방향 등을 분석해서 사고 발생을 예측한다. 이와 같은 비즈니스 모델은 차량 판매 외에도 소프트웨어 콘텐츠 수수료 등으로 다양한 수익을 낼 수 있는 구조이다.

뱅앤올룹슨은 덴마크에 본사를 둔 세계적인 오디오 명가이다. 스피커 하나 가격이 4,000~5,000만 원에 달한다. 2008년 글로벌 금융위기의 여파로 고급 오디오 수요가 급감하며 회사는 휘청거렸다. 엎친 데 덮친 격으로 스마트폰 확산으로 인해 음악의 소비 방식 자체가 바뀌면서 매출은 결국 반 토막이 났다. 회사는 2012년 혁신적인 아이템을 개발하기 위해 '베오플레이'라는 별도의 조직을 구성했다. 신생 브랜드가 자율성을 확보할 수 있도록 회사는 베오플레이의 근무지를 본사에서 약 350킬로미터 떨어지게 두었다. 효율성보다는 독립성에 힘을 실은 것이다. 이것은 신의 한 수였다. 블루투스 기능을 탑재한 이어폰, 헤드폰, 소형 스피커를 선보였고 결과는 빅 히트였다. 뱅앤올룹슨의 조직 운영 형태를 일컬어 '양손잡이 조직'이라고 한다. 한손은 기존 사업 중심으로 안정성을 추구하면서 다른 손으로 스타트업처럼 혁신적이고 새로운 것을 추구하는 조직 운영을 뜻한다.

사피 바칼Safi Bahcall은 저서 『룬샷』에서 리더가 어떻게 창의적 혁신을 만들어내는지에 대한 교훈적인 사례를 많이 소개하고 있다. 1940년 MIT 공대 학장이었던 버니바 부시Vannevar Bush는 미국이 국방 과학의 우위로 제2차 세계대전을 승리로 이끄는 데 결정적인 공헌을 한 인물이다. 당시 미군은 보병이 가장 중요한 전력이라는 안이한 인식에 젖어 있었다. 그에 반해 독일은 잠수함 U-보트, 공중폭격기 슈투카 등을 개발하며 과학기술로 전쟁의 개념을 크게 바꾸었다. 부시는 이러한 양국의 심각한 기술 격차를 경고했지만 군은 대수롭지 않게 여겼다. 이에 그는 루스벨트 대통령을 설득해 과학연구개발국을 신설하고 국방 과학의 혁신을 주도하며 레이더 기술, 음파 탐지기, 원자폭탄을 개발하기 위한 맨해튼 프로젝트를 추진했고 제2차 세계대전을 승리로 이끌었다. 어느 전쟁 사학자는 레이더 기술이 비행기 개발 이후 단일 기술로는 전쟁 양상을 가장 크게 바꿨다고 평가했다. 당시 미국 하원은 만약 부시의 조직이 없었다면 "우리는 분명 아직 승리를 쟁취하지 못했을 것이다."라고 선언했다. 그 후 이러한 국방 기술들이 상업화로 이어져 위성위치확인시스템GPS, 인터넷, 바이오 기술, 자기공명영상장치MRI 등 새로운 산업을 창출하면서 미국이 세계 경제를 주도하는 데 크게 이바지했다.

부시는 과학자와 군이라는 관점이 다른 두 집단을 효과적으로 관리하며 서로 협력하게 했다. 과학자들에게 창의성을 보장해 실용성 있는 전쟁 기술을 개발케 했으며 군 관리자들이 이를 효율적으로 운용하게 했다. 창조적인 과학자 조직을 기존의 군대 내에 두지 않고 분리 운영함으로써 처음에는 엉뚱해 보일 수 있는 창의적 아이디어의 싹이 짓밟히지 않게 보호했다. 동시에 신기술을 거부하던 군 관계자들을 설득해 신기술을 적용하도록 독려했다. 이와 같은 부시의 뛰어난 통찰력과 조직관리 사례는 창조적 혁신으로 미래의 살길을 찾아야 하는 최고경영자들에게 귀감이 된다.

최고경영자는 실용적 창조에 집중해야 한다

무한경쟁 시대에 창의력은 기업 경쟁력의 핵심이다. 경영자는 개인의 창의력을 조직의 창의력으로 확대 발전시켜 격변의 시대를 주도적으로 헤쳐 나가고 싶을 것이다. 그러려면 첫째, 창조적 혁신에 대한 개념을 확실히 정립해 구성원들과 공유해야 한다. 기업에서 추진하는 창조적 혁신은 과학 발명품이나 예술 창작품이 아니라 고객들에게 흥미를 일으켜 수익을 창출할 수 있는 혁신적인 제품이나 비즈니스 모델이어야 한다.

창조적 혁신을 한다고 지나치게 새롭거나 독창적인 것에 치중하느라 소비자 관점을 소홀히 하면 독창적인 발명품은 나올 수 있을지 모르지만 시장에서 실패할 확률이 높다. 대표적인 사례가 미국 시사 주간지 『타임』이 '2012년 최고의 발명품'으로 선정한 구글글래스Google Glass이다. 2014년 일반 소비자용으로 1,500달러에 시판됐다. 하지만 소비자의 프라이버시 침해 문제를 간과한 채 개발자 시각에서 개발돼 판매가 극히 부진했고 결국 사업을 접고 말았다. 또한 2001년 출시된 일인용 전동 스쿠터 세그웨이는 출퇴근 풍경을 바꿀 획기적 제품이자 인터넷 이후 최고의 발명품이라는 찬사를 받으며 스티브 잡스와 제프 베이조스 등의 투자를 받았다. 하지만 법규 미비, 보수적인 소비자들의 체면 중시 등의 이유로 대중화에 실패했다. 기업은 발명가 집단이 아니라 수익을 창출하는 조직이다. 최고경영자는 독창적이면서 수익을 창출할 수 있는 실용적인 창조에 집중해야 한다.

둘째, 조직 전반에 창의적인 업무 환경을 조성해야 한다. 수직적 구조의 지시와 통제 중심으로 돌아가는 업무 환경에서 창의적인 아이디어가 나오기를 기대하는 것은 쓰레기통에서 장미가 피기를 기대하는 것과 같다. 시간적, 심리적 압박이 강한 분위기에 젖어 있는 직원들은 '생각하는 법'과 '생각하는 시간'이 부족해 창의성이 고갈될 수밖에 없다. 3M의 15퍼센트 룰이나 구글의 20퍼센트 룰과 같이 직원들에게 평소 호기심을 가지고 창의적인 아이디어를 낼 수 있도록 조직 내 심리적 산소Psychological Oxygen를 충분히 공급해야 한다.

다음 두 질문을 보자. 질문1과 질문2 중 상대방을 더 깊은 생각으로 유도하는 질문은 무엇일까? 평소 당신이 던지는 질문은 어느 유형에 더 가까운가?

- **질문1:** 우리 회사의 두 개 상품인 A와 B의 매출액을 10퍼센트 늘릴 수 있는 방안은 무엇입니까?
- **질문2:** A와 B 상품을 합쳐 창출할 수 있는 가치를 새로운 관점에서 생각해 보시겠습니까?

질문1은 지시적 질문 방식이고, 질문2는 본질적 질문 방식이다. 우리는 그동안 지시적 질문을 주로 했다. 이제는 본질적 질문을 자주 던져야 한다. 구성원들이 문제의 본질에 대해 스스로 깊이 고민하고 창의적인 솔루션을 찾아낼 수 있게 하려면, 평상시 5와이와 같은 '생각하는 법'이 몸에 배게 해야 한다. 혼다 창립자인 혼다 소이치로는 "사람들은 지시를 받고 일할 때보다 자발적으로 일할 때 더욱 열심히 노력하며 한결 더 혁신적인 모습을 보인다."라고 말했다. 일의 의미와 즐거움 등 내적 동기부여의 중요성을 설파한 것이다. 창조적 혁신의 성공에 따른 금전 보상도 무시할 수 없지만 먼저 구성원들의 내재적 동기부여를 고취할 수 있는 리더십에 초점을 맞추어야 한다.

특히 어릴 적부터 디지털 기기와 함께 생활하며 자란 밀레니얼 세대의 디지털 역량과 창의적인 끼를 창조적 혁신을 위한 전략적 자산으로 활용할 수 있는 지혜가 필요하다. 심각한 경영 위기에 빠졌던 구찌는 밀레니얼 세대 취향에 적극적으로 부응하면서 부활에 성공했다. 밀레니얼 세대 직원들로 구성된 섀도 커미티Shadow Committee가 성공요인 중 하나였다. 임원 회의에서 다룬 주제를 섀도 커미티에서 다시 회의했고 여기서 도출된 창의적인 아이디어를 제품에 반영함으로써 밀레니얼 세대의 열렬한 환영을 받으며 화려하게 부활할 수 있었다.

셋째, 창조적 혁신 조직은 전략, 일하는 방식, 평가 보상 등에서 기존 조직과 차별화해 독립적으로 운영하는 게 바람직하다. 쉽게 말해 양손잡이 조직을 운영해야 한다. 조직 전반에 창의적인 문화를 조성한다고 하더라도 기존 조직은 현재의 비즈니스에 최적화돼 있다. 그 때문에 기존 프로세스나 제품을 혁신할 수는 있어도 개념이 완전히 다른 창조적 혁신은 하기 어렵고 오히려 걸림돌이 되기 십상이다. 따라서 창조적 혁신 조직은 과감히 도전할 수 있도록 실패를 용인하고 창의성을 최대한 보장해야 한다. 기존 조직은 현재 사업의 수익성을 극대화하며 캐시 카우 역할에 매진하게 하면서 기술, 영업, 빅데이터 등에서 시너지가 있는 경우 창의 조직에 적극적으로 협력하게 해야 한다. 최고경영자는 당장의 경영 성과도 중요하지만 회사 역량의 30퍼센트 정도는 미래를 대비한 기술 혁신이나 비즈니스 모델 개발에 과감히 투자하는 게 바람직하다. 그래야만 시대 변화에 상관없이 지속 성장하는 기업으로 나아갈 수 있다.

구글은 구글X라는 별도의 창조적 혁신 조직을 운영하고 있다. 구글X는 모기업 알파벳의 미래 신사업 개발을 전담하며 또 하나의 구글Another Google을 탄생시킬 잠재력 있는 신사업을 개발하는 '문샷 공장Moonshot Factory'이다. 다양한 경력과 전문성이 있는 멤버들로 구성되며 별도의 건물과 차별화된 조직문화와 운영체계를 갖추고 철저히 자율성을 보장하고 있다. 광기와 낙천주의로 무장된 구글X는 10퍼센트 개선이 아니라 10배 도약을 목표로 한다. 자율주행차, 드론 배달, 우주 엘리베이터, 저온 핵융합, 자기부상 호버보드 등의 다양한 프로젝트 상용화에 매진하고 있다. 이미 자율주행차 회사 웨이모Waymo, 사이버 보안회사 크로니클Chronicle, 생체과학 분야 베릴리Verily 등을 성공적으로 분사한 바 있다.

넷째, 실패를 지혜롭게 관리하고 활용해야 한다. 구글X는 '미션 임파서블' 수준의 고난도 과제들을 선정해 도전하다 보니 프로젝트의 80퍼센트 정도는 실패로 끝나거나 중단된다고 한다. 프로젝트 추진 과정에서 결정적 결함이 생기면 수천만 달러 이상 손실을 볼 수 있다. 그러므로 지속적으로 끌고 갈 프로젝트인지를 적기에 판단하는 것은 매우 중요하다. 구글X는 '킬Kill 판단법'을 활용한다. 이는 처음에는 유망해 보였던 프로젝트를 중간에 종결해야 할 때 판단 지표를 미리 정하는 것이다. "이 산만 넘으면 될 것 같은데." 하며 미련을 버리지 못하는 바람에 종결의 골든타임을 놓친다면 회사는 큰 손실을 보게 된다. 누구든지 애정을 갖고 투자했던 연구는 끝을 보고 싶기 마련이다. 따라서 감정을 쏟아부어 판단을 흐리지 않도록 장치를 마련한 것이다.

바닷물을 액체연료로 바꾸는 미션을 이끌었던 연구원 캐시 해넌Kathy Hannun은 원유 가격 변동으로 인해 프로젝트 중단을 선언했다. 경영진은 실망하는 대신 캐시의 지적 정직함에 기뻐했고 팀 전체에 보너스를 안겨주었다. 캐시는 실패한 미션의 연구자료를 과학 학술지에 실었다. 구글은 매년 '죽은 자들의 날' 행사를 개최하며 실패에서 얻은 교훈을 기념하고 있다. 예를 들어 구글의 대표적인 실패 사례로 꼽히는 구글글래스 개발 과정에서 축적된 기술과 노하우는 근로자들이 기계 조립과 서비스 제공 시 도움을 주는 '핸즈프리'로 부활했다.

마지막으로 오픈 이노베이션을 적극적으로 추진해야 한다. 글로벌 기업들과 비교해 우리나라 기업들이 오픈 이노베이션에 소극적인 이유는 무엇일까? 무엇보다도 실리콘밸리 업체들의 산업 환경과 생태계를 보면 오픈 이노베이션이 활성화돼 있다. 빈번하게 시도하고 자주 성공하고 많이 실패한다. 혁신적인 기술과 아이디어의 실패를 용인하고 독려하는 개방된 문화가 정착돼 있다. 반면 우리나라 기업들은 상대적으로 폐쇄적인 성향으로 내부에서 개발되지 않은 외부 기술이나 아이디어를 활용하면 가치 여부를 떠나 내부로 받아들이는 것을 꺼리는 'NIH 증후군' 성향이 짙다. NIH란 여기서 개발되지 않았다 Not Invented Here 는 뜻이다.

우리 기업들이 짧은 기간에 전쟁으로 폐허가 된 국가를 눈부시게 발전시킬 수 있었던 비결은 값싸고 좋은 제품을 만들었기 때문이다. 하지만 이제는 이런 역량만으로는 글로벌 경쟁을 헤쳐 나갈 수 없다. 세상에 없던 새로운 것을 만들어내야 한다. 지금까지의 성공 방식에서 과감히 탈피해 세계 무대에서 새롭게 뛸 준비를 해야만 한다. 유아독존이 아니라 융복합 시대에 맞게 과감한 오픈 이노베이션을 추진해야 한다. 그러기 위해서는 내부 역량을 키워야 한다. 기업이 외부 기술을 활용해 사업화 능력을 업그레이드하려면 먼저 '우리에게 필요한 기술은 무엇인가?'에 대한 명확한 답변이 나와야 한다. 그리고 '어떤 기술을 먼저 갖춰야 하는가?'에 답할 우선순위가 마련돼 있어야 한다.

오픈 이노베이션은 당장 눈앞의 기술 아웃소싱 차원만이 아니라 장기적인 안목과 중장기적인 목표를 설정해 추진하는 것이 바람직하다. 파트너사 간 기술 유출이나 지적 재산권 침해 등의 다양한 문제가 생기지 않도록 사전 원칙과 기준을 분명히 정하고 준수하는 등 협력과 상생을 바탕으로 추진해야 한다.

스스로 죽이지 않으면 남이 죽인다

베네수엘라나 나이지리아와 같은 나라들은 천연자원이 풍부하지만 빈곤에 허덕이는 '자원의 저주Resource Curse'를 겪고 있다. 반면 우리나라는 자원의 빈곤을 극복하고 과감히 도전해 선진국 대열에 오르는 한강의 기적을 이루어냈다. 그러나 과거의 성공 방식과 현재의 풍요로움이 미래 도약의 걸림돌이 되고 있다. 창조적 혁신 없이는 더이상 발전은 기대난망이다. 4차 산업혁명 시대에 제2의 한강의 기적을 이루기 위해서는 조직구조, 일하는 방식, 마인드셋, 평가보상 등을 과감히 바꿈으로써 창조적 조직으로 탈바꿈해야 한다. 이를 게을리할수록 냉엄한 글로벌 시장에서 우리 기업들의 입지는 갈수록 좁아질 것이다.

페이스북의 직원용 핸드북에 적힌 "우리가 페이스북을 죽일 존재를 만들어내지 않으면 다른 누군가가 그렇게 할 것이다If we don't create the thing that kills Facebook, someone else will."라는 경고는 비단 페이스북 임직원뿐만 아니라 격변의 시대를 살아가는 우리 모두에게 던지는 의미심장한 메시지이다.

에필로그

먼 훗날 어떤 리더로 기억되고 싶은가

"모든 행복한 가정은 서로 닮았고 불행한 가정은 제각각 나름으로 불행하다."

톨스토이의 소설 『안나 카레니나』의 첫 문장이다. 이를 경영에 적용해서 모든 훌륭한 리더는 서로 닮았고 실패하는 리더는 제각각이라고 말해도 무방할 것이다. 훌륭한 리더는 전략 리더십, 코칭 리더십, 셀프 리더십을 조화롭게 갖춘 리더이다. 비전 제시, 한 방향 정렬, 인재육성, 솔선수범 등을 통해 훌륭한 조직문화를 만드는 공통점을 보여준다.

먼 훗날 당신은 어떤 CEO 또는 리더로 기억되고 싶은가? 성공하는 리더가 되기 위해서는 자신이 원하는 모습을 명확하게 정리해서 자신의 북극성으로 삼아야 한다. 당신이 성공하는 리더가 되느냐, 실패하는 리더가 되느냐는 내면에 이러한 북극성과 나침반이 존재하느냐에 달려 있다. 조직에서 의도했던 바를 달성하지 못했다든가, 기대했던 바가 이루어지지 않았을 때 실패라는 용어를 사용한다. 그러나 리더십 실패는 이보다 더 큰 영역을 내포한 개념이다. 리더십 실패는 리더 혼자의 문제로 끝나지 않기 때문이다. 또한 일반적인 관점에서는 부정적인 결과를 가져오는 행위만 실패라고 정의한다. 하지만 리더십 관점에서는 좋지도 나쁘지도 않은 결과를 내는 행위와 결과가 없는 행위까지 실패의 범주에 넣어 분류하는 것이 옳다고 생각한다.

실패하는 리더들의 행동 특성은 변화에 둔감한 리더, 실행력이 부족한 리더, 등잔 밑이 어두운 리더, 시키는 대로 하라는 식의 리더, 조직을 위해 개인의 희생을 요구하는 리더, 필벌 중심의 사고를 하는 리더 등 다양하다. 변화에 둔감한 리더는 현재 조직의 상황을 고려하지 않고 과거의 성공 경험을 그대로 적용하려고 하거나 실패에 대한 두려움으로 새로운 시도보다 현상 유지에 더 중점을 두는 리더이다. 이러한 리더를 둔 조직의 장래는 어두울 수밖에 없다.

등잔 밑이 어두운 리더는 결정이나 지시를 내려놓고 실제로 실행이 되는지를 챙기지 않는다. 현장 방문이 형식적으로 이루어지다 보니 현장의 요구사항이나 의견을 파악하지 못한다. 신뢰하는 측근의 보고에만 의존하며 사실 여부 확인을 등한시해서 자신과 조직을 위험에 빠뜨리기도 한다.

시키는 대로 하라는 식의 리더는 상명하달식 업무 스타일로 인해 부하들이 주눅이 들어 자신감을 상실하게 하는 리더이다. 구성원들이 아이디어를 내면 무시하며 변화의 필요성과 방향 등에 대한 충분한 설명 없이 무조건 바꾸라고 요구한다.

조직을 위해 개인의 희생을 요구하는 리더는 구성원들이 잠시라도 여유를 갖는 모습을 보면 불안해한다. 실적을 위해 과도하게 개인의 희생을 요구하고 단기적인 업무 장애를 우려해 부하직원의 직무 순환이나 교육 기회를 제한하는 리더이다.

가장 문제가 되는 리더의 유형은 실적 지상주의자이다. 실적 지상주의는 필연적으로 부실과 직업윤리의 파괴로 이어진다. 거품이 쌓여서 더는 버티기 어렵게 되면 부실이 한꺼번에 터져 회사의 실적과 명성에 큰 타격을 입히고야 만다. 한때 최고의 기업으로 명성을 날리던 엔론, 웰스파고, 폭스바겐과 같은 기업이 리더십 실패로 무너졌다. 항상 리더십 실패 요인을 경계하고 훌륭한 리더의 공통점을 배우고 닮기 위해 노력해야 하겠다.

CEO 재임 시나 퇴임 이후 경영자 코치로 활동하면서 가장 자주 생각하는 화두가 '기여'와 '인재육성'이다. 잘 산다는 것이 무엇인지를 생각하면 자연스럽게 '내가 하는 일을 통해 어떻게 사회와 인류에 기여할 것인가?'라는 생각이 떠오른다. 또 하나의 화두는 인재육성에 관한 것이다. 사회가 이렇게 혼란스러운 것도 훌륭한 인재가 부족하기 때문이고 기업의 성패도 결국 훌륭한 인재에 달려 있다고 생각하기 때문이다.

경영자 시절에도 기여와 인재육성에 대해 고민을 많이 했다. 하지만 지금과 같은 깊은 성찰에는 이르지 못한 것이 아쉬움이 남는다. 현직에 있는 경영자들이 경영 성과뿐만 아니라 기여와 인재육성이라는 화두에 좀 더 집중하고 노력한다면 훌륭한 성과는 물론이고 훌륭한 리더로서 거듭나리라는 이야기를 하고 싶다. 시간이 지나고도 후배들에게 훌륭한 선배, 닮고 싶은 선배, 배움을 청하고 싶은 선배로 남고 싶다. 그러기에 현역 시절 못지않은 열정으로 학습과 성찰을 통해 끊임없이 자신을 연마하고 경영자 코치로서 활동하며 현역의 감을 잃지 않기 위해 노력하게 된다.

경영자로서 현역에 있을 때 사회공헌 활동의 하나로 여러 가지 봉사활동을 했다. 봉사활동을 할 때는 내가 많은 것을 준다고 생각을 했다. 그런데 오히려 더 많은 것을 얻고 배울 수 있었다. 코칭의 매력도 고객의 협력적 성찰 파트너로서 내가 주는 것 이상으로 고객과 함께 더 많은 것을 배운다는 점이다. 모든 경영자가 현직에서는 물론이고 은퇴하고 나서도 선한 영향력으로 사회에 기여하고 사람을 육성하는 지도자의 역할을 할 수 있길 바란다. 그 결과 많은 걸출한 경영자들이 양성되고 더 많은 훌륭한 기업들이 탄생하기를 기대한다.

참고문헌

1부

1장

1. 에릭 슈미트·조너슨 로젠버그·엘런 이글 지음, 김민주·이엽 옮김, 빌 캠벨, 실리콘밸리의 위대한 코치, 김영사, 2020
2. 고현숙·김병헌 지음, 코칭하는 조직만 살아남는다, 두앤북, 2019
3. 고현숙 지음, 결정적 순간의 리더십, 쌤앤파커스, 2017
4. 리드 헤이스팅스·에린 마이어 지음, 이경남 옮김, 규칙 없음, 알에이치코리아, 2020
5. 워렌 베니스·그레첸 M. 스프라이처 지음, 최종옥 옮김, 퓨처 리더십, 생각의나무, 2002

2장

1. 브레네 브라운 지음, 강주헌 옮김, 리더의 용기, 갤리온, 2019
2. 켄 시걸 지음, 박수성 옮김, 싱크심플: 비즈니스 리더 40인이 선택한 최고의 경영전략, 문학동네, 2016
3. 전성철·조미나·정진호·양백 지음, 가치관 경영, 쌤앤파커스, 2011
4. LG경제연구원(2009. 2. 18), 철학이 있는 기업, http://www.lgeri.com/uploadFiles/ko/pdf/man/LGBI1028-02_20090217161741.pdf
5. 칼 뉴포트 지음, 김태훈 옮김, 딥워크, 민음사, 2017
6. 예지은, 리더의 시간관리, SERICEO 동영상, 2018
7. 이상우, 성공한 CEO의 시간관리 비법은?, SERICEO 동영상, 2018
8. 앨런 가넷 지음, 이경남 옮김, 생각이 돈이 되는 순간, 알에이치코리아, 2018
9. 데일 카네기 지음, 임상훈 옮김, 인간관계론, 현대지성, 2019
10. 캐럴 드웩 지음, 김준수 옮김, 마인드셋, 스몰미디어, 2017
11. 에크하르트 톨레 지음, 진우기 옮김, 고요함의 지혜, 김영사, 2004
12. 라이언 홀리데이 지음, 김보람 옮김, 스틸니스, 흐름출판, 2020
13. 스티븐 코비 지음, 김경섭 옮김, 성공하는 사람들의 7가지 습관, 김영사, 2017
14. 짐 콜린스·모튼 한센 지음, 김명철 옮김, 위대한 기업의 선택, 김영사, 2011
15. 팀 해리스 지음, 박선령·정지현 옮김, 타이탄의 도구들, 토네이도, 2018

16. 김상근, 리더 당신은 누구십니까?, SERICEO 동영상, 2001

2부
1장

1. 조코 윌링크·레이프 바빈 지음, 최규민 옮김, 네이비씰 승리의 기술, 메이븐, 2019
2. 다윈의 진화론, 네이버 지식백과
3. 매일경제(2013.1.16), 지도자 자질 대물림하는 유전자 있다, https://www.mk.co.kr/news/it/view/2013/01/37599/
4. 제임스 M. 쿠제스·배리 Z. 포스너 지음, 정재창 옮김, 리더십 챌린지, 이담북스, 2018
5. 권오현·김상근 지음, 초격차, 쌤앤파커스, 2018
6. 피터 드러커 지음, 이재규 옮김, 프로페셔널의 조건, 청림출판, 2012
7. 동아비즈니스리뷰(2008. 2), 회사는 경영자의 그릇만큼 큰다, https://dbr.donga.com/article/view/1305/article_no/3105/ac/magazine
8. 도널드 T. 필립스 지음, 김광수 옮김, 마틴 루터 킹의 리더십, 시아출판사, 2001
9. 조선비즈(2019. 6. 11), 머스크 뒤에서 우주를 움직이다, https://biz.chosun.com/site/data/html_dir/2019/06/10/2019061002957.html
10. 리더십 상황이론, 위키백과
11. 짐 클리프턴·짐 하터 지음, 고현숙 옮김, 강점으로 이끌어라, 김영사, 2020
12. 이백용·송지혜 지음, 내 안에 미운 사람이 사라졌다, 비전과리더십, 2020
13. 백기복 지음, 한국형 리더십, 북코리아, 2017
14. 배선희 지음, 뷰카 VUCA 시대, 일 잘하는 리더, 서울엠, 2020
15. 조선일보(2013. 8. 22), 파블로 카잘스 에피소드 - 마지막 4중주, https://www.chosun.com/site/data/html_dir/2013/08/22/2013082201527.html
16. 쾌남 네이버블로그(2015. 7. 26), 잭 웰치가 폭발사고를 통해 배운 교훈, http://m.blog.naver.com/putgochu21/220431626784
17. DS라이프(2012. 4. 6), 삼성 반도체 사업 40년, 도전과 창조의 역사, 문화, https://www.samsungsemiconstory.com/20
18. 중앙일보(2004. 12. 5), IBM, PC서 손 떼나, https://news.joins.com/article/420956
19. 우현 브런치(2017. 4. 37), 코닥을 위한 변명, https://brunch.co.kr/@woohyun/13
20. 동아비즈니스리뷰(2012. 3), 스타벅스 하워드 슐츠 리더십, https://dbr.donga.com/article/view/1306/article_no/4783/ac/search
21. 마이클 말론 지음, 김영일 옮김, 인텔 끝나지 않은 도전, 디아스포라, 2016

22. 짐 콜린스 지음, 이무열 옮김, 좋은 기업을 넘어 위대한 기업으로, 김영사, 2001
23. 장강일 블로그(2015. 12), 구글에서 탁월한 성과를 거둔 팀들의 성공 비결은? 심리적 안정감, https://www.innovator.or.kr/2015/12/blog-post.html
24. 박원우 지음, 임파워먼트 실천 매뉴얼, 시그마컨설팅그룹, 1998

2장

1. Boris Groysberg, Jeremiah Lee, Jesse Price, and J Yo-Jud Cheng, The leader's guide to corporate culture, HBR, 2018, Jan-Feb.
2. 한경매거진(2019. 10. 22), 기업문화 혁신 리포트, https://magazine.hankyung.com/business/article/201910221416b
3. 하버드비즈니스리뷰(2018. 2), 조직문화는 강력한 미래 성과 예측지표, https://www.facebook.com/hbrkorea/posts/1187318804762736/
4. 가재산, 4차 산업혁명과 성과주의 발전방향, 한국형인사조직연구회, 2017. 4
5. 동아비즈니스리뷰(2014. 11), 강한 조직문화 구축을 위한 CEO 실천전략, https://dbr.donga.com/article/view/1201/article_no/6751/ac/search
6. HR블레틴(2019. 1. 21), 중국기업 하이얼이 전 세계 1위 가전업체로 올라선 이유, https://hrbulletin.net/organizational-culture
7. 송재용·이경묵 지음, 글로벌 일류기업 삼성을 만든 이건희 경영학 Samsung Way, 21세기북스, 2013
8. 에이미 에드먼슨 지음, 최윤영 옮김, 두려움 없는 조직, 다산북스, 2019
9. 허남석 지음, 안전한 일터가 행복한 세상을 만든다, 행복에너지, 2016
10. 동아비즈니스리뷰(2018. 5), 조직문화 개선 방법론, https://dbr.donga.com/article/view/1201/article_no/8622/ac/search
11. 김성남 지음, 미래조직 4.0, 더퀘스트, 2018
12. 스티븐 데닝·개리 해멀 지음, 박설영 옮김, 애자일, 민첩하고 유연한 조직의 비밀, 어크로스, 2019
13. HR블레틴(2018. 3. 3), 기민한 조직이 살아남는다, https://hrbulletin.net/organizational-culture
14. 동아비즈니스리뷰(2011. 4), 조직민첩성, 21세기 초경쟁 환경의 필수 생존요건, https://dbr.donga.com/article/view/1206/article_no/4145/ac/search
15. 서울대학교 공과대학·이정동 지음, 축적의 시간, 지식노마드, 2015
16. 이정동 지음, 축적의 길, 지식노마드, 2017
17. 포스코경영연구원(2013. 11. 14), 일본은 어떻게 소재 강국이 됐나?, https://www.posri

.re.kr/files/file_pdf/63/3725/63_3725_file_pdf_POSRI_%EB%B3%B4%EA%B3%A0%EC%84%9C_20131114.pdf

18. 김재윤, Next Wave: 축적의 경쟁력, SERICEO 동영상, 2012
19. 예지은, '실패를 용인하라'의 진짜 의미, SERICEO 동영상, 2019
20. 어짐지기 네이버블로그(2018. 8. 21), 기업의 실패 용인 문화는 스케일업 역량의 원천, http://m.blog.naver.com/ideatop/221343068339
21. 김진혁, '올해의 실패 왕'은 누구입니까?, SERICEO 동영상, 2008
22. 김진혁, 7만 가지 성공의 팁, 실패 박물관, SERICEO 동영상, 2007
23. 김진혁, 후지모토 사장이 실패를 계약한 사연, SERICEO 동영상, 2007

3장

1. 동아일보(2017. 4. 28), "일보다 사람이 먼저" 인재주의 시대 온다, https://www.donga.com/news/Economy/article/all/20170427/84097062/1
2. 램 차란·도미니크 바튼·데니스 C. 캐리 지음, 서유라·정유선 옮김, 인재로 승리하라, 행복한북클럽, 2018
3. 쭈노 네이버블로그(2017. 4. 14), 사람이 답이다, http://m.blog.naver.com/ljh20021004/220982931180
4. HRONmaster 유튜브(2017. 3. 17), 배민? 다니기 편한 회사, https://youtu.be/7sEhV_hmQCo
5. 이혜경 브런치(2019. 6. 13), 청년들은 왜 퇴사할까, https://brunch.co.kr/@yum24/12
6. 제프 스마트·랜디 스트리트 지음, 전미영 옮김, 누구를 어떻게 뽑을 것인가, 부키, 2012
7. 희망의언덕 네이버블로그(2018. 3. 26), 구글 인사채용 방식, https://m.blog.naver.com/PostView.naver?isHttpsRedirect=true&blogId=sinsaebyuck&logNo=221238009533
8. LG경제연구원(2004. 4. 22), 성공 기업의 인재확보 전략, https://eiec.kdi.re.kr/policy/domesticView.do?ac=0000053634
9. 사람인(2018. 4. 27), AI가 지원부터 면접까지 돕는다-진화한 HR테크, https://www.saramin.co.kr/zf_user/help/live/view?idx=80872
10. jobsN(2018. 8. 28), 다니고 싶은 회사를 만들자, https://post.naver.com/viewer/postView.naver?volumeNo=16594475&memberNo=27908841
11. 교보문고 북캐스트(2020. 2. 24), 미래의 인재가 갖춰야 할 10가지 핵심역량은, http://bc.kyobobook.co.kr/front/subscribe/detailCotents.ink?contents_no=7912&orderClick=LIJ
12. 함께공부 네이버블로그(2017. 2. 20), 학습 민첩성이란 무엇이고, 왜 중요한가?, https://

m.blog.naver.com/PostView.naver?isHttpsRedirect=true&blogId=higirl76&logNo=220940353454

13. 피터 센게 지음, 강혜정 옮김, 학습하는 조직, 에이지21, 2014
14. HR Insight(2015. 03. 23), 불확실한 경영 환경 속 핵심인재 요건, 학습 민첩성, http://m.hrinsight.co.kr/view/view.asp?in_cate=113&bi_pidx=24476
15. 실리카겔 브런치(2018. 6. 27), 70/20/10 모델에 대해, https://brunch.co.kr/@masturno1/7
16. LG경제연구원(2002. 10. 30), 감성지능을 높여라, http://www.lgeri.com/uploadFiles/ko/pdf/man/CEO
17. 윤지현, 조직문화를 바꾸는 힘, Gratitude!, SERICEO 동영상, 2017
18. 권수영, 코로나19 소통 공감 리더십, SERICEO 동영상, 2020
19. 아잔 브람 지음, 류시화 옮김, 술 취한 코끼리 길들이기, 연금술사, 2013
20. 도널드 클리프턴, 톰 래스 지음, 위대한 나의 발견 강점 혁명, 청림출판, 2017
21. CIO Korea(2016. 3. 7), 팀을 춤추게 하려면 강점에 집중하라, https://www.google.com/search?q=%ED%8C%80%EC%9D%84=UTF-8#
22. 너나들이 네이버블로그(2018. 3. 21), 성공의 가장 큰 기회는 강점 개발에 있다, https://m.blog.naver.com/plht/221241699861
23. 매일경제(2002. 6. 11), 최고의 팀이냐 최악의 팀이냐-딱 하나로 갈린다. 관리자 당신!, https://www.mk.co.kr/news/business/view/2020/06/597159/
24. 대한상의(2016. 3. 26), 한국 기업의 조직건강도와 기업문화 보고서, http://m.blog.naver.com/nzcpla/220666078419
25. 대한상의(2018. 5. 15), 한국 기업문화의 근본적 혁신을 위한 제언, http://ww2.mynewsletter.co.kr/kcplaa/201805-3/2.pdf
26. 댄 히스·칩 히스 지음, 안진환 옮김, 스위치, 웅진지식하우스, 2010
27. 김치풍, 인사평가를 버려라, SERICEO 동영상, 2014
28. 이용우, 평가, 상사와 부하의 동상이몽, SERICEO 동영상, 2016
29. 포스코경영연구소(2019. 7. 3), 성과주의 명과 암, http://posri.re.kr/files/file_pdf/63/15948/63_15948_file_pdf_1562131772.pdf

3부

1장

1. 전성철·조미나·정진호·양백 지음, 가치관 경영, 쌤앤파커스, 2011

2. 하버드비즈니스리뷰 엮음, 김수진 옮김, 전략적 사고의 기술, 프리렉, 2019
3. 괴츠 W. 베르너 지음, 김현진 옮김, 철학이 있는 기업, 센시오, 2019
4. 한국경제신문(2016. 11. 8), 웰스파고의 교차판매는 어떻게 괴물이 됐나, https://www.hankyung.com/international/article/201611089972i
5. 에이미 에드먼슨 지음, 최윤영 옮김, 두려움 없는 조직, 다산북스, 2019
6. 레너드 베리·켄트 셀트먼 지음, 김성훈 옮김, 메이요 클리닉 이야기, 살림Biz, 2012
7. 노경목·고재연 지음, LG Way, 한국경제신문, 2019
8. 하버드비즈니스리뷰(2015. 3), 전략 실행, 5가지 통념부터 파괴하라, https://www.hbrkorea.com/article/view/atype/ma/category_id/7_1/article_no/454
9. 오마에 겐이치 지음, 홍을표 옮김, 기업 경영과 전략적 자유도, 생활지혜사, 2003
10. 하버드비즈니스리뷰 엮음, 김수진 옮김, 전략적 사고의 기술, 프리렉, 2020
11. 찰스 두히그 지음, 강주헌 옮김, 습관의 힘, 갤리온, 2012
12. 신시아 A. 몽고메리 지음, 이현주 옮김, 당신은 전략가입니까, 리더스북, 2013
13. 김위찬·르네 마보안 지음, 김현정·이수경 옮김, 블루오션 전략, 교보문고, 2005
14. 김위찬·르네 마보안 지음, 안세민 옮김, 블루오션 시프트, 비지니스북스, 2017
15. 필립 코틀러 지음, 방영호 옮김, 필립 코틀러 전략 3.0, 청림출판, 2010
16. 라퓨타 브런치(2017. 3. 17), 경영전략 수립 방법론(1/3) 비전이냐 기회냐?, https://brunch.co.kr/@flyingcity/66
17. 여현준 지음, 일잘팀장은 경영부터 배운다, 메디치미디어, 2008
18. 래리 보시디·램 차란 지음, 김광수 옮김, 실행에 집중하라, 21세기북스, 2004
19. 송병락 지음, 전략의 신, 쌤앤파커스, 2015
20. 로버트 C. 그린 지음, 안진환·이수경 옮김, 전쟁의 기술, 웅진지식하우스, 2007
21. 동아비즈니스리뷰(2013. 10), 고통스러운 선택이 없는 미사여구는 전략이 아니다, https://dbr.donga.com/article/view/1203/article_no/6027/ac/magazine
22. 하버드비즈니스리뷰(2018. 10), 넷플릭스를 보면 경쟁의 미래가 보인다, https://www.hbrkorea.com/article/view/atype/ma/category_id/1_1/article_no/1218
23. 이오수 지음, 넷플릭스 인사이트, 21세기북스, 2020
24. 리드 헤이스팅스·에린 마이어 지음, 이경남 옮김, 규칙 없음, 알에이치코리아, 2020
25. 상장협연구(2010. 10), 신 성장동력 창출을 위한 기업 경영 전략, http://www.klca.or.kr/KLCADownload/eBook/A605.pdf
26. 매일경제(2011. 5. 27), 핵심사업과 여유 자원 확보를 위한 사업 포트폴리오 전략,

https://www.mk.co.kr/news/business/view/2011/05/338847/

27. 동아비즈니스리뷰(2012. 4), 다각화 디스카운트를 피하려면?, https://dbr.donga.com/article/view/1203/article_no/4880/ac/magazine

28. 홍성태 지음, 그로잉업, 북스톤, 2019

29. 최정우 지음, 스타트업은 어떻게 유니콘이 되는가, 쌤앤파커스, 2020

30. 엄동욱, 올바른 성과관리의 3가지 조건, SERICEO 동영상, 2010

31. KPMG경제연구원(2016. 5. 18), 리질리언스(Resilience), 기업의 미래를 결정짓는 유전자, https://home.kpmg/kr/ko/home/insights/2016/05/samjong-insight-44--resilience------.html

32. LG경제연구원(2004. 2. 11), 위험관리, 어떻게 할 것인가, http://www.lgeri.com/uploadFiles/ko/pdf/man/20040211181645.pdf

33. 한창수, CEO가 주목해야 할 4대 리스크, SERICEO 동영상, 2011

34. 권성용, 리스크 관리의 3가지 핵심요소, SERICEO 동영상, 2004

35. 한근태, 리스크의 과학, SERICEO 동영상, 2020

36. 최영화, 기업의 운명을 좌우하는 리스크 커뮤니케이션, SERICEO 동영상, 2013

37. 유재욱, 리스크를 책임지는 인재, CRO, SERICEO 동영상, 2005

38. 채승병, 위기를 대하는 자세, 엄격함과 치밀함, SERICEO 동영상, 2020

39. 포스코경영연구원(2011. 8. 9), 전사적 관점의 리스크 관리 이해, https://www.posri.re.kr/files/file_pdf/63/3653/63_3653_file_pdf_Report11-123.pdf

40. KPMG(2011. 1. 12), 기업 리스크 관리 필요성 및 성공/실패 사례, https://mba7.tistory.com/169

41. 한성권, 리스크 관리의 절대 강자, 젝슨 내셔널라이프, SERICEO 동영상, 2015

42. 김근영, 월가 최후의 승자, JP 모건체이스, SERICEO 동영상, 2010

43. 존 도어 지음, 박세연 옮김, OKR, 세종, 2019

44. 크리스티나 워드케, 박수성 옮김, 구글이 목표를 달성하는 방식 OKR, 한경비피, 2018

2장

1. 미래창조과학부(2017. 4. 6), 기술이 미래를 바꾸는 순간, http://builder.hufs.ac.kr/user/boardList.action?command=view&page=1&boardId=68116621&boardSeq=89899452

2. TLO(1999), The 3 Horizons Model of Organizational Transformation, https://transformationallearningopportunities.com/the-three-horizons

3. 조선일보(2020. 11. 11), 대기업 CEO 평균 3.6년 재직-오너 일가보다 8년 짧다, https://www.chosun.com/economy/industry-company/2020/11/11/B2XU4KVIAFCDDNIBYT6K2ENPEQ/

4. 정구현, 침체 경제를 타개할 경영혁신 방안, SERICEO 동영상, 2016

5. 한국경제(2019. 2. 7), 기업수명 평균 15년 이하, https://www.hankyung.com/economy/article/2019020756411

6. 제프리 라이커·데이비드 마이어 지음, 김기찬·양종곤·강창열 옮김, The Toyota Way Fieldbook, 가산출판사, 2007

7. 한국표준협회 TPM/EAM센터 지음, 혁신, 사람이 첫째다, 한국표준협회미디어, 2013

8. 딜로이트 안진경영연구원 지음, 격변의 패턴, 원앤원북스, 2017

9. 이성열·양주성 지음, 디지털 비즈니스의 미래, 리더스북, 2019

10. 김종식·박민재 지음, 디지털 트랜스포메이션 전략, 지식플랫폼, 2019

11. HR블레틴(2020. 6. 29), 디지털 트랜스포메이션을 시도하는 기업의 70퍼센트는 왜 실패하는가?, https://hrbulletin.net/organizational-culture/

12. IT조선(2020. 10. 16), 사람 중심의 디지털 혁신, https://www.chosun.com/special/special_section/2020/12/07/HGSSN3FI4JEN7B4R74CQV4KHW4/

13. 조지 웨스터먼·디디에 보네·앤드루 맥아피 지음, 최경은 옮김, 디지털 트랜스포메이션, e비즈북스, 2017

14. 전자신문(2020. 4. 13), 디지털 트랜스포메이션 핵심 성공요소는 '기술/비즈니스', https://m.etnews.com/20200410000223

15. 데이비드 로완 지음, 김문주 옮김, 디스럽터 시장의 교란자들, 쌤앤파커스, 2020

16. 피터 틸·블레이크 매스티스 지음, 이지연 옮김, Zero to One, 한국경제신문, 2014

17. 한국경제(2019. 4. 18), 혁신 실패 원인은 내부에 있다-변화하려면 조직부터 바꿔라, https://www.hankyung.com/economy/article/2019041871341

18. 사피 바칼 지음, 이지연 옮김, 룬샷, 흐름출판, 2020

19. 앤드류 라제기 지음, 신정길·이선혜 지음, 리들, 명진출판, 2008

20. 이은형 지음, 밀레니얼과 함께 일하는 법, 앳워크, 2019

21. 포스코경영연구원(2015. 6. 24), 왜 좋은 기술이 실패하는가, https://www.posri.re.kr/files/file_pdf/63/3777/63_3777_file_pdf_POSRI_%EB%B3%B4%EA%B3%A0%EC%84%9C_20150624_1.pdf

22. 한국무역협회(2019. 11. 18), 글로벌 대기업과 스타트업의 오픈 이노베이션현황 및 시사점, https://eiec.kdi.re.kr/policy/domesticView.do?ac=0000149992&issus=

23. 정보통신산업진흥원(2018. 9. 17), 4차 산업혁명과 변혁을 리딩하는 오픈 이노베이션전략, https://www.nipa.kr/main/selectBbsNttView.do?key=116&bbsNo=11&ntt

No=5375&bbsTy=&searchCtgry=&pageUnit=10&searchCnd=all&searchKrwd=&pageIndex=8

24. LGCNS(2018. 1. 22), 4차 산업혁명 시대에서의 새로운 비즈니스 전개 모델: 오픈 이노베이션, https://blog.lgcns.com/1622

25. 동아비즈니스리뷰(2011. 11), 오픈 이노베이션 약인가, 독인가?, https://dbr.donga.com/article/view/1203/article_no/4583/ac/magazine

26. LG경제연구원(2011. 6. 7), 내부 역량 없이 오픈 이노베이션 성공 없다, http://www.efnews.co.kr/17433

27. 조선비즈(2014. 2. 7), 삼성, 구글·시스코와 '글로벌 특허 3총사' 결성, https://biz.chosun.com/site/data/html_dir/2014/02/06/2014020604470.html

CEO 출신 코치들의
경영자 코칭

초판 1쇄 발행 2021년 7월 19일
초판 5쇄 발행 2025년 6월 2일

지은이 김대희 김병헌 박명길 윤동준 조남성
펴낸이 안현주

기획 류재운 **편집** 안선영 김재열 **브랜드마케팅** 이민규 **영업** 안현영
디자인 표지 최승협 본문 장덕종

펴낸 곳 클라우드나인   **출판등록** 2013년 12월 12일(제2013-101호)
주소 우) 03993 서울시 마포구 월드컵북로 4길 82(동교동) 신흥빌딩 3층
전화 02-332-8939   **팩스** 02-6008-8938
이메일 c9book@naver.com

값 17,000원
ISBN 979-11-91334-26-5 03320

* 잘못 만들어진 책은 구입하신 곳에서 교환해드립니다.
* 이 책의 전부 또는 일부 내용을 재사용하려면 사전에 저작권자와 클라우드나인의 동의를 받아야 합니다.

* 클라우드나인에서는 독자 여러분의 원고를 기다리고 있습니다.
  출간을 원하시는 분은 원고를 bookmuseum@naver.com으로 보내주세요.

* 클라우드나인은 구름 중 가장 높은 구름인 9번 구름을 뜻합니다. 새들이 깃털로 하늘을 나는 것처럼 인간은 깃펜으로 쓴 글자에 의해 천상에 오를 것입니다.